NF文庫
ノンフィクション

新装版

わかりやすいベトナム戦争

アメリカを揺るがせた15年戦争の全貌

三野正洋

JN138388

まえがき

第二次世界大戦終了直後から始まったインドシナ半島をめぐる戦争は、一九五四年のジュネーブにおけるインドシナ休戦協定をもって一応の終わりを告げた。

しかし、それによって訪れたつかの間の平和も一九六〇年代初頭には崩壊し、その後一五年間にわたって続くベトナム戦争に突入する。

この戦争は、初期こそ南ベトナム国内の反政府勢力の蜂起という形をとっていたが、政府側にはアメリカ、韓国、オーストラリア、タイなどが肩入れし、また反政府（南ベトナム民族解放戦線＝NLF）側には北ベトナム、中国、ソ連の後押しがあるという国際的な戦いとなった。

したがってベトナム戦争は、ある面では一九三六年から三年間続いたスペイン内乱、また一九五〇年からやはり三年間続いた朝鮮戦争に似た——いずれの側からも宣戦布告のない——戦いとなった。

結果的には共産側がベトナム全土を制圧し、〝南ベトナム〟という国家は約二〇年地球上に存在しただけで永久に消滅したことになる。

この間、二五〇万人近いベトナム人、五万七〇〇〇人のアメリカ人、合わせて六〇〇〇人近い韓国、オーストラリア、ニュージーランド、タイ、フィリピン人がこの戦争で死亡している。

またアメリカ一五〇〇億ドル、中国五〇〇億ドル、ソ連九〇億ドル、その他一五億ドルに達する軍事／経済援助が、合わせてわずか三三万平方キロのベトナムの地に注ぎ込まれ、煙となって消えていった。

これら信じられないほどの人命や金額が、インドシナ半島の平和と人々の生活基盤の向上に寄与したというなら、まだ納得できる。しかし、現実は、そのような状況とはかけ離れていた。

ベトナム戦争終結後、同国からの難民流出が続き、いわゆる〝ボート・ピープル〟となった人々が大量に海に消えた。国連の発表によると、一九八五年までにその数は八〇万人に達するとのことである。

そして現在でも統一されたベトナムの経済は低迷し、隣国にも影響を及ぼしている。

さらにベトナム戦争以後、隣国のカンボジアでは中国の支持を受けた勢力と、ベトナム、ソ連の支援を得たグループの対立が続き、一九七七年からの五年間に一五〇万人以上の人々が虐殺された。しかもこの対立は、一九七八年の中国、ベトナム間の戦争（中越戦争）にまで発展している。

このような現実を眼にするとき、ベトナム戦争とは何だったのか、またそれは世界史の上にどんな形で記録されるべきであるのか、著者にはわからない。

アメリカを中心とする西側自由主義陣営にとっても、また旧東側社会／共産主義陣営にとっても、東南アジアの安定は望むところであったはずである。

それにもかかわらず大戦争が一五年にわたって続き、その結末はどの国にとっても決して満足できるものではなかった。

このベトナム戦争中に、日本国内では戦争反対の市民運動が盛り上がったが、それは一般的には反アメリカの色彩の強いものであった。そしてこの戦争が、アメリカ軍の撤退、南ベトナムの崩壊で決着すると、人々の関心は急激にこの地域から離れていったのである。

日本と極めて近い関係にあるアメリカが、敗退したベトナム戦争を意識的に忘れようとしたことで、我が国でも同じ動きが見られる。

著者はベトナム戦争を見直すために国内でかつて出版された〝ベトナム戦争〟と題された三四種の書物を入手しようとしたが、一九九九年春の時点ではその半数（一七種）が絶版となってしまっている。

いま、ベトナム戦争という現代史を学ぼうとすると、系統的に整理された日本語の文献は皆無に近い。

確かにまとまったベトナム戦争史を執筆することに二の足を踏ませる理由は、枚挙にいとまがないのである。

自分では厳正中立の立場で書いたと思っていても、いわゆる右、左側の人々からの攻撃の対象となる可能性もなしとせず、また統計的な資料のほとんどはアメリカで刊行されたものに限定され、共産側からは全くと言ってよいほど入手できない。

となれば、もはや完全に歴史の中に埋没しつつある半世紀以上前の戦争の分析をしていた方が、ともかく〝無難〟なのである。

しかし、誰も手を出さないとすれば、それを必要と思考する者自身が――どのように非力であろうとも――手がける他に道はない。

これが著者の〝ベトナム戦争〟執筆の唯一の動機である。

本書がきっかけとなり、三五年前にアジアで発生した大戦争への関心が高まらんことを願っている。

戦争を欲しない者ほど、過去の戦争を学ばねばならないのだから……。

なお、このまえがきのなかに私事ながら本書の刊行に至った経過を記しておく。

著者は、一九八七年に本書の元となる原稿を執筆した。

その動機は、当時にあってベトナム戦争をテーマとして出版される書籍の大部分が、いわゆる左側の人々によって書かれたものであることからきている。

したがってまずイデオロギーが前面にあり、その立場から戦争を見ているのである。

それは当然、南ベトナム政府、アメリカ、韓国などが〝悪の対象〟となり、解放戦線、北ベトナムの政府はすべて〝善〟といった図式になる。

たしかに南ベトナム政府の反政府勢力への弾圧、アメリカの武力による介入などについては充分に非難されなくてはならない。しかしその一方で解放戦線、北ベトナムの戦略、戦術がすべて善とはとうてい思えないのである。

左右どちらの勢力とも関わりなく、平穏に暮らしていきたいと願う庶民の夢を破ることにおいては、両方の側に罪があった。それゆえに歴史を学ぼうとするすべての人々が決して忘れてならないのは、まずこの点なのではあるまいか。

さらにもうひとつ記しておきたい事柄がある。

やはり当時出版されたある単行本の一節だが、その著者は、

『この戦争において、年端のいかぬ子供まで銃を手に南の軍隊、アメリカ軍と戦った』

と記しておきながら、その一方で、

「南の軍隊やアメリカ軍は、歳のいかぬ子供まで殺害している」

と書いている。

冷徹に見たとき、この矛盾はどのように解釈すべきなのか。

戦場で子供にまで銃を持たすことの意味を尋ね、さらには、その本の著者には、子供から銃を向けられても、全く反撃しないまま射殺されるだけの決心を固めているのだろうかと問いたい。

このことについて、著者（三野）が同じ立場におかれたとする。正直に自分の気持を記せ

ば、子供を射殺するかどうかはその時の状況で判断するとしても、黙って射たれるつもりは毛頭ない。

具体的に本の題目、著者の名を記すことはしないが、一人の読者として、この本を読み終えたとき心の中に消化し得ない澱(おり)のようなものが残った。

この澱が著者に、

「自分が納得できるベトナム戦争史を書け」

と強く命じたのである。

そして原稿が約半年後に完成した。それが単行本という形になるまでの道程は、決して平坦なものではなかった。

しかし――。世に出た『ベトナム戦争』の書評は、十二分に納得できるものであった。今でもよく覚えているが、日本を代表する総合誌及び格調の高い三種の雑誌が取り上げてくれ、そのひとつに、

「本書により、我々はようやく信頼に足るベトナム戦争史に出合うことができた」

という一行があった。

著者が執筆に取り組んだ意図と目的は、この言葉により完全に果たされたのである。

現在、まがりなりにも著者が戦史、現代史の書き手としてあるのも、その『ベトナム戦争』によって作られた基盤がなんら変わらずに存在しているからと確信している。

この意味から本書は、まさに著者の原点なのであった。

なお、最初の『ベトナム戦争』が世に出てから、すでに一〇数年の歳月が流れている。この間、ベトナム全土、いやインドシナ半島を揺るがせたこの戦争について、三つの大きな動きがあった。

㈠　ベトナム軍のカンボジアへの侵攻と駐留が一九八九年に終わりを告げたこと
㈡　このベトナム軍と徹底的に戦い続けてきた、原始共産制を主唱するポル・ポト政権が崩壊したこと
㈢　それまで全く秘密のベールに包まれたままであったベトナム駐留中国軍の実態が、明らかになったこと

である。

歴史の経時変化とも言えるこれらの状況は、当然、前著『ベトナム戦争』には記載されていない。このため、ここに『新版ベトナム戦争』（本書）の刊行に踏み切った。

当時の人口、地形、風土に関しては、なんら記述を変更しないままである。

しかし戦争に参加した中国人民解放軍（中国軍の正式名称）の戦力と損害、統一ベトナムのその後の状況などについては、かなりの量の加筆を行なっている。

さらに文章、表、数値なども全面的に見直した。

これにより、ようやく二〇世紀末になりベトナム戦争の全史が完成したといえよう。

最後に一言、屋上屋を重ねる感もあるが、付け加えておきたい。

現代史を学び、書き、読もうとする者は、まず観念（思想的な）主義を捨て去ることが肝

要である。

これなくして、すべての努力は無に帰する。

本書を執筆するに当たって、もっとも留意したのは間違いなくこの点であって、著者としてはどちらの側にもつくことなく、まとめ上げ得たと確信している。

しかし結局のところ、それは読者諸兄が判断することかも知れない。

平成十一年十一月

著　者

わかりやすいベトナム戦争——目次

第三章　ベトナム戦争

第四章　戦争に参加した軍隊と主要な戦闘

第五章　北爆

第六章　数字から見たベトナム戦争　269

口絵・本文写真提供／著者・雑誌「丸」編集部
米国防総省／米国立公文書館

1965年３月、ダナン付近の海岸に上陸する米海兵隊員。ベトナムへの本格的な介入に踏み切ったアメリカは、以後、泥沼のような戦争へと引き込まれていった。

ベトナム戦争は、通称〝ヘリコプターの戦争〟と呼ばれ、様々なタイプのヘリコプターが物資の輸送や新戦術・ヘリボーン作戦に使用された。写真は南政府軍部隊を目的地に輸送する米軍のＵＨ１ヘリ。

1966年10月、艦砲射撃を行なう米重巡セントポール。米海軍の艦艇は陸上部隊の支援のほか、北領内の輸送路への砲撃や、沿岸警備隊と共同して南・北ベトナムに連なる海岸線の封鎖を行なった。

ベトナム戦争当時の指導者たち。左から北国民の信望を集めていたホー・チ・ミン、米軍介入を断行したジョンソン、南の首相を務めていたグエン・カオ・キ。

ベトナム戦争中最大のジャンクション・シティ作戦を支援するため、175ミリ自走カノン砲を整備する米軍砲兵。解放戦線軍の拠点18ヵ所を同時に攻撃するため、大規模な兵力が投入された。

ロープを使って沼地を渡る米陸軍兵士(写真上)。近代装備を誇っていた米軍は、ベトナムの厳しい天候や地形の前に行く手を阻まれ、解放戦線軍の予想外の反撃に苦戦を強いられた。左は襲撃を受けて完全に破壊されたジオリン基地の米軍トラック。

左写真は炎上する農家のわきで解放戦線軍を掃討する米軍兵士。上は米軍50万名の増派を要請した駐留軍司令官ウエストモーランド。

1968年１月、共産軍の乾坤一擲のテト攻勢は、戦争の早期終結を主張し続けた米・南政府首脳に衝撃を与え、米国内の反戦運動を激化させた。上写真はサイゴンを掃討中の南政府軍兵士。右は激戦となった古都・フエの米海兵隊員。

ジョンソンに代わり新大統領となったニクソン(写真左)。米軍のベトナムからの撤退と、南政府軍が戦闘を引き継ぐ「ベトナム化」を主唱した。会談中の人物は、ウエストモーランドの後任として駐留軍の司令官を努めたエイブラムズ。

空母キティホーク艦上に爆弾を抱いて待機するＡ７コルセア(写真上)。ヤンキー・ステーションに配備された米空母は、北領内の爆撃のほか、南領内の解放戦線軍陣地への爆撃も行なった。左は湿地帯や河川などの地形で活躍した18フィート・プロペラボート。

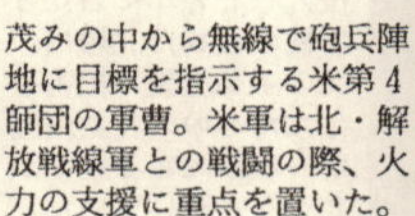

茂みの中から無線で砲兵陣地に目標を指示する米第４師団の軍曹。米軍は北・解放戦線軍との戦闘の際、火力の支援に重点を置いた。

米軍の北領内への爆撃(北爆)に対抗して、ソ連から大量に供与された対空ミサイル・ＳＡ２ガイドライン(上写真)。右の対空捜索レーダーと共に濃密な防空網を形成し、米軍はこれに対し電波妨害システムを駆使した。

北領内をじゅうたん爆撃するＢ52。米空軍の35パーセントの戦力を投入して８年にわたって続けられた北爆は、北の工業施設に損害を与えたものの、共産圏からの断えざる援助が北を支え続けていた。

榴弾砲を曳いて南下する北正規軍のソ連製砲兵用トラクター。米空軍の制空権下に置かれていた南領内に大胆にも重火器を送り込み、猛烈な砲撃を行なっていた。

北の国防相、総司令官を歴任し、戦略的理論家として戦争を勝利へと導いたグエン・ザップ将軍。

塹壕の中で談笑する北正規軍兵士たち。テト攻勢で壊滅的な損害を被った解放戦線軍に代わって、戦闘の主役を占めるようになった。

北正規軍に占領された直後の米軍ＦＳＢ(火力支援基地)。無傷の火砲や弾薬が残されている。撤退が決定した米軍は、損害の大きい戦闘を避けるようになった。

1975年４月29日、南の首都サイゴン市内に入る北正規軍のＴ54。1973年の米軍撤退から２年後、わずか２ヵ月で南全土は席巻され15年にわたる戦争は終結した。

わかりやすいベトナム戦争

——アメリカを揺るがせた15年戦争の全貌

第一章　ベトナムという国

人口と面積

まずこの激しく、陰惨な戦争の舞台となったベトナム（Vietnam）という国について調べてみたい。

一九六五年に発表された国際連合の統計によると人口三三二万人、国土面積三三二万九五六〇平方キロ（南北合計）となっている。

同年度の我が国の人口は一億一二一〇万人、面積三六万九六六一平方キロであるから、ベトナムという国の面積はほぼ日本と同じで、人口は約三〇パーセントということになる。

また、南・北ベトナムのについて言えば、

南　面積一七万八一〇平方キロ　人口　一五三二万人
北　〃　一五万八七五〇平方キロ　〃　一七八〇万人

であるから、これまたほぼ等しい。

気候

南・北両ベトナムを分けるラインが北緯一七度線であることからわかるように、ベトナムは熱帯に属している。

気候はモンスーン（季節風）によって左右される。原則的には夏が雨季で、冬が乾季となるが、海沿いの地方では冬であっても雨は多い。

南ベトナムの東側にはアンナン（安南）山脈が走っており、モンスーンの吹き具合により、その年の降水量が決定される。

南ベトナムの首都であったサイゴンでは、年間雨量が二〇〇〇ミリを超えている。雨のほとんどは五月～一一月の間に降っているから、この国の夏は長い。

そして乾季の中心は二月で、この月に雨が降ることはまれである。また乾季は一二月～四月となっている。

ここでは夏、冬という表現を使ったが、これは単に暦の上での話である。

気温としては、平地では年間を通じ二六～三二度の間で、その差は極めて小さい。しかし、山岳地帯の冬は一五度前後まで下がる。

いずれにしても、一般的に雨が多く、高温、多湿と考えてよい。

しかし、雨季であっても日本の梅雨のごとく、細かい雨が長時間にわたって降り続くわけではなく、強雨と晴れ間が交互にやってくるといった天候である。

また、ハノイを中心とした気候は、南のサイゴンと比べたときこれが同じ国とは思えないほど異なっている。

一年を通じて曇天が多く、冬には気温が一〇度まで下がることさえある。

さらに朝から昼にかけて、濃い霧がでるのも珍しくない。

地形

ベトナムは、アジア大陸の東南に位置する南北に細長い国である。南では南シナ海、北ではトンキン湾と接する長い海岸線を持つ。北の中国国境から、南のカマウ岬までの南北方向の距離は三五〇〇キロあるが、一七度線付近の東西の距離はわずか七〇キロしかない。

国境は北で中国、西でカンボジア、ラオスと接している。

そして、国土を横切る形で北部のソンコイ（紅河）川、南部のメコン川が流れ、前者のソンコイ・デルタの中心が北の首都ハノイ、後者のデルタの中心（多少北に位置するが）が南の首都サイゴンである。

ベトナムの平野面積は少なく、ふたつのデルタ地帯以外では海岸沿いに帯状に存在するだけである。

内陸部はほとんど山岳地帯であり、一〇〇〇～二〇〇〇メートル級の山々が連なる。

この中には南ベトナム中部のヌゴクリン山のように、標高が二五〇〇メートルを超えるよ

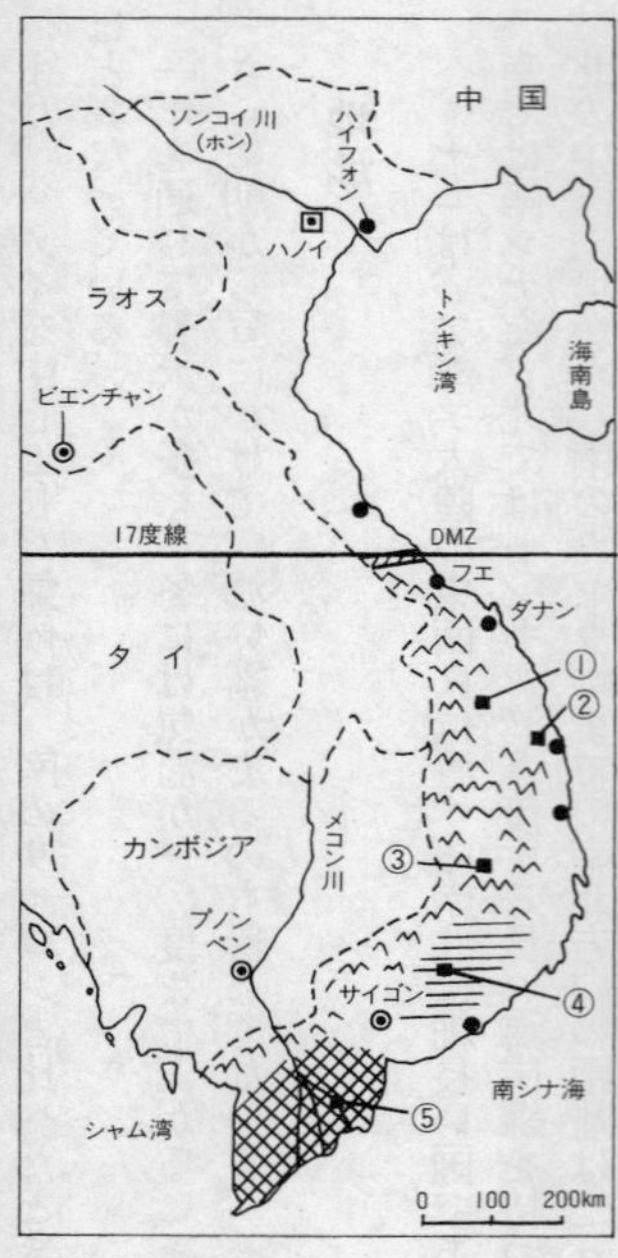

南ベトナムの地形

南ベトナムの面積の70%は森林・山地。広大な平野はメコンデルタ地域のみで、海岸にそった平野は長さ1000kmにおよぶが、幅10〜20kmに過ぎない。
平均気温は27.5℃
年間降水量は2011mm
（1964年データ・サイゴン市）

① 中部高原地帯
150×40kmの高原地帯。標高は1000〜1500m。

② 海岸平野地帯
海岸沿いの幅20km程度、南北につながる平野部である。〝南〟の都市はほとんどここに存在する。

③ 山岳熱帯樹林地帯
1000〜2000mの山が重なり合い、人跡未踏の地域である。山はだはおい繁ったジャングルで地表は見えない。また高温多雨である。

④ 山麓地帯
アンナン山脈が終わるところでなだらかな丘が続く。一部に森が連なっている。この中に解放戦線の基地が数多く作られていた。

⑤ メコン・デルタ地帯
大河メコン川の河口に広がる大湿地帯。肥沃な土地で稲作により大量の米が5月、10月にとれる。細い水路、泥地などからなり、車両の通行はほとんど不可能。また湿地のため小さなボート以外に交通の手段はない。

うな高山も存在する。

これらの山岳は典型的な熱帯雨林（ジャングル）に覆われ、少数の山岳民族が住んでいるだけで精密な地図は作られていない。

一方、メコンのデルタは平坦で、湿地帯も多いが豊かな土地である。高い温度と豊富な水により、水稲においては二期作（五月、一〇月）が可能である。

しかし同時に、この地区の人口密度はきわめて高く、平均四五〇人／平方キロ、場所によっては一〇〇〇人／平方キロとなっている。第二次世界大戦直前にこの地方は、年間実に二〇〇万トン近い米を輸出する大稲作地帯であった。

いずれにしてもベトナム戦争を語るとき、この国の地形を抜きにすることはできない。広大、峻険な山岳地帯、狭く細長い海沿いの平野、広く豊かなメコン・デルタと多種にわたる複雑な地形が、戦局の推移と深くかかわっているのである。

人種

ベトナムの住民の大部分はアンナン人と呼ばれる民族で、一般的には東南アジア人種に区分される。

しかしムオン、ヤオなどと呼ばれる山岳民族、定着地をもたないミャオ族、北部のチャム族などの少数民族が二〇〇万人（約五パーセント）ほどみられる。

しかしより重要なことは、同じアンナン人であっても、北部と南部では全く異なった人種と思ってしまうほどその性質は異なっている。

天候がそのまま影響したかのように、南の人々は陽気、開放的であり、北の人々は明らかに暗く、閉鎖的である。この違いはきわめて顕著であって、その地に住む者の性質が民族性よりも、外的環境に左右されるということなのであろうか。

宗教と言語

一九五四年のジュネーブ協定により、ベトナムは南と北に分けられた。

北ベトナムは社会主義国であるから――表面的には――宗教は存在しない。南ベトナムでは、仏教とカトリックが主流であった。このふたつの宗教間には摩擦が絶えず、これが南ベトナム混乱の一因にもなった。多少の例外はあるものの、仏教徒は一般の市民、労働者であり、カトリック教徒は上流階級、政府指導者層と分類することができる。

言語は南・北ともベトナム語である。しかし七〇年に及んだフランス支配の影響で、都市ではフランス語も使われている。また南では一九六〇年以後、英語が重用され始めていた。

歴史（第二次大戦以前）

ベトナムの歴史は紀元前三世紀頃からはっきりしてくるが、このような古い歴史を詳細に述べても現代史とは直接繋がるわけではない。したがって簡単にすまそう。

ベトナムが歴史上に現われて以来、常に北の大国の影がちらついている。

古くは西暦四〇年に秦の攻撃があり、一三世紀には元がベトナムの支配を狙い、大軍をもって侵入している。前者にはチュン・チャク、チュン・ニのベトナム人姉妹が軍隊を組織して立ち向かい勝利をおさめた。後者では、チャン・フンダイ元帥が反撃し、国を守ることに成功した。

フランスの植民地化（一九世紀中頃より）以前の歴史において、特筆すべき事実はこの二点のみである。しかし見方によっては、このふたつの事柄はベトナムという国の国民性に大きな影響を与えている。

フランス留学中の1920年、共産党の会議に出席した若き日のホー・チ・ミン——帰国後、インドシナ共産党を創設した。

いずれの場合も、ベトナムに対する大国からの干渉、攻撃があり、それを全国民が一致団結して撃退するという経過をたどった。

ベトナムにおいては——現在でも——チュン姉妹とフンダイ元師は歴史上の英雄として扱われている。この事実は、同国の国民の心の中に「外国の侵略は決して許さない」という潜在意識として残っている。

もっとも、複雑な近代から現代の国際情勢は「何をもって侵略と定義するか」という解答のない問題を生み出してはいるが……。

さて一八〇〇年代のはじめからフランスはベトナムの植民地化を目指し、干渉を開始した。一八六〇年にはサイゴンがフランス軍の手に陥ち、同八四年にフランス・ベトナム保護条約が結ばれ、植民地となった。

植民地化は最初の頃は南部地方（コーチシナ）に限られていたが、次第に拡大され中部のアンナン、北部のトンキンまで保護領となり、北の都ハノイもフランスの支配下におかれた。

しかし二〇世紀に入ると、ベトナム住民の一部に反仏運動および民族独立運動の気運が盛り上がりはじめた。

生産する富のほとんどが自分たちの手に入らず、遠いヨーロッパに運ばれるとあっては、これらの運動が高揚するのは当然の帰結であった。一九二五年にはインドシナ共産党の前身であるベトナム青年革命同志会が誕生し、またそれを主体に五年後にはホー・チ・ミン（のち北ベトナム首相、大統領）がインドシナ共産党を創設する。

したがって、ベトナム戦争の始まりを一九三〇年とする歴史学者も多い。

またインドシナ共産党とは別のいくつかの組織も反植民地主義、ベトナム独立を旗印に行動を開始した。しかし強力なフランス駐留軍に太刀打ちできず、むなしく一〇年が過ぎ去った。そして一九三九年九月からの第二次大戦を迎えるのである。

歴史（第二次大戦終了まで）

一九三九年九月にヨーロッパに燃え上がった戦火は、一時沈静化したものの、一九四〇年四月、再び拡大する。

ベトナムを植民地としているフランス本国が、ドイツ軍の侵入を受けたのである。

強力な陸、海軍を有していたにもかかわらず大国フランスは、ドイツ軍の電撃戦により開戦後わずか二ヵ月足らずで一九四〇年六月に降伏する。

これを見てとったアジアの軍事大国日本は、在ベトナム・フランス軍を恫喝し、強引にベトナム（日本では仏領印度支那、略して仏印・フッインと呼んでいた）へ進駐した。これは太平洋戦争の一五ヵ月前（一九四〇年九月）のことである。日本軍とフランス植民地軍との間にごく小さな衝突が発生したが、全体的には比較的平穏に進駐が行なわれた。このあと丸々

当時の北ベトナムの省(県)

五年間、ベトナムは同じ肌の色をした新しい支配者に治められる。

日本軍の仏印進駐の目的はふたつあった。ひとつはインドシナ経由で中国へ送られる西側援助物資の輸送阻止、他のひとつはアジアからのヨーロッパ勢力の駆逐である。

ベトナムの人々は、同じアジア人である日本軍によってフランスの支配が終わったことを喜んだ。しかし進駐した日本軍は、フランス以上にベトナム国民を圧制下においた。そして日本（大日本帝国）にはベトナムの独立を認めようという考えなど全くなかったのである。

これは抗仏運動とともに抗日運動の気運を盛り上げる原因になった。

一九四一年、ベトナムでは越南独立同盟が結成された。これは越盟（ベトミン）と呼ばれ、以後の独立運動の中核となる。このベトミンはインドシナ共産党が中心ではあったが、民族主義者も加わった独立のための統一組織である。この間、ベトナムにおけるフランス軍と日本軍は、微妙な関係を保ちながら互いに混乱を避けてきた。

この状態が急変したのは一九四五年四月である。ドイツの敗戦が近づくと、ベトナムの日本軍はフランス植民地軍を武装解除し、インドシナ（ベトナム）の完全掌握をはかった。これに対して、北部ベトナムではベトミンの抗日運動が一挙に激化した。

そして、同年八月の日本の敗戦と同時に、ベトミンはベトナム全国人民代表大会を開き、『ベトナム民主共和国臨時政府の樹立』をはかり、続いて九月二日、この結果、一九四五年八月一六日、『ベトナム民主共和国の独立』を宣言した。

なお、同国の正式発足は一九四六年三月三日である。

そしてまたこの時点でフランスがベトナムの再支配を諦めていれば、その後のインドシナ戦争およびベトナム戦争は勃発しなかった。

なお、この章の最後にベトナムという国の近・現代史において特筆すべき項目を掲げておく。さらにそれぞれの詳細な説明は、本文中において経時的に行なうものとする。

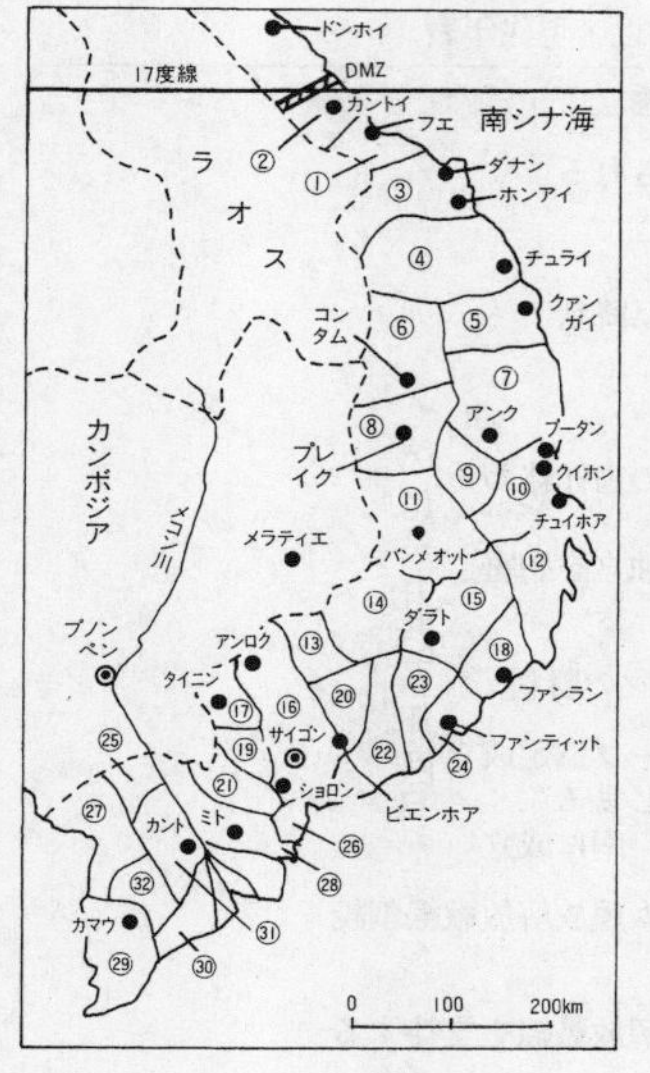

南ベトナムの省（県）の名称　1975年

1	トアティエン	17	タイニン
2	クアンチ	18	ニントアン
3	クァンナム	19	ハウギア
4	クァンティン	20	フォクタン
5	クァンガイ	21	ディントオン
6	コントム	22	ロンカン
7	ビンディン	23	ビントイ
8	プレイク	24	ビンドアン
9	フーボン	25	チャウドク
10	フーエン	26	コゴン
11	ダルラク	27	キエンジャン
12	カンホア	28	キエンホア
13	フォクロン	29	アンズエン
14	クァンドク	30	バクリュウ
15	トエンドク	31	フォンディン
16	ビンロン	32	チュオンティエン

ベトナムの近・現代年表

1884年	フランスの植民地化が確立
1935年	反仏、独立運動が開始される
1939年	第2次世界大戦勃発
1940年	フランス本国がドイツに降状 日本、ベトナムに進駐 45年まで占領状態続く
1945年	第2次大戦終了。日本の占領終わる ベトナム、独立を宣言 フランス、イギリス、独立を妨害
1946年	インドシナ戦争勃発 54年まで続き、ベトミンの勝利
1954年	フランス撤退、ジュネーブ協定成立 南北ベトナム時代がはじまる ゴ・ジン・ジェム政権、南に成立
1960年	反政府組織、南ベトナム民族解放戦線創設
1961年	ベトナム戦争勃発 北ベトナム、秘密裡に解放戦線を支持する
1963年	アメリカの介入本格化 ゴ政権崩壊 戦争激化の一途をたどる
1965年	アメリカの直接介入 北ベトナム軍の侵攻、 北爆開始 MAF軍の参加
1968年	共産側のテト攻勢 アメリカ軍の兵力最大に アメリカ軍の撤退開始
1970年	〝ベトナム化〟最大に

1972年	北ベトナム軍、戦闘の主役となる アメリカ、最大の爆撃と機雷封鎖 アメリカの撤退完了 和平協定成立
1975年	北ベトナム軍の大攻勢 南ベトナム消滅 統一ベトナム成立 ベトナム戦争終わる
1977年	カンボジアとの確執強まる ボートピープル発生
1978年	ベトナム軍、カンボジアへ侵攻 ベトナム・カンボジア戦争勃発 中国との対立激化
1979年	中国、ベトナムに侵攻 中越戦争（2月～3月）
1982年	カンボジアとの戦争続く
1989年	ベトナム軍、カンボジアから撤退 ベトナム・カンボジア戦争終了
1993年	ベトナム、ドイモイ解放政策発表
1995年	アメリカとの国交を回復

第二章　インドシナ戦争とつかの間の平和

一　インドシナ戦争

一九四五年八月の日本の降伏をもって、足かけ六年にわたって全世界を巻き込んだ第二次世界大戦は幕を閉じた。

これによりベトナムの人々は、とうぜん永年の悲願であった独立を達成できると考えた。これまでの支配者であったフランス、日本の両国の国力は最低の水準にまで低下したからである。

しかしフランスは、それまで六〇年以上にわたって続けてきたベトナムに対する植民地支配を諦めなかった。

この思想にとりつかれていた組織は、第二次大戦で戦闘を経験せず、そのままの戦力を残していたベトナム駐留フランス軍（約一〇万人）であった。

彼らはベトナムの独立宣言（一九四五年九月）を認めず、新たに誕生しようとしている国の抹殺をはかった。

一九四五年の終わりから翌年一二月までの一年間、フランス植民地軍とそれに協力する小兵力のイギリス軍は、考えられるかぎりの手段を用いて新生ベトナム民主共和国の地盤固めを妨害する。

たとえば南部ベトナムに英、仏の息のかかったコーチシナ共和国を樹立（一九四六年七月）、ハイフォンのベトナム人地区を砲撃（同一一月）、といったことなどである。

これと同時に、ベトナムの隣国であるカンボジア、ラオスをフランス連合内の自治国として扱い、それをベトナムにも強要した。

このため一九四六年一二月一九日、北部ベトナムの都市ハノイで、フランス軍と独立を目指すベトナム人の衝突へと発展する。

これがインドシナ戦争の発端であり、折から東西両陣営の冷戦が始まろうとする頃でもあった。その後すぐにベトナム民主共和国（その軍隊はベトミン軍と呼ばれた）をソ連が、フランス駐留軍をフランス本国とアメリカが後押しすることになる。

こうして一九四六年一二月に開始されたインドシナ戦争は、一九五四年七月の休戦協定の発効まで七年半続く。

戦争の初期には、準備が不足していたベトミン軍はフランス軍により大きな損害を受けた。

フランスは大戦終了直後からベトナム再支配を考えていた。一方、ベトナム側はフランスはこの国から撤退するものと推測していた。この判断の相違が、両軍の戦争準備に大きな差をもたらしたのである。

インドシナ戦争の両軍の兵力

	ベトミン軍	フランス現地軍	備　考
総兵力	約30万人	20万	フランス軍は正規の7コ師団と軽装備の54コ大隊
うち正規軍	8～9万	13万	
補助戦力	20万	7万	ベトミン軍には、非戦闘員を含む
現地人部隊	—	5万	仏軍に協力。戦力としては弱体
装甲車両	なし	800台	戦車、装甲車、自走砲など
航空機	なし	450機	地上攻撃機、輸送機

ベトミンはハノイ、ハイフォンなどの都市から北部の山岳地帯に退き、態勢を立て直そうとした。ここは中国国境に近い地域であるから、共産化が進みつつあった中国からの援助物資も容易に入手できるのである。

四七年の春から秋にかけて、ベトミン軍は兵力を温存しながら力を蓄えていた。これに対して同年の秋の終わりに、フランス軍がこの地域に一万五〇〇〇名を動員した大攻撃を試みたが、ベトミン軍は反撃に成功した。

このあとの主な戦況については別表に掲げる。

全般的な経過は、一九六一年から始まるベトナム戦争と――規模の差こそあれ――非常によく似ている。

ベトミン軍はゲリラ戦と正規軍による野戦の二本立てで戦ったが、前者では成功し、後者ではかなりの損害を出している。

たとえば、一九五一年一月一六日からハノイ市の攻略（フランス軍の最大拠点である）をはかったが、これにはベトミン軍四コ師団（計三万二〇〇〇名）が投入された。この総攻撃は初期にこそ効果をあげたものの、フランス空軍

インドシナ戦争関連の年表

1945年	第2次大戦終了、仏印の日本軍降伏 ベトナム民主共和国の独立宣言 統一選挙実施。ホー・チ・ミン首相となる
1946年	フランス軍とベトミン全面衝突、インドシナ戦争始まる。この年の終わりまで、フランス軍が圧倒的に優勢
1947年	ベトミン、ゲリラ活動を活発化。フランス軍の北部作戦失敗。ベトミン軍自信をつける
1948年	北部ベトナムで激戦つづく。戦況は一進一退、ベトミンのゲリラ作戦不調
1949年	ベトミン正規軍を強化。中国の援助増大
1950年	ベトミン総反攻、正規戦を試みる。しかし攻勢失敗。この3ヵ月後、部隊を再編成、再び攻勢に出る。ドンケ占領。モンカイ、ランソン、ラオカイで激戦
1951年	ベトミン3万の大軍でハノイを攻撃、失敗。このあと春まで戦況は沈静化。後半ベトナム北部で、再度攻勢に出て激戦
1952年	フランス軍増強され、再び一進一退の戦況となる。しかし、ベトミンの勢力確実に増大。アメリカ、フランス援助開始
1953年	戦線ラオスにまで広がる。しかし膠着状態となる。フランス軍ディエン・ビエン・フー（DBP）に大拠点をつくる
1954年	ベトミン、DBPを大攻撃。フランス軍降伏。インドシナ休戦協定成立

機、機甲部隊の反撃により失敗した。ベトミン軍の死傷者は一万名に達したとされている。
また、三ヵ月後にもトンキン・デルタ地帯に正規軍による攻撃をかけ、これまた大損害を出してしまった。

新生ベトナム共和国は、植民地支配を続ける仏植民地軍との間に独立戦争を開始した。写真は村を解放したベトミン軍。

爆撃機、戦車を有する敵軍と平野部で大規模な戦闘を交える不利を悟り、ベトミン軍はこのあと一年間、再びゲリラ戦主体の戦いに戻った。

しかし、いかに効率のよい戦法であっても、ゲリラ戦だけでは最終的な勝利は得られない。

中国は一九四九年に終了していた国共内戦（国民政府軍対中国共産党軍の内戦）で捕獲した大量のアメリカ製重火器を、ベトナムに供与した。

五二年の春からベトミン軍は再度攻勢に出たが、このとき目標となった地域はベトナム北西部で、それはまたたく間に北部全域に拡がった。フランス軍は守勢にまわり、いくつかの拠点では頑強に抵抗したものの、それ以外の地区でベトミン軍は確実に支配を強めていった。

五三年に入ると、その地区は南部まで拡大しフエ、ダナン、クイニョンなどの都市も手中に収めた。また同年四月にはラオスにも進攻し、同国の親フランス勢力とも戦闘を交えるまでに成長していた。

守勢一方の植民地軍の立て直しをはかるため、フランス本国は五月にナバール将軍をベトナムに派遣する。彼は予想より著しく悪化していた状勢を一挙に転換しようと、大作戦を立案し、それを実行する。

これが結局、フランス軍の命取りとなったディエン・ビエン・フー確保作戦であった。

二 ディエン・ビエン・フーの戦い

一八八四年から七〇年間にわたって続いてきたフランスのインドシナ支配は、終焉（しゅうえん）を迎えようとしていた。

その直接の原因となったこのディエン・ビエン・フーの戦いが、実はフランス軍の積極策から開始されたことはなんとも皮肉であった。

北部ベトナム地方における戦闘において、ベトミン軍は次第に力をつけはじめており、一九五三年夏以降、フランス軍は戦局の行きづまりを感じていた。この状況を一挙に回復すべくインドシナ派遣軍司令官ナバールは、ハノイの西四五〇キロのラオス国境に近いディエン・ビエン・フー（Dien Bien Phu＝DBP）に大規模な攻勢のための基地を造り出そうと考えたのである。

当時ベトミン（越盟）軍は、ラオス経由で主として中国から物資の供給を受けていた。したがってDBPの位置は、フランス側から見た場合、敵の補給路の真っ只中にあった。

もしここに強力な前進拠点が確保できれば、フランス軍にとって、
(1)　敵の補給路を遮断し
(2)　まとまった敵兵力を、機動力の有利性を駆使して撃滅する
というふたつの大目的の達成に寄与するはずであった。

これについては、一九六八年の春、アメリカ海兵隊が駐留し、ベトナム戦争屈指の激戦になったケサン(Khe Sanh)基地の場合と全く同様である。

フランス軍のディエン・ビエン・フー進攻作戦は、一九五三年一一月二〇日に開始された。第一陣として降下部隊三コ大隊約三〇〇〇名が同地に送り込まれた。そして二日後には一二〇〇メートルの滑走路が整備され、輸送機の発着が可能となる。

一ヵ月後にはこの基地の兵員は一万二〇〇〇名以上に膨れ上がり、分解して運ばれた一〇台のM24軽戦車と二八門の一〇五ミリ砲も配置された。フランス軍は滑走路を中心とする三キロの円内に、フランス女性の名(たとえばベアトリス、フランソワーズなど)をつけた前哨陣地を次々と構築し、敵の反撃に備えた。

一方、フランス軍のDBPへの進攻と拠点確保を知ったベトミン軍は、一二月初旬からこの基地の占領の準備にとりかかった。この戦いについては両軍とも持てる最精鋭の兵力を投入する。

フランス軍の兵力は翌年の一月末には一万六〇〇〇名までに増大した。この当時の在インドシナ・フランス正規軍（外人部隊一万二〇〇〇名を含む）の総兵力は約七万五〇〇〇名であったから、この基地には全兵力の二一パーセントが投入されたことになる。

これに対しベトミン軍は、主力たる正規軍三コ師団を攻撃にまわし、近代的な輸送手段を欠いていたので、約四万名の補給部隊を準備した。これらの部隊はフランス軍の場合と異なり、必要となれば戦闘に参加する。

したがって、この攻防戦の戦域における兵員数の比はフランス軍一に対しベトミン軍三～三・五に達していたことになる。

二月に入ると、ベトミン軍は得意のゲリラ戦によりハノイとディエン・ビエン・フー間の地上ルートを遮断した。このため現地のフランス軍への補給は、もっぱら空輸に頼らざるを得なくなった。

もっともフランス軍はこのことを予想し、約一〇〇機のダグラスC47双発輸送機を用意しており、さらにアメリカ製のグラマンF8F対地攻撃機一五〇機が出撃準備を終えていた。

さて三コ師団のベトミン軍は、三月の初めまでにディエン・ビエン・フーを囲む山岳に潜み、基地攻略の足場をかためた。

そして三月一三日、満を持して総攻撃を開始する。

同軍は三ヵ月を費やして見事に隠蔽された陣地を構築していたので、フランス側の砲兵も、また地上攻撃機もそれらを発見することは困難であった。フランス軍は一〇五ミリ砲二八門の砲撃力に大きな期待をかけていたが、ベトミン側は中国から送られてきた同じ一〇五ミリ砲四八門を揃えていた。また一〇五ミリ砲に次ぐ威力を有する七五ミリ砲の数については、フランス軍四〇門に対しベトミン軍は八〇門に達していた。

ディエン・ビエン・フーの戦い

		フランス軍	ベトミン軍
兵力		1万6000〜1万8000名 大口径砲　28門 戦車　10台 支援航空機 270機	約4万4000名 大口径砲　48門 戦車　なし 航空機　なし
損害	戦死者	2293名	8000名
	負傷者	5134名	1万5000名
	捕虜	約1万名	
航空機の損失		62機	
航空機損傷		167機	

注）ベトミン軍の人的損害についてはアメリカの推定である。

　フランス軍の優位は、ベトミン側が保有していない攻撃・爆撃機であった。これらは連日出撃し、一日三〇波以上の攻撃を行なった。しかし、ベトミン軍は一二・七ミリ以上の対空砲を一〇〇門近く用意し、戦闘終了までに六二機のフランス機を撃墜している。

　戦局は始めからベトミン軍に有利であった。この主な理由は兵力の差である。平野における機動戦ならまだしも、限定された地域における攻防戦であれば、戦闘の帰趨はそのまま兵力比によるのは当然の帰結であろう。

　フランス軍の前哨陣地は十数ヵ所存在したが、それらの陣地は一週間に一ヵ所の割合で陥落していった。

　もっとも両軍の距離がせばまるにつれ、攻撃する側の姿がはっきりと現われて、ベトミン軍の損害も上昇しはじめた。しかし同軍としては、どうしても迅速にディエン・ビエン・フーを陥落させる必要があった。

インドシナ問題を討議する九ヵ国（米・英・仏・ソ・中国・ベトナム民主共和国〈北〉、ベトナム共和国〈南〉・ラオス・カンボジア）参加のジュネーブ休戦会議の開幕が、間近に迫っていたからである。

ここでフランス軍に大打撃を与えておけば、会議の行方がベトナム側に有利となることは誰の目にも明らかであった。

五月初めになると、ベトミン軍はこの基地に存在する唯一本の滑走路に接近し、その使用を阻止することに成功した。したがってこの後、フランス軍の補給手段は、輸送機からの空中投下のみとなる。

それから一週間後の五月七日、同地のフランス軍指揮官ド・カストリは生き残った将兵約一万と共に降伏する。


二ヵ月にわたったこの攻防戦の結果、フランス軍の戦死者は二二九三名、負傷者は五一三四名に達した。一方、前述の理由により強引な攻撃を続けたベトミン軍の損害は公表されていないが、フランス軍の約三倍と見られている。アメリカ軍事筋の見積もりとしては戦死八〇〇〇名、負傷一万五〇〇〇名である。

もっとも、降伏によりフランス軍の全将兵一万名が捕虜となったので、収支決算はベトミン側の間違いのない勝利となった。

これら一万名のうち、帰国できたヨーロッパ人は約半数といわれている。
ベトミン首脳の予想どおり、ディエン・ビエン・フーの陥落の翌日（五月八日）、ジュネーブ休戦会議が開催された。

ディエン・ビエン・フーの仏空軍基地——制空権を握っていた仏軍は、兵員の数で有利であったベトミン軍に敗北した。

そして六月二〇日、フランスではインドシナ戦争の全休戦を主唱するマンデス・フランスを首相とする内閣が誕生するのである。

確かにこの戦闘におけるフランス軍の大敗は、同国の東南アジアからの全面撤退の引き金となった。

しかし、もしこの戦いが存在しなかったとしても、フランスはかなり早い時期に撤退を決定していたと思われる。その理由は、全世界的な植民地時代の終わりと、フランス本国の国力の疲弊であった。

一九五三年夏から翌年春までの間、ベトナムにおいてフランス軍とベトミン軍の戦闘が激しくなっているにもかかわらず、フランス本国は派遣軍に対し、これといった援助を実施しなかった。

フランス国民の大部分は本国から数千キロ離れた地域で行なわれている戦争に対し、何の関心も示さなかったのである。

第二次大戦後のフランス政府はもはやベトナムという植民地に関し、運営の意志を放棄しており、わずかに軍部の一部だけが〝勝手〟に戦っていたに過ぎない。

それでもインドシナ戦争では一九四六年以後の七年八ヵ月の間に、フランス軍は八万七八〇〇名、フランス側についたベトナム人の軍隊八万五二〇〇名、ベトミン軍及びその支援勢力約六〇万の犠牲者（死傷者の合計）を生んでいる。

またフランスの戦費は当時の金額で合計一七億ドルに達した。

このディエン・ビエン・フーの戦いは、これ以後のインドシナ戦争を学ぼうとする者に数数の教訓を残している。

まずベトナム独立を目指す勢力は、必要とあらば、

○ゲリラによる不正規戦だけではなく、正規軍同士の本格的な戦闘をも実施できる能力を持っていること

○近代的な輸送手段は少ないが、それを補うだけの人海輸送手段をとり得ること

○中国、ソ連からの武器、物資の供給が充分に行なわれていること

○またその補給路の完全な遮断は困難なこと

などが挙げられた。

しかし、現地軍を見殺しにしたフランス本国にかわってアメリカは、在ベトナム・フランス軍に大量の軍事援助を行なった。

それらは一九五〇〜五四年の間に航空機一三〇機、戦車、装甲車八〇〇台、車両一万五〇〇〇台、舟艇三〇〇隻に達しており、その総援助額は実に一〇億ドルを超えている。同時にアメリカは、これらの援助と共に四〇〇名の軍事顧問団を派遣していた。しかし、これらの顧問団も、フランスの失敗から教訓を学ぶことをしなかった。これがその後一八年間にわたるアメリカのベトナム介入という悲劇の遠因にもなるのである。

（注・アメリカ国防省の推定では、インドシナ戦争について戦死者のみを数えてフランス軍二万三五四〇名、フランス側についた現地軍二万一五四〇名、ベトミン軍約二〇万としている）

三　ジュネーブ協定とフランスの撤退

ディエン・ビエン・フー陥落の翌日、スイスの都市ジュネーブでインドシナ休戦に関する国際会議が始まった。

これはインドシナ休戦会議（ジュネーブ会議）と呼ばれ、七月二一日に最終的同意が参加九ヵ国間で得られた。

しかし実際の署名の時には、これらの九ヵ国（別表参照）の内、アメリカ、ベトナム国（のちの南ベトナム、正確にはベトナム共和国）が同意を取り消す事態となった。

これがそれ以後のベトナム戦争勃発の原因のひとつ、と考えられている。

確かにこのジュネーブ協定（一九五四年）は、一時的にはインドシナに平和をもたらした。

フランスは早々にベトナム支配を諦め、ベトナム（北部）から撤退していったからである。

フランスと（北）ベトナムは、この年の秋には文化交流協定を結ぶことになる。

しかし一方でインドシナ休戦条約は、ベトナムというそれまでひとつであった国家を、非武装地帯（DMZ：Demilitarised Zone）を境に完全に分割することになった。
○北には、
首都ハノイ　首相ホー・チ・ミン
ベトナム民主（人民）共和国：北ベトナム
Democratic Republic of Vietnam
面積　一五万八七五〇平方キロ　人口一七八〇万人
○南には、
首都サイゴン　大統領ゴ・ジン・ジェム
ベトナム共和国：南ベトナム
Republic of Vietnam
面積　一七万八一〇平方キロ　人口一五三二万人
が誕生した。
またこれと時を同じくして、共産主義を嫌う主としてカトリック教徒約七〇万人の北部ベトナム住民が南へ移住することになり、翌年秋までに移動を終えたのである。しかし、後にアメリカ及び南の政府は、北側がこれらの人々の中に多くのゲリラを混入させ、南ベトナム

1954年のインドシナ休戦条約（通称ジュネーブ協定）

同意事項
（順不同、主なもののみを掲げる）
1　北緯17度線に沿って幅10 kmの非武装地帯（Demilitarised Zone DMZ）を設ける。ただしこれは領土境界線ではない
2　双方軍隊の一定地区集結禁止
3　軍事基地の新・増設の禁止
4　外国からの武器搬入禁止
5　外国からの軍隊の導入禁止
6　軍事同盟への不参加
7　国際管理委員会による査察（カナダ、ポーランド、インド）
8　2年後の南北統一選挙の実施

- これをラオス、カンボジア、ベトナム民主共和国（北）、ベトナム国（のちベトナム共和国）（南）の4ヵ国に適用
- ジュネーブ会議参加国
西側　アメリカ、イギリス、フランス
東側　中国、ソ連
当事国　ラオス、カンボジア、ベトナム（南・北）
- 署名（調印）　アメリカ、ベトナム（南）2ヵ国を除く7ヵ国

注）ジュネーブにおいて締結された条約はこれ以外にも多く存在するので、正確には『1954年のジュネーブにおけるインドシナ休戦協定』と呼ばなくてはならない。

に送り込んだと考えている。

さて、インドシナの戦火を鎮める役割を一応果たしたジュネーブ協定であるが、条項をひとつひとつ見て行くと、初めから実現不可能なものが存在している。

たとえば「外国からの武器の搬入禁止」という項があっても、それまでの経緯から北ベトナムにはソ連、中国から、南ベトナムにはアメリカからの軍事援助が停止されるはずはなかった。

このあと北への援助はひっそりと、南へのそれは堂々と、共に大量に実施され、一九七五年四月の南ベトナム消滅まで休むことなく続けられる。

アメリカ（および南ベトナム）が、ジュネーブ協定に署名しなかったのは、このような事態を予想したためだったのではなかろうか。それとも単に共産主義者との妥協が、気に入らなかっただけなのかも知れない。

〝DMZ〟は国境ではないと規定されながら、南・北ベトナムは互いに独立国としての道を歩みはじめる。

しかし、両国の政情は全く安定しなかった。

まず南ベトナムでは、軍部、仏教徒、カトリック教徒、旧宗主、ベトミン残存勢力と多種多様のグループ間の紛争が存在した。またこれに加えて、新興宗教団体、地方豪農の私兵集団が暗躍した。

一方の北ベトナムにおいては、早急なホー・チ・ミン政権の土地開放政策が地主たちの反発を招き、一九五六年二月には大暴動に発展した。このときホーは軍隊の出動を命じ、暴動を武力鎮圧、数百の死傷者を出している。

ただし、この事件を最後に北ベトナムの政情は一挙に安定に向かう。

その一方で南の政情不安の原因となるゴ政権による失政は、完全に回復されないまま一九六〇年代を迎える。

フランスの敗退までフランス軍を支援し続けたアメリカにおいては、この時期は朝鮮戦争が終わった直後でもあり、国内の反共意識は頂点に達していた。前述のとおり同国は朝鮮戦争を中途半端に終わらせなければならなかったストレスを、南ベトナムの援助に振り向けつつあった。

しかし一九五五年から毎年実に平均二億ドルという莫大な金額が南ベトナムへ供与されたが、それにもかかわらずゴ・ジン・ジェム政権首脳とその支持者たちは民心を掌握することに成功せず反対勢力の弾圧に力を注ぎ続けていた。

四　つかの間の平和

ジュネーブでのインドシナ休戦協定により、ベトナムにも〝一応の平和〟が訪れた。DMZ（非武装地帯）が国境ではないとされてはいたが、これを境に南・北ベトナムは互いに独自の道を歩み始める。

北ではホー・チ・ミンを首相（のち大統領）とした社会主義政府が確立され、一方南ではフランス、アメリカの傀儡（かいらい）であったバオダイ帝が退位し、一九五六年一〇月、共和国新憲法が公布された。また総選挙が実施され、アメリカが押したゴ・ジン・ジェム政権が正式に誕生した。

そして多くの混乱が生じるものの、ゴ政権は一九六三年一一月まで約七年間存続することになる。

南ベトナム内の混乱の原因は、各種の勢力がそれ相応の力を持ち、自己の権力の拡大をはかろうとした点にあった。それらは、

○ゴ政権を支える軍部とカトリック教徒
○一般住民の支持を得ている仏教会、寺院
○カオダイ、ホアハオ、ビンスエンなどの内部に武装勢力をもつ新興宗教団体
○南北ベトナム統一と、南の政府打倒を目指すベトミンの地下組織

などである。

このような種々のグループの活動を制限しようと、ゴ・ジン・ジェム大統領（と弟のゴ・ジン・ニュー）は軍部の協力を得て厳しい独裁政策をとった。

またゴ一族と軍の高官は、大量に流れ込むアメリカからの経済援助を一手に握った。南ベトナムの共産化を防ぐという名目で、アメリカから渡された経済、軍事援助はその後増加し、年間三億ドルに達しようとしていた。

これによって南ベトナムの経済はかなり順調にすべり出してはいたが、一方で官僚組織の腐敗が拡がりはじめた。

農業生産ではほぼ一九三〇年の水準にまで回復し、経済成長はとどこおりがちな〝北〟を追い越している。それにもかかわらず、政情不安と汚職の蔓延により、一般の人々の生活は苦しかった。

アメリカの膨大な援助は末端まで行き届かず、いたずらに政府役人、一部の軍人の懐を暖めるだけである。そしてそのような人々のほとんどは、ゴ・ジン・ジェムと同じカトリック教徒であった。

それでもなお、ゴ政権に対するクーデターが続発した。

一九六〇年一一月九日・降下部隊によるもの

一九六二年二月八日・空軍将校によるもの

またこれ以外にも、

一九六三年一一月一日・軍部（陸軍）によるもの

一九六四年一月三〇日・軍部（陸軍・海兵隊）によるもの

ここで興味深い数値をとりあげてみよう。

一九五五年から六〇年までの五年間に、アメリカの南ベトナムに対する経済援助は年平均二・〇億ドルである。

これを同国の住民数（約一六〇〇万人）で割ると、当時の円ルートで一人あたり約一万五〇〇〇円の金額となる。

一家族四人と仮定すれば六万円であり、これは平均的なベトナム人の同じ時期の個人総所得の二倍にあたる。

これだけの援助にもかかわらず、国の大部分を占める農村には電気も水道もなく、新生児の死亡率は三割を超えていた。

これに対し南ベトナムの政府、軍上層部の人々とその家族は全く違った生活を送っていた。国内はもとより海外にまで別荘を持ち、子供を欧米各国へ留学させるのはごく当たり前、一部の高官夫人たちは、軍用輸送機を使って美容整形手術のため香港に通うようなことまでしていたのである。

この状況は七〇年間続いたフランス支配時代と同様であり、同じ人種間の貧富の差が激しくなった分だけ民衆の憤りと不満は高まっていった。

ゴ政権に対する当時の反政府運動は、主として三本の柱から成り立っていた。

まず学生のグループ、次に仏教徒、そして旧ベトミンの流れを汲むものである。反政府デモなど表立った抗議行動は前二者によって行なわれたので、弾圧も学生、仏教徒を対象に厳しくなった。

一方、ベトミンを中心とする南ベトナム内の共産勢力は、表面に出ることなく農村での宣伝活動を深めていった。

しかし、ジュネーブ協定（一九五四年七月）成立からの五年間は南ベトナム、北ベトナムとも国内は比較的平穏であり、この期間をインドシナ戦争とベトナム戦争の狭間（はざま）の〝平和期間〟と呼ぶ歴史家もいる。

しかし一九六〇年代に入ると、南ベトナムの状況は一変する。

一九六〇年一一月一一日、南ベトナム軍の落下傘部隊（指揮官グエン・チャンチ大佐）がクーデターを起こし、大統領官邸を包囲した。

この反乱は二日後、政府軍によって鎮圧され、その逮捕、処分者は三〇〇〇人に達した。すでに反政府勢力による国内の混乱が始まっているこの時期、軍部内の精鋭パラシュート部隊の反乱と、その鎮圧はベトナム軍の戦力を大きく削いだことになる。

また同年一二月二〇日は、ベトナム戦争の一方の主役となる南ベトナム民族解放戦線（National Liberation Front：NLF）が秘密裡に誕生した（一説には九月二一日）。

この組織は、

○ベトナムからの外国軍隊（アメリカ軍を指している）の撤退

○独立・平和・中立の南ベトナム政府の樹立

を目的としていた。

ここで、ＮＬＦが〝祖国統一〟に触れていない点に留意しなければならない。少なくとも

NLFの結成の時点では〝北の影響〟は大きくなかったのである。

解放戦線は学生、労働者、知識人、民族主義者、共産主義者の混合体であった。しかし数年を経て、実権のすべては共産主義者（南ベトナム労働党など）と、それに直結する北ベトナム首脳の手に握られることになる。

また、北ベトナムはこの年の一月に新憲法を発布し、大統領ホー・チ・ミン、副大統領トン・ドクタン、首相ファン・バンドンを選出、国家体制を固めた。ホー大統領が死去する六九年九月まで〝北〟はこの体制を維持してNLFを支援し、南ベトナムおよびアメリカと戦うのである。

ベトナム戦争における当事者、当事国の呼称について

ベトナム戦争については西側自由陣営と東側共産（社会）主義陣営間で、意見、呼称に根本的な相違が存在した。

この戦争自体を東側は「祖国統一、民族解放、完全独立のための戦争」と位置づけた。これに対し西側は「自由のための、全体主義から守るための戦争」と呼んでいる。

したがって戦争当事者による相手側の呼称も大いに異なる。

この点について本書の主旨を明確にしておきたい。それはいずれもできるだけ公平な呼称を用いるということである。

まず南ベトナム政府の軍隊についてであるが、西側は南ベトナム政府軍、略してARVN

(the Army of the Republic of Vietnam）と呼び、東側は傀儡（かいらい：あやつり人形、人の手先になり意のままに働く者、の意）軍と呼んだが、本書では「南ベトナム政府軍、南ベトナム軍あるいはARVN」とする。

一方、南ベトナム民族解放戦線のことを、東側は南ベトナム解放民族戦線（South Vietnam National Liberation Front）あるいは略してNLFとしている。

これを西側では一般的にベトコン（Viet Cong）、アメリカ軍はベトナムの共産主義者（Vietnam Communist：V・C＝ブイ・シー）と呼んだ。

ベトコンは蔑称として扱われている場合もあるので、本書では解放戦線あるいはNLFとする。

北ベトナム政府の軍隊については北正規軍（North Vietnam Formaly Army）が一般的な呼称であるが、南ベトナム政府は侵略軍（Invade Force）と呼んだ。本書では北正規軍、あるいは北軍とする。またこれを西側では北ベトナム軍、NVA（North Vietnam Army）とも呼んでいるので、これも用いる。

さて当事者だけではなく、当事国の呼称についても触れておかなくてはならない。

南ベトナムの正式国名はベトナム共和国　Republic of Vietnam

北ベトナムのそれはベトナム民主共和国　Democratic Republic of Vietnam

である。これをベトナム人民共和国と訳した類書もあるが、〝人民〟にあたる英語は国際的に〝People〟と決められているからベトナム民主共和国が正しい。

しかし〝人民〟と訳した著者は、〝民主〟とするとなんとなく自由主義陣営の国のイメージが強くなるので——この事実を知っていながら——人民共和国としたのかも知れない。いずれにしても民主共和国、共和国となり区別がつきにくいので、北・南ベトナムという表現を主として用いることにした。

なおフランスに対する抵抗運動を根強く続けたベトミンの正式呼称は、越南独立同盟(Vietnam Independent Federation)である。しかしこの組織自身が越盟（ベトミン＝Viet Minh）と名乗っていたので、そのまま使っている。ベトコンとちがって、ベトミンは蔑称ではないことを明らかにしておく。

また南ベトナム政府（とアメリカ）の要請でこの戦争に参加した西側の国々（オーストラリア、ニュージーランド、タイ、韓国、フィリピンの五ヵ国）の派遣軍は、軍事援助・支援軍(Military Aid Force：MAF）と呼ばれた。これに対する東側からの定まった呼称はなかったようである。

一時、連合軍という呼び方も存在したが、MAFが一般的であったとのことであり、本書もこれを用いる。

第三章　ベトナム戦争

戦争の経過

第二次大戦終了後、一年四ヵ月たって勃発したインドシナ戦争については、開戦から終結までの期間が明確に判明している。それは、ハノイにおけるベトミン軍とフランス軍の最初の大規模な衝突があった一九四六年一二月一九日を開戦日とし、ジュネーブ協定にフランスが調印した一九五四年八月二一日（実質的には六月末停戦）を終結の日としている。

それではベトナム戦争（Vietnam War）として歴史に残る戦争は、いつ始まり、いつ終了したのであろうか。

終了の日ははっきりしている。それは南ベトナム政府が降伏調印を行なった、一九七五年四月三〇日である。その反面、開戦の日をいつとすべきか、歴史家の間でもいくつかの説があり、明確ではない。

反政府主義者、共産ゲリラと、南ベトナム政府軍、警察軍との小競り合いはインドシナ戦争終了後も、断続的に発生していたからである。

本書ではベトナム戦争の勃発の日を一九六一年（昭和三六年）一月一日とする。
理由としては、この前年末（一二月二〇日）に戦争の前半の主役となった南ベトナム民族解放戦線（NLF）が結成され、一九六一年初頭より本格的に活動を開始したからである。
したがってベトナムの隣国たるラオス、カンボジアにおける紛争を、ベトナムのそれと切り離して考えれば、
勃発　一九六一年一月一日
終了　一九七五年四月三〇日
となり、丸一四年以上続いた永い戦争であった。この間、北ベトナム、解放戦線、南ベトナム、アメリカのいずれも相手に対し宣戦布告はしていない。この点については一九五〇年～五三年の朝鮮戦争と同様である。
南ベトナム（ベトナム共和国）という人口約一六〇〇万人の国は一九五四年に誕生し、一九七五年に歴史から消えた簿幸の国家であった。
またベトナム人にとって第二次大戦後の半世紀のうち、実に足かけ四〇年間その国土が戦場になり、また隣国での戦争が続いていた。
それを年代順に並べてみると、
一九三〇年～四一年の対フランス植民地軍との戦争
一九四一年～四五年の対日本駐留軍との戦争
一九四六年～五四年のインドシナ戦争

第2次大戦後アジアで発生した自由主義、
共産主義の抗争（ベトナム戦争以前）

- マレーシア（マラヤ）における共産ゲリラとの紛争
  1948年2月～1960年7月　ゲリラ鎮圧に成功、西側の勝利
- 朝鮮戦争
  1950年6月～1953年7月　引き分けに終わり、休戦条約成立
- フィリピンのフク団（共産ゲリラ）紛争
  1948年3月～1955年5月　一応ゲリラ鎮圧に成功
- 中国内戦（国府軍対中共軍）
  1945年6月～1949年12月　共産側の勝利、中国、台湾の誕生
- 台湾海峡の戦闘（国府軍対中共軍）
  1954年5月～1966年12月　鎮静化
- ラオス紛争（左派・右派・ベトナム軍）
  1945年10月～1980年代まで続行
- 中国・インド国境紛争（インド対中国）
  1959年1月～1969年　断続的に続く

第2次大戦終了直後からアジアにおいて、自由主義と共産主義との軍事衝突が続発した。インドシナ、ベトナム戦争を語ろうとするとき、この事実を忘れてはならない。
アメリカは、アジア地域における共産主義の拡大をなんとしても阻止しようと考えた。たしかにこれらの共産主義の攻勢の状況を見ると、当時アメリカで信じられていたドミノ理論（連続的に起る新興国の共産化、民主政府の将棋倒し）の可能性が感じられる。

一九六一年～七五年のベトナム戦争
一九七八年～八九年のカンボジアとの戦争
一九七九年の中越（中国対ベトナム）戦争
となり、この国の男性の中には一生のほとんどを戦争に費やしてしまった人々も多いに違いない。

それでは一九六一年から年度ごとにベトナム戦争を追っていくことにしよう。

一九六一年（昭和三六年）

前年の一二月に結成された南ベトナムにおける反政府、反米組織である南ベトナム民族解放

戦線（NLF）は、この年の初めから積極的に行動を開始した。

しかし、約一五万名の南政府軍と正面から対決できるだけの軍事力を保持していないこともあって、当面の目標は次の三つに限定していた。
(1) 南ベトナム政府の下級機関に対するテロ（具体的には役人、警官などの暗殺）
(2) 政府軍の弱少拠点への攻撃
(3) 農民を主体とする人々への宣伝と教育
これら三点はともに、年末までには充分以上達成されることになる。

一方、南ベトナム支援をすでに決定していた大国アメリカにも、大きな出来事が次々と発生していた。

まずジョン・F・ケネディが一月に大統領に就任した。若き大統領の登場はこの国の人々に大いに歓迎されたが、就任早々政治的、軍事的失敗が続く。

それは、この年の四月一七日に起こったピッグス湾事件である。これはアメリカ情報機関CIAの後押しをうけた亡命者グループによる、キューバ進攻作戦であった。

しかしアメリカが期待したキューバ国民による社会主義のカストロ政権に対する蜂起は起こらず、上陸軍は一日で壊滅した。この事件によってアメリカは面目を失墜し、またその反動で国内の反共産主義的感情はますます高まった。

アメリカ人の大部分は、ある国がいったん共産化してしまうと、再び自由主義に引き戻すことは困難である、という事実を身をもって知ったのである。

また第二次大戦後、引き続きアジアの多くの国々で共産勢力との紛争が続発していた。このこともまた、アメリカの共産主義に対する不安と不信を高める結果となっていた。

話をベトナムに戻すと、アメリカと南政府の予想どおり、当時まだ蜜月関係にあったソ連と中国は、NLFと北ベトナムに対する経済、軍事援助を強化させはじめていた。両国とも自国の経済が不振であったために、援助のほとんどは兵器であった。

インドシナ戦争当時、中国からベトナム(ベトミン)に送られたこれらの多くは、国共内戦(一九四九年終了)時に国府軍から獲得したアメリカ製であった。しかし一九六〇年代に引き渡されたものは、重、軽火器ともソ連、中国製の新しい兵器である。

この行為は、ソ連、中国、北ベトナムとも一九五四年のジュネーブ休戦協定に調印していたので、明らかに協定違反であった。

一方、アメリカは同協定に調印していなかったので南政府を公然と援助していたが、いずれにしてもこのような協定の精神を踏みにじる行為あるいは協定違反に対して、とがめる者は誰もいなかった。

六一年春ごろから、規模は小さいもののNLFの活動は活発になった。

解放戦線の攻撃はごく少数のグループから一〇〇人程度のスケールで、南軍の前線部隊に向けられた。その形態は典型的なゲリラ戦であり、また襲撃のほとんどは夜間に行なわれた。

兵力的には優勢であった政府軍も、このときからゲリラ戦特有の「誰が敵なのかわからない」という難問に直面する。昼間は一般の市民、農民と全く同じ生活をし、夜間は兵士となって攻撃してくるゲリラには――いかに多くの兵力を用意したところで――対処できるものではなかった。

住民にゲリラの所在を尋ねても、NLFの報復を恐れて口を割らない。無理に尋問すれば、敵意を持たせるだけの結果となる。またゲリラはみせしめのためのテロを実行しているので、住民にはその恐怖が滲み込んでいる。

結局、南政府軍とアメリカ軍は最後の最後までこの「敵と一般市民、農民を区別する」という、戦争における最大の重要課題を解決できないまま敗れていくのである。

しかし、これに対して同年夏からすでに問題となっていた〝区別〟をはっきりさせるために生まれた手段が、戦略村構想である。

この戦略村（Strategic Hamlet, Hamlet とはヴィレッジ〈Villege：村〉より小さな村落の意）構想とは、住民を本来の住居から離して、そのために設けられた特別の村に住まわせ、ゲリラから完全に隔離するというものである。

これは主として農村で行なわれ、農民たちは早朝に戦略村を出て作業に従事し、夜とともに村へ戻る。こうすれば、夜間に出歩いている者はゲリラであると判断できるわけである。

この戦略村は、一九四八年から一九五七年にかけてのマラヤにおける共産ゲリラとイギリス連邦軍との紛争のさいにも多数造られた。その結果、完全にゲリラの封じ込めに成功している。

南ベトナムにおける戦略村は、アメリカの大学教授ステーリーと大統領特使テーラーによって提案され、六一年一二月より実施された。

したがって南ベトナムにおける戦略村構想はステーリー・テーラー計画と呼ばれ、その後の二年間にサイゴン周辺とメコン・デルタを中心に三二三五村が完成、四三二万人（南ベトナムの全人口の二五パーセント、農民の三〇パーセント）が入村した。

ゲリラ容疑者の村民を尋問する南政府軍兵士——ゲリラと一般人を区別する問題は、最後まで解決することはなかった。

さて、この時点における解放戦線の兵力はどの程度のものであったのか。

〝南〟政府の推定では合計七〇〇〇名となっている。この数字は実際に武器を手に戦うことのできる者の数であり、支援組織の人数は含まれていない。これに対する南ベトナム軍は、正規軍一五万名と地方軍五万名であった。

したがって見かけの兵力差は三〇倍と大きい。一九六〇年〜六一年にかけての小戦闘は、主としてベトナム最南部のメコンデルタ地帯で発生していた。回数は一日あたり四〜五回である。

九月、NLFは最初の大規模な攻撃をフォクビン市（フォクロン省省都）に行なった。この時の兵力は、そ

れまで一〇〇名程度であったものが一挙に一〇倍（一一〇〇名）に増大していた。もっとも
この攻撃の目的は、フォクビン市の完全占領ではなく、軍事力の誇示であった。

これに対してアメリカは南ベトナム政府との共同白書を一二月に発表し、共産勢力と徹底的に戦う意志を表明した。

また一一月一二日、輸送機、軽攻撃機からなる飛行中隊（操縦士と整備員はアメリカ人）をベトナムに送った。

すでにベトナムには一五〇〇人を超えるアメリカ人の軍事顧問団が存在していたが、この航空部隊の派遣は、その後のアメリカ軍の直接介入の前ぶれともなるものである。

ゲリラとの戦いに全力を投入しなければならないこの時期、南ベトナムでは陸軍内で精鋭を誇る降下部隊（落下傘部隊）がクーデターを起こした。

一一月九日、約五〇〇名の兵士が大統領官邸をはじめとする政府機関を襲撃したのであるが、すぐに政府軍の反撃がはじまり、四八時間後には完全に鎮圧された。

このクーデターの目的はあまり明確ではなく、また規模としても大きくなかった。ゴ・ジン・ジェム大統領はこれに関し、一〇〇〇名以上の軍人を含む三〇〇〇名を逮捕している。

この後、南ベトナム崩壊までの一三年間に、未遂を含めると一〇回近くのクーデターが発生したが、内戦の最中のこのような出来事は南ベトナムという国の力を弱める働きこそすれ、強めるものでは絶対にない。どうもこの国の軍部は、国家の安定よりも自己の権力の拡大に重きを置いていたようである。

一九六二年（昭和三七年）

年が変わると共にNLFはますます勢力を伸ばし、三月に入ると南ベトナム内の戦闘は一日平均一〇回を数えるまでになった。

二月九日、アメリカは『在ベトナム軍事援助司令部 MACV』をサイゴンに置く。

これとともに、ステーリー・テーラー計画による戦略村は続々と完成していた。しかし、それらの村に対する解放戦線の攻撃も頻度を増した。NLFはテロを激化させ、毎月五〇〇人以上の民間人（南政府の発表）を殺害していた。

このテロによる恐怖戦術は、一九六八年のテト攻勢まで続き、南ベトナム政府の機構を末端から徐々に破壊して行くのである。

一方、共産側の攻撃規模の拡大にもかかわらず、〝南〟の軍部は相変わらず政府内の権力闘争に明け暮れ、二月八日には空軍将校によるクーデター（失敗）が起こっている。

これは二機の戦闘爆撃機が大統領官邸を爆撃しただけにとどまったが、ゴ政権と軍部の間の不信感は増すばかりであった。

南ベトナムにおける共産主義勢力の増大は、近隣の諸国に不安を抱かせ、いくつかの国々は戦闘部隊を派遣してきた。これらの部隊は、南政府軍と協同してNLFと戦うことになる。

部隊を送った国々は、一九六六年までにオーストラリア、ニュージーランド、フィリピン、タイ、韓国の五ヵ国で、最大時の合計兵力は六万名に達している。

これらの軍隊は一時、連合軍（The Allied Force）と呼ばれたが、のちにアメリカ軍を含めて軍事支援軍（Military Aid Force：MAF）と公式に呼称される。なお、第一陣のオーストラリア軍部隊の到着は六五年八月二日であった。

解放戦線の勢力と兵員数はこの間着実に増加し、六五年の前半に一万名を突破した。連日の戦闘による消耗を考えると、恐ろしいまでの増加率である。

これに対するベトナム（南）軍も増員され、一五万名を一七万名に、翌年中に二〇万名にする計画が進められた。

また兵員数の増加だけではなく、空軍力（双発爆撃機二五機のアメリカからの供与）、海軍力（高速艇三〇隻の供与）の増強が年末までに実現した。

それと共に軍隊の質的向上も計られた。すなわち空挺部隊の増設、特殊部隊（コマンド）の新設などである。これに加えて兵役義務の延長、軍管区の再編成がなされた。

アメリカの支援を受けて、南ベトナム軍はかなりの戦力増強に成功したのである。

その一方でゴ政権は、忠実な将軍を指揮官とする強力な部隊をサイゴン周辺に配置した。これはもちろん今後も予測されるクーデターに対する措置であった。

これらの部隊は全兵力の二五パーセントに相当したが、対ゲリラ戦には出動しないままに終わっている。それでも全般的には、南軍の近代化はこの年の末までに着実に行なわれたといえる。

一方、南ベトナムと同時に、隣国のラオスにおいても共産側の勢力が増大し、政情が不安になってきていた。

この国の政治的混乱は一九八〇年代後半まで続いている。またラオス、ベトナムとの国境線が明確でないカンボジアも同様であり、この二ヵ国についても左派、右派、中立派がフランス、アメリカ、中国、ソ連の支援を受けて、これまで二〇年以上の永きにわたり闘争を繰り返していた。

北ベトナム軍はすでに一九五三年から、主としてラオスに義勇兵を送り込んでおり、一九六一年当時にはこの国の共産勢力の主力になりつつあった。

一九六一年一一月、ラオス政権は共産側に接近し、そのため南ベトナムはラオスに国交断絶を通告する。

これにより北のNLF援助は、かえって順調にラオス国内を通過することができるようになった。これはのちに有名なホー・チ・ミン（補給）ルート（英語ではホー・チ・ミン・トレイル）と呼ばれ、NLFの生命線へと成長するのである。

解放戦線の兵力が増加する中、アメリカは積極的に南への軍事援助を強化した。写真はM24戦車を供与された南政府軍。

さて南ベトナムでは、解放戦線と政府軍の戦いが連日続けられていた。主な戦場はメコン・デルタと中部ベトナムで、NLFにはまだ首都のサイゴン周辺で作戦できるだけの力はなかった。

この時期、両軍の人的損失の割合は政府軍六対NLF一〇（政府発表）、政府軍、解放戦線同数（NLF側の発表）となっている。したがって、全般的には多少政府軍が有利な戦況だったと判断して良さそうである。

しかし、南およびアメリカが切札として期待していた戦略村構想は、破綻をきたしはじめていた。

一〇月一一日、南政府は戦略村計画の完成記念式典を開催したが、その数時間後にはいくつかのそれが敵の攻撃を受けていた。結局このステーリー・テーラー計画は、六四年中には中止されるのである。

ここで、マラヤ（現マレーシア）で成功しながら、ベトナムで失敗した戦略村プランの原因を考えてみよう。ベトナムの場合、考えられるのは次の事柄である。

(1) 村民の中へNLFがまぎれ込むのを防げなかったこと
(2) 戦略村の数が多過ぎ、村が攻撃されたときの防衛力が不充分であったこと
(3) マラヤの場合、住民が反政府感情を持っていなかったが、ベトナムの場合それが一般的な人々の間に芽生え始めていた時期であったこと
(4) 地形的にマラヤとベトナムは大きく異なっており、後者では国外からの物資補給が比較的容易であったこと

この内(1)、(2)が主な原因であろう。

アメリカの指導により建設が進められた戦略村――ゲリラと農民を区別するのが目的であったが、結局失敗に終わった。

特に戦略村が完成し、この村で暮らす住民の中にNLFのゲリラ分子がいない場合、その村はゲリラの攻撃の対象になってしまった。NLFとしては戦略村を徹底的に破壊し、それが役に立たないことを住民に示す必要があったのである。

ベトナム全土の戦略村は、およそ二二三五ヵ所（細かく分ければ一万二〇〇〇村以上）が造られた。二〇万のベトナム軍のうち、半数が村の防衛を担当していたと仮定しても、一村あたりの兵力はわずか三〇名にしかならない。

一九六一～六二年のNLFの攻勢には数百人のゲリラが動員されているから、もし攻撃されればその兵力で防ぎきれるわけはなかった。

さらに、ひとつの戦略村が解放戦線の大攻撃を受けて多くの住民が死傷すれば、その噂はすぐに広まり、村に入る者は皆無となった。またゲリラの工作員の宣伝と教育（南からみれば洗脳教育）が効を奏し、ひとつの村全体が反政府側へ寝返る事態さえ生じた。

戦略村だけではなく、政府軍の前進拠点および小さな基地自体も解放戦線の攻撃を受けることが多くなっていた。

ゲリラは南ベトナム西部の山岳、森林地帯に根拠地を持ち、普段はその中に大兵力を潜ませる。また他の兵士は農民の中に姿をかくし偵察、テロ活動に従事する。そしていったん攻撃行動を開始するとなれば、両方の兵員は協同して敵に当たる。

これに対し、南ベトナム軍は戦力こそ大きかったものの、他の状況はきわめて不利であった。ゲリラと住民の区別は相変わらず明確ではなく、追撃すれば山岳地帯へ逃げ込む。反対に襲ってくる時は常に大兵力で、政府軍の手薄なところを狙う。

このため総合的な戦力としては政府軍側が圧倒的であったが、NLF側から攻撃を仕掛けられたときには常に劣勢で、大損害を受ける事態になった。

また南ベトナム政府軍と行動を共にするアメリカ軍事顧問団も、六一年から徐々に戦死者を出しはじめる。六一年度のアメリカ人戦死者は一一名であった。

結局、南ベトナム軍は続出する前線小基地の損害にたまりかねて、秋から戦術の転換をはかる。

これは基地を統廃合し、大きなもののみを存続させる。そして拠点防衛主義ではなく、大基地から戦闘、パトロールのときだけ出撃する機動重視戦術への移行であった。この計画は一九六三年春から順次実施される。

なお六二年度の人的損失は、政府軍約五〇〇〇名、NLF一万二二〇〇名（南政府発表）であるが、NLFの実数は七〇〇〇名程度と考えられる。

一九六三年（昭和三八年）

南ベトナムでは政府側に新しい問題が起こっていた。仏教徒との激しい対立である。これは数年前から続いていたもので、この年に入ると激化し、ゴ・ジン・ジェム政権の崩壊と南ベトナム政府の弱体化の大きな原因のひとつとなる。

本来、ベトナムの国教は疑いもなく仏教であった。しかし南ベトナムの支配階層には、フランス植民地時代に布教されたカトリック教徒が多く、したがって仏教会組織が被支配者層の国民の不満を取り上げて政府を攻撃すると、ゴ政権（ほとんどがカトリック教徒）は過敏に反発し、仏教徒への弾圧を強めていった。

仏教の指導者が少しでも反政府運動を展開すれば、ゴ一族と軍部は徹底的に弾圧を加え、この有様は現地に滞在している外国人にさえ異常と思われるほどであった。

そして国民の大多数は仏教徒であるから、この事実は著しく反感を生むことになる。

六三年の春からこの弾圧は一層強まり、ほとんどの寺院は閉鎖された。これに反対する多くの僧侶は、教義の上から武器を持っての抵抗ができないため、ハンガー・ストライキ、はたまた焼身自殺という強硬な抗議の手段をとりはじめていた。とくに五月はじめ統一仏教教会に解散命令が出されたことに対し、翌月から抗議の焼身自殺が相次いだ。

この模様は新聞、ＴＶで全世界に放送され、大きな衝撃を与えるとともに〝南〟政権の独裁ぶりを何よりも強く印象づけたのである。

アメリカ政府も遺憾の意を表明し、またアメリカ国民は自国の政府がこのような政権を――いかに反共的であったとしても――支援していることに疑問を感じはじめた。

そして間もなく、これを決定づける事件が起こった。

僧侶の自殺について、コメントを求められたゴ・ジン・ニュー（大統領の弟）の夫人が、「あれは単なる坊主のバーベキュー（料理）にすぎない」といった発言がTVから流されたのである。夫人は後に報道陣によって言葉の意味が変えられてしまったと弁解したが、それによって仏教徒の反政府感情が弱められることはなかった。

この言葉には欧米からも非難の嵐が浴びせられ、アメリカ政府はゴ・ジン・ジェム政権に完全に見切りをつける。

九月に入り、アメリカはゴ大統領に退陣を勧告する。これが拒否されると、中央情報局CIAと軍部によるクーデターが画策された。

一一月一日、南ベトナム軍部は――アメリカの暗黙の支持のもとに――クーデターを実行した。ゴ兄弟は裁判を受けることもなく射殺され、一九五四年以後一〇年近く続いたゴ・ジン・ジェム一族の支配は終わりを告げた。

このあとを継いだのは、軍の長老ドン・バン・ミンである。しかし、相変わらず政情は不安定のままで、翌年一月、再び軍部のクーデターが発生するのである。

また政府と仏教徒の対立は完全にはおさまらず、くすぶり続けながら結局南ベトナムの滅亡まで持ちこされる。

もともとどんな種類の宗教であっても、無神論を唱える共産主義とは相容れるものではない。現存する社会主義国の総ては――建てまえ上――宗教を認めない立場をとっている。それらの原則を学びもせず、本来なら味方となるべき仏教会を弾圧した南政府首脳部の無能ぶりには呆れるほかはない。この一連の出来事は、アメリカ政府と国民にとって『反共主義であれば、どのような政府でも良い政府である』という認識を根底から揺さぶるものであった。

南政府軍兵士と米軍事顧問――米軍人が直接敵と交戦することが可能となり、徐々に戦闘の主役を占めるようになった。

しかし、この事実にアメリカが気づくのがあまりに遅かったといえる。少なくともアメリカは一九六〇年までに、本当に南ベトナムの政府が大多数の国民の支持を得ていたのかどうか、探る努力をすべきだったのである。

一方、この頃の南ベトナム国内の戦局はどうなっていたのであろうか。

まずこの年の二月、アメリカ統合参謀本部は戦闘守則を改正した。これはベトナムにおけるアメリカ軍の役割を、顧問団（Advisory Group）から顧問軍

(Advisory Force) に変えたことに現われている。
これによってアメリカ軍人が武器を持って、直接敵と交戦することが法律的に可能になった。そしてこのあと、アメリカ軍は徐々に南ベトナムにおける戦闘の主役の座を占めるようになる。
一方、強化された政府軍も、前年まで採用していた拠点確保の戦術を変更し、機動戦を主体とするようになった。同じ時期にNLF側も戦術の転換を行なっている。
これは攻撃の規模を拡大し、打撃力を大きくするのが目的であった。
一九六三年の両軍の目標は、
政府軍：戦略村構想の確立
　　機動戦術への移行
　　NLF拠点、補給所への攻撃
解放戦線：戦略村構想の破壊
　　政府軍の中規模基地への攻撃強化
などとなっている。
NLFの攻撃規模は、前年の一〇〇〜三〇〇名（中隊規模）から五〇〇〜一〇〇〇名（大隊規模）へと拡大されていく。
また戦闘地域は変化なくメコン・デルタと中部が主体で、サイゴン周辺と海沿いの都市は比較的平穏であった。

一九六三年の戦死者は、南政府軍八一〇〇名、NLF二万六〇〇名、アメリカ軍人七八名、とされている。

また前年から続々と完成しはじめた戦略村は、その一方でNLFの激しい攻撃の目標となった。これは、もし戦略村構想によってNLFと住民を区別するという目的が成功すれば、ゲリラの所在が明確になることから、彼らとしてはどのような犠牲を払っても破壊する価値があった。

一一月のある日には、ベトナム全土で一八七の戦略村が同時に攻撃され、そのいずれもが大きな損害を受けている。こうなっては農民の間に、戦略村への入村を拒否する動きが出ても不思議ではない。

結局、戦略村計画は莫大な費用と人手を投入しながら、一九六四年の中頃までにすべて放棄される。

南ベトナム情報省は一九六三年一〇月一一日、「戦略村計画が〝成功裡、かつ完全に〟終了した」と発表したが、翌年に発表された報告書からは〝戦略村〟という言葉は姿を消している。

この年の一一月二二日、まさに全世界を震撼させる大事件がアメリカで発生した。

ジョン・F・ケネディ大統領がテキサス州ダラスで暗殺されたのである。彼は前任のD・アイゼンハワーと共に、ベトナム問題に強い関心を持っていた。

そして、アメリカ政府首脳としては珍しく、ゲリラ戦および対ゲリラ戦への理解を示していた。これは彼がNLFの活動を脅威と感じ、テキサス州フォート・ブラッグ基地に対ゲリラ戦学校を設立した事実からも証明される。

彼の死がアメリカのベトナム政策にどのような影響を与えたのか、まだはっきりしていないが、後を継いだリンドン・B・ジョンソンがケネディより正規軍重視であったことは事実である。こういったアメリカ国内の混乱も共産側に有利に働いたと思われる。

この年の後半、アメリカの軍事顧問団の総数は一万名、また在ベトナムのアメリカ軍属および民間人の数は約一〇万人に膨れ上がっていた。

軍事顧問団が直接戦闘に加わる機会が増すにしたがって、NLFの攻撃もまたアメリカ人を対象にすることが多くなってきた。彼らの宿舎、よく出入りする食堂、映画館はこの年の終わりから次々と爆弾によるテロに襲われる。

またベトナムのアメリカ人の数の増加にほぼ比例して、解放戦線に対する北ベトナムの援助も増大している。

それによってラオスの東部山岳地帯と、カンボジア西部高原地域のホー・チ・ミン・ルートの動きは次第に活発になっていった。もちろん、

北ベトナム　NLFへの援助

ソ連、中国　北ベトナムへの援助

という図式はこの年以前から確立されていた。

そして翌年からの戦いは一気に拡大し、NLF・北ベトナム軍と南政府軍・アメリカ軍の

対決という様相を呈する。

一九六四年（昭和三九年）

年が明けると間もなく、南ベトナムでは再びクーデターが発生し、グエン・カーンが実権を握った。

しかも南の政治的混乱は六四年度中続き、一一月～一二月にかけては、戦争のさなかであるにもかかわらず、政府の最高責任者が存在しないという信じられないような事態さえ起こるのである。

この間、NLFは着々と勢力を伸ばしていた。また在ベトナム・アメリカ人に対し、絶え間なく爆弾テロを実施していた。これらのテロにより、一ヵ月平均七・五人のアメリカ人が殺されている。

国内の混乱を鎮め、また民衆の不満をやわらげようと、南政府は三月に「民生向上化計画／一般の国民の生活水準を引き上げようとするもの」を発表したが、あまりにも遅すぎた。このような計画は、一〇年前に着手されるべきだったのである。

六月はじめ、アメリカはウエストモーランド将軍をベトナムに送り、南政府軍とアメリカ軍の強化をはかった。NLF側は彼の名を皮肉り、〝East More Land 将軍〟と呼んだ。

この年の前半、南ベトナム政府軍の兵員数は三〇万名を超え、またそれに歩調を合わせるように、北からホー・チ・ミン・ルートを通ってNLFに送られる物資の量が増大している。

八月のはじめ、ベトナム戦争の大きな転機となる〝トンキン湾事件〟が発生した。

これはトンキン湾の公海上で、アメリカ駆逐艦二隻が、北ベトナムの魚雷艇から攻撃されたというものである。

数年後、この事件そのものがアメリカによるデッチ上げであるとする意見も出されたが、アメリカ海軍の艦艇が北側の小艇と戦闘を交えたことは事実で、北の政府もこれを認めている。しかしこのアメリカ艦隊は、北ベトナム領内の基地に対する南政府軍海兵隊の作戦を間接的に援護していたのだから、攻撃されたことを非難できない。

ともかくアメリカの世論は激昂し、ジョンソン大統領は北ベトナムに対する報復のための爆撃を命じた。これが一九六八年までは連続して、その後七二年までは断続的に続けられる〝北爆〟の第一弾である。

また事件後、アメリカ議会はジョンソン大統領に「自由な戦争権限」を与える。これは後にトンキン湾決議と呼ばれるが、あまりに性急であり、論議不充分な決定と非難の的になるのである。ただし当時にあって決議への反対票はわずか二票であった。

トンキン湾事件は現実に存在したものの、アメリカ艦艇、北ベトナム海軍小艇部隊のどちらにもとり立てていうほどの損害も、人的損耗もなかった。しかし北から南への物資、兵員の浸透に苛立っていたアメリカは、この小さな出来事を口実に北ベトナム爆撃に踏み切ったのであった。

この北爆は、最初の段階では北ベトナム南部の軍事基地を目標として行なわれていたが、後には北ベトナム全土に拡大する。

　そして一時的に中止されることもあったが、南ベトナム内で共産側の活動が活発になると必ず再開された。

　一方、秋の訪れと共に南政府の政治的混乱はますます深まった。ＮＬＦの勢力は着実に増大しているにもかかわらず、南では軍部の権力闘争が続いていた。

　アメリカでは、一一月の大統領選挙でジョンソン大統領が再選された。

　この一九六四年秋の段階で、アメリカ国民の大部分が自国のベトナム戦争政策を支持していた。しかし、ジョンソン大統領の任期の終わり（一九六八年）には、情勢は大きく変化するのである。

　その理由は『南ベトナムという国は、アメリカ人の血と汗を流してまで守る価値のある国家なのか』という疑問が、国民の間に高まっていったからである。また南ベトナムの指導者たちが、いずれもアメリカの期待に添うような能力を持たなかったからでもあった。

　大統領選挙の直前、ＮＬＦは南ベトナムにおけるアメリカ空軍最大の基地ビエンホワを襲った。この攻撃は、初めてアメリカ軍の大基地が襲撃されたこと、死者、負傷者の全員がアメリカ人であったことから同国民に大きなショックを与えた。

　解放戦線は南ベトナム政府軍の基地だけではなく、より強力なアメリカ軍の大基地をも攻撃する能力がある事実を見せつけたのである。

　さらに一二月末からは、サイゴン周辺でもかなり規模の大きな攻撃行動をとるようになった。これは一二月二四日、サイゴン南東六〇キロにあるビンザー村の戦いで実証された。この村にあった南ベトナム軍の基地を襲ったNLFの兵力は、実に一五〇〇名を超すものであった。ビンザー村の政府軍兵力は二コ連隊であったが、NLFの攻撃を支えきれず救援を要請してきた。ビンザー村の政府軍兵力は二コ大隊が出動したが、これらの兵員を空輸したヘリコプターはアメリカ人パイロットにより操縦され、少数ながらアメリカ軍人も乗せていた。

これが南政府軍とアメリカ軍の初の共同作戦であった。一週間にわたる攻防戦の結果、NLFはビンザー村の占領をあきらめ姿を消した。しかし、この戦闘の規模はこれまでにないほど大きなもので、戦死者は政府軍一六〇名、アメリカ軍人五名、NLF四八〇名に達した。損害そのものは解放戦線側に多かったが、別の見方によれば、共産勢力は南の首都からわずか六〇キロしか離れていない場所で、〝連隊規模の作戦〟を実施できることを証明したのである。

この攻撃は、同時にNLFが組織を強化している実態を示していた。それまでNLFはテロ活動とゲリラ攻撃を主な戦術としてきたが、六四年の七月以後、北ベトナムから最新の兵器が送られてきたため、本格的な戦闘が可能となったのである。それらを装備した部隊は、従来の旧式のフランス製、日本製武器を使用するゲリラ（不正規軍）とは別に編成された。

したがってこの組織は、

NLF中核戦闘部隊（解放戦線正規軍）

NLFゲリラ部隊（解放戦線不正規軍／地方軍とも呼ばれる）

NLF支援勢力およびテロ攻撃部隊の三本の柱から成り立つことになったのである。

これらの兵力は正規軍が二・八万〜一二・四万名、不正規軍六万〜八万名（支援部隊をふくむ）であり、総兵員数は一五万名に近づいていた。このような兵力の増加は、戦闘による兵員の消耗を補って余りあるものであった。

またこれとは別に、アメリカの北爆は北ベトナムの反発を招き、この年、一・三万〜一・五万名の北ベトナム軍兵士が義勇軍としてNLFを支援するため南へ侵入している。

一方、南ベトナムの政府軍は約三〇万名、アメリカ軍人の数は年末までに二・五万名となった。

一九六四年中の戦死者数は前年とほぼ等しく、政府軍八五〇〇名、NLF一万六三〇〇名となっている。アメリカ軍人の死者数は前年の七八名からほぼ二倍に増え一四七名である。

しかし、翌一九六五年を迎えると戦闘は飛躍的に拡大し、アメリカ軍の戦死者は一〇倍に、南のそれは一万を、NLFも三万を超えるまでになる。

一九六五年（昭和四〇年）

南ベトナム民族解放戦線（NLF）の攻撃の激化につれ、戦闘の形態は徐々に正規戦に変わりつつあった。

南政府軍（NLFはこれを傀儡軍、あるいはサイゴン軍と呼んだ）の兵員数は二〜三倍であったが、その戦い振りは決して誉められるものではなかった。

二月七日、NLFは中部高原地帯にあるアメリカ特殊部隊基地プレークを攻撃し、大きな損害を与えた。これに対抗するように、翌月アメリカは三五〇〇名の海兵隊をベトナムに派遣したが、これこそアメリカ地上戦闘部隊の第一陣である。

そしてアメリカ軍の兵力は三年半後には五五万名に達するのである。

これら海兵隊の役割は、ダナン市に造られた大航空基地の守備という名目であった。

しかし、NLFは射程一五〜二〇キロのロケット砲を豊富に持っており、基地内にこもっていては有効な防衛ができない。そのため上陸の翌月から海兵隊は基地から遠く離れた地点まで出動し、敵と交戦するようになる。

さらに南ベトナムには、自由主義諸国から続々と軍隊が送り込まれた。

もっとも強力な戦力を派遣したのは韓国で、この年の一月に先遣隊二〇〇〇名、そして最終的には歩兵二コ師団、海兵隊一コ旅団（他に工兵などの支援部隊）、合計五万名を送った。高い反共意識を持つ韓国軍は、このあと三年間、西側最強の戦闘力を保ち続けることになる。他のアメリカ以外の参加国とその兵力は、

○タイ　一コ師団　約一万八〇〇〇名

○オーストラリア　歩兵、機甲各一コ連隊

合計　七七〇〇名

他に海軍がミサイル駆逐艦一隻

○ニュージーランド　砲兵、工兵各一コ中隊
　　　　　　　　　　　　　合計　五〇〇名
○フィリピン　歩兵、工兵各一コ大隊
　　　　　　　　　　　　合計　二六〇〇名
（いずれも最大時）

となっている。これらのMAFの戦力については、のちに詳述する。

この中で頻繁に戦闘に参加したのは韓国軍とオーストラリア軍だけで、とくに大兵力のタイ国軍は一コ師団も派遣しておきながら、傍観の立場をとった。また経済・医療団は、西ドイツ、日本、フランスなど七ヵ国から送り込まれ、それなりの成果を挙げている。

このような西側諸国からの援助にもかかわらず、南の政治は相変わらず安定せず二月一九日にはまたまたクーデターが発生した。平均すると年に一度のペースである。

この結果、前年秋に引き続き再び二ヵ月間の政治的空白ができ、六月になってやっと空軍司令官グエン・カオ・キが首相となった。

NLFの勢力増大が明らかなこの時期、相変わらず権力争いを繰り返す南ベトナム政府に、アメリカは怒ることも忘れて、呆れ果てたに違いない。

この経過はアメリカでは詳細に報道されたので、その後の南ベトナムの運命に間接的に繋がる反戦デモが起こった。

「年中行事のごとくクーデターが発生するような国家のために、アメリカが血を流す必要は

ない」というデモ参加者の主張は充分に説得力があった。しかしアメリカ国内の一般的な世論は、まだまだ南支援に賛成していた。

こうした間にも、北ベトナム爆撃（北爆）は強化される一方だった。アメリカ空軍は三月二日、最大規模の爆撃作戦ローリング・サンダーを発動させ〝北〟を叩いた。北ベトナムの南部の基地、工場などは次々と攻撃され損害も大きかったが、中国、ソ連の両国は援助を増加して支援した。

中国からは食糧、軽火器、ソ連からは燃料、重火器が送られ、とくにソビエトは多数の対空ミサイル（SAM）を供与し、同時にそれを操作するための技術員を派遣している。ローリング・サンダー作戦中、参加したアメリカ軍機は一ヵ月平均のべ五〇〇〇機に達した。

NLFはこの年の前半、都市攻撃に重点を置いた。一月～六月の間に攻撃された都市は三〇におよびビエンホア、ロクニン、ダクトなどは繰り返し襲われている。

一方でサイゴン周辺のアメリカ軍施設にテロ攻撃を仕掛け、三月末にはアメリカ大使館の一部を爆破し損害を与えた。これ以外にアメリカ軍人の出入りするレストラン、映画館を狙っている。

爆弾テロによる被害者はアメリカ人、ベトナム人を合わせると、六五年の前半だけで一〇〇〇人を超えている。これらのテロは連日世界に報道され、西側陣営に強い不安感を抱かせることになった。

しかし一九六五年後半から南ベトナムの戦局は、アメリカの必死のテコ入れによって南側に有利に傾きつつあった。この主な理由は、いうまでもなくアメリカ空・陸軍の大量投入である。

まず六月中旬より超大型爆撃機Ｂ52がグアム島から出撃、大量の爆弾によりＮＬＦの大部隊の集結を不可能とした。

Ｂ52の最初の軍事行動では空中衝突で二機が失われた状況もあって、その効果は疑問視された。しかし、回を重ねるごとに大きな威力を発揮する。

また一〇月には、アメリカ陸軍最強と謳われる第一騎兵師団（二万五〇〇〇名）がベトナムに到着した。この師団は主な移動手段として従来の車両に代えてヘリコプターを用いており、その数は四〇〇機にのぼっていた。この戦術により、それまでの一〇倍の移動速度を得、神出鬼没のＮＬＦと対等に戦うことを可能にしていた。

三月にはわずか一万三五〇〇名であったアメリカ地上戦闘部隊と軍事顧問は、その年の終わりまでに二〇万名に膨れ上がっていた。これに約二万の西側援助軍（ＭＡＦ）、そして三〇万の南政府軍を加えると、総兵力は五〇万を超した。

このためＮＬＦの活動は一時的ににぶり、北ベトナムは一〜二万の兵力を増援として南に差し向けたといわれている。

ＮＬＦ、アメリカ軍の直接対決は一〇月に発生したプレーク基地攻防戦である。

もちろん両者はそれまで幾度か戦闘を交えていたが、部隊の規模は大隊単位であった。しかしプレークの戦いでは、それが連隊単位（二〇〇〇～三〇〇〇名）に拡大され、死闘を繰り返す。

第一騎兵師団はヘリコプターを多用し（空挺のエアボーン＝Airborne に対し、ヘリコプターを使用する作戦はヘリボーン＝Heliborne と呼ばれた）、これまで移動速度が速く、他の部隊が捕捉できなかったNLFに追いつくことができるようになった。

このためNLF側は、自軍に有利な時のみ戦いを仕掛けるという得意の戦法が使えなくなり、苦戦を強いられる。

一方、ヘリボーンを使う側も、ひとたび敵軍についての情報を誤まると、過小な兵力で大敵と戦わざるを得ないという苦い経験をする。したがって近代兵器を駆使するアメリカ軍であっても、時によっては大損害を受ける可能性も出てきたのである。

しかし全般的には、軍隊の移動にヘリコプターを用いるという戦闘形態は非常に合理的で、南ベトナムの上空は手を叩くような爆音に満たされた。

このためベトナム戦争は別名〝ヘリコプターの戦争〟と呼ばれた。ベトナムに配置されたヘリコプターの数はこの年から順次増加し、二年後には三六〇〇機に達する。

戦死者数はこの年驚くほどのペースで増え続け、アメリカ国務省の調査では、

アメリカ軍　一三六九名
南政府軍　一万一一〇〇名

解放戦線、北ベトナム軍　三万五四三六名
となった。また民間人の死者は、軍人の合計数に匹敵する五万人と見積もられている。一九六五年こそ〝ベトナム戦争〟と呼ばれる戦いが、ゲリラ戦から本格的な戦争に拡大した第一年目ということができる。

一九六六年（昭和四一年）

南ベトナムに投入されるアメリカ戦闘部隊の兵力は、この後も増加の一途をたどっていた。そして、この一九六六〜六七年にかけてはその効果がいちじるしく表われた時期でもある。一月の終わり、ジョンソン大統領はごく短期間北爆を停止していたが、間もなく再開する。これは四月一日にサイゴンにある軍人専用のビクトリア・ホテルがＮＬＦの爆弾テロによって完全に破壊され、実に一五五人という大量の死傷者を出したことへの報復であった。一九六三年の一〇月から頻発しはじめたアメリカ人への爆弾テロは極めて効果的で、それまでの戦闘による犠牲者数を上まわるほどであった。

さらに二週間後、ＮＬＦは南ベトナム唯一の国際空港であるタンソニュットに大攻撃をかけてきた。この空港には民間機とともに、多数のアメリカ空軍の輸送機が置かれていたからである。

空港襲撃は、ロケット砲に支援された地上部隊が昼間に突入をはかるという強引な戦術で実施された。南政府軍、アメリカ軍警備隊は二〇〇名近い死傷者を出し、また大型航空機二八機が完全に破壊された。この損害に施設の修繕費を加えると、被害は一億ドルにのぼっている。

ＮＬＦ側とすれば、もっとも警備が厳重なアメリカ軍人専用ホテルや国際空港を、必要とあらば自由に攻撃できるという実力を証明した。

二月七日、グエン・カオ・キ南首相はハワイへ飛びジョンソン大統領と会談、両者の連帯を深め、共産側への圧力を強めて行くことを確認した。

しかし六月末、南政府軍と仏教徒の衝突が一年半ぶりにふたたび始まり、相変わらず南の政情が不安定である事実が明白となった。

実際、南政府軍は戦闘意欲旺盛なＮＬＦと闘うよりも、武器をもたない仏教徒との対立を好んでいたようにも思える。

一方、春から秋にかけて北爆はこの戦争中の最大規模となる。

四月からは、それまで南の国内でしか使用されていなかったＢ52大型爆撃機を北への爆撃に投入した。この年の八、九、一〇月の三ヵ月間、アメリカ空・海軍は三万波（波：ソーティー＝Sortie 出撃回数の意）を超す爆撃機を北へ送った。

最大の月は九月で実に一万二六七三波、そして少なくとも五万トンを上まわる爆弾が北ベトナムの国土に降り注いだ。北ベトナムの面積は日本の四三パーセントしかない。したがって、その爆撃のすさまじさは容易に想像できる。

攻撃の主目標は鉄道、道路、橋などの交通関連施設であった。その他は、武器の集積所、石油の貯蔵所などとなっていた。

しかし、これほどまでの爆撃にもかかわらず、北ベトナム国民の士気はそれほどの衰えを見せなかった。爆撃で損耗した分だけ、中国とソ連があらゆる物資を送ってきたからである。とくに中国からの援助は、一九六六年には食糧だけで一〇〇万トンに達したといわれている。また北ベトナム自体が工業国でないことも、爆撃の被害を少ないものにしたようである。

南ベトナムにおける戦いも、この年の五月から大きく変化していた。

政府軍が頼りにならないと見たアメリカ軍が、NLFとの戦闘を全面的に肩代わりしたからである。政府軍は拠点の防備と対ゲリラ戦に使われ、NLF正規軍との対決はアメリカ、韓国軍が引き受ける。

五月からアメリカ軍は〃索敵および撃滅〃とよばれる戦略を実行する。これはサーチ・アンド・デストロイ（Search and Destroy）の訳語である。

まず小兵力のパトロール隊を数多く敵の周辺にくり出し、その部隊が敵と接触すると本隊がすかさずヘリボーンで攻撃する。

これまでNLF（解放戦線）は、毛沢東、グエン・ザップなどの共産主義指導者が好む戦術をそのまま採用してきた。これは、敵の弱い部分を大兵力で攻撃し、強敵との正面切っての対決は避けるというものである。このため、政府軍、アメリカ軍はその動きに振りまわされ、敵の主力を捕捉できないことが多かった。

これに対してサーチ・アンド・デストロイは、これより一歩踏み込み、少々の危険を冒してもNLF主力部隊との交戦を積極的に挑もうとするものであった。

六月末から開始されたアメリカ軍のこの戦略により、解放戦線は強引に大部隊同士の戦闘を強いられる。そのため損害も急増し、八月以後の死傷者は月に五〇〇〇名を超すほどになった。

当然アメリカ軍の損害も同様のペースで増え続け、多い月には一〇〇〇名に達した。しかしNLF対アメリカ軍の損害率は——アメリカ軍には豊富な重火器、圧倒的な空軍力があったため——常に五対一程度で、これではNLF側の不利は免れなかった。

この対策として、NLFは大都市周辺や平野部での作戦を縮小し、西部に位置するアンナン山脈の山麓地帯へと後退する。このあたりは一〇〇〇〜二〇〇〇メートル級の山岳が連なり、完全なジャングルを構成している。したがって重火器の展開には不便で、また航空機からの支援攻撃も困難である。

これに加えて山脈の西側はカンボジア、ラオス領土であり、NLFの兵士は国境線を越えてこれらの国々に自由に出入りできたが、アメリカ軍はこの点に厳しい制約を受けていた。

とくにサイゴンの真西には、カンボジア国境がベトナム側に突出している、通称〝オウムのくちばし〟地区が存在した。

ここではカンボジア国境—サイゴン間が徒歩でも一日の距離である（約九〇キロ）。つまりサイゴン周辺で活動中の解放戦線軍は、アメリカ軍の攻撃を受けるとカンボジア領内に逃げ込むことができた。

それにしてもサーチ・アンド・デストロイの効果は大いにあがり、NLFはアメリカ軍の兵力と注意を分散させるため、二コ連隊の北正規軍を南下させるよう北へ要請するほどであった。

サーチ・アンド・デストロイで破壊された解放戦線側の施設
――ヘリボーンを駆使した新戦術で、有効な損害を与えた。

またこの時期、南への自由主義各国からの援助が最高潮に達した。それは物資の援助だけではなく、軍隊を派遣しようという申し出にもつながり、ごく少数ながら中華民国（台湾）、スペイン、マレーシア、南アフリカなどからも顧問団（一部観戦武官をふくむ）がベトナムを訪れていた。

一〇月にはフィリピン軍二〇〇〇名が到着し、これもアメリカ軍と南政府軍の士気を高めた。また一九六四年九月から順次ベトナムに到着していた韓国軍部隊は、この年の一〇月一三日に予定数を完全に充足した。

これらは二コ歩兵師団（白馬、猛虎）、一コ海兵旅団（青龍）であり、合計兵力は四万五〇〇〇名（他に支援の工兵、医療団など五〇〇〇名）であった。南ベトナムに派遣された韓国軍の一コ師団は約二万名からなっている。一方、NLF正規軍の一コ師団の兵員数は約三五〇〇名である。

この事実からも、在ベトナムの韓国軍がいかに強大な戦力を有していたかという状況がよくわかる。実際、韓国軍はアメリカ軍以上に勇敢に戦い、したがってＮＬＦ側も彼らをもっとも恐れていた。

また、アメリカ陸軍兵士の一部に一九六八年頃から士気の低下が見られ、それにともなう軍規の弛緩があった。しかし韓国軍にはそのような様子はなく、一九七〇年の撤退まで整然と行動した事実は充分に評価されてよい。

なお一九六六年末の兵力数と損害は、

アメリカ軍　三七万一〇〇〇名　戦死　五〇〇八名
南政府軍　七三万五九〇〇名　戦死　一万一二七七名
ＭＡＦ軍　五万九〇〇〇名　戦死　一七〇〇名
ＮＬＦ・北　二六万名　戦死　五万七〇〇〇名

である。この数字から、アメリカ軍の戦死者数が南政府軍の五〇パーセントにまで達していることがわかる。加えてこの事実は、サーチ・アンド・デストロイ開始以来、戦闘の主役が南政府軍からアメリカ軍へ変わった状況を何よりも明確に示している。

一九六七年（昭和四二年）

ベトナム戦争の歴史を振りかえるとき、一九六七年はひとつの区切りとなった年である。

ジャンクション・シティ作戦の決算
(1967年2月22日〜5月14日)

	アメリカ軍・南ベトナム軍		NLF・北ベトナム正規軍	
参加総兵力	アメリカ軍（主力第1、第25歩兵師団）	2コ師団	NLF	2コ師団
	機甲大隊	4コ	北正規軍	2コ師団
	南ベトナム軍	2コ師団	他ゲリラ部隊	多数
	オーストラリア軍	2コ大隊	総兵力	2万5000〜4万5000名
	総兵力	4万5000名		
損害	米軍死者	282名	死者	2728名
	南軍の死者	約600名	負傷者	不明
完全損失	戦闘車両	25台	トラック	290台
	トラック	24台	大型火器	100基
	ヘリコプター	4機		
損傷	車両	約400台		
	航空機	85機		

注）NLF側は、戦果として南政府軍、アメリカ軍の死傷1万3500名、車両の破壊993台、航空機の撃墜18機と主張している。

それはアメリカと南ベトナムが、この戦争で勝利を得る可能性がもっとも高かった年といえるからである。翌年に入ると早々にNLFのテト攻勢が始まり、それにつれてアメリカ国内の反戦ムードは一気に高まり、勝利は手の届かないものになった。

六七年一月からアメリカ軍のサーチ・アンド・デストロイ戦略は著しい効果をもたらす。自軍の損失をあらかじめ組み込んだ過酷な戦闘計画を、アメリカ軍は恐れずに実施した。

同軍は一月八日、それまで南政府軍が近づかなかったサイゴン北方の鉄の三角地帯(Iron Triangle：NLFの聖域となっていた地域)を攻撃する。

これはシーダーフォール作戦と呼ばれ、NLFの一方面軍の中心を突くものであった。

作戦を実施した。この作戦は解放戦線の大きな拠点一八ヵ所を同時に攻撃するというもので、アメリカ、南、MAF軍合計五万の兵力が動員された。

これに対しNLFも全力をあげて応戦、ベトナム南部で激戦が展開された。

いずれの作戦もアメリカ、南政府軍側から仕掛けたものだけに、NLFは受けて立たざるを得ず、得意の「大敵とは戦わず」という戦術を使えなかった。

シーダーフォール、ジャンクション・シティ作戦によってNLFの損害は二万名近くにのぼった。もちろんアメリカ軍、政府軍の死傷者も少ないものではなかったが、五〇〇〇名には達していない。

中部、北部におけるNLF正規軍に対する重圧を軽減しようと、ゲリラ部隊が南部のメコン・デルタで活発に動き出し、南方から首都サイゴンを脅かした。メコン・デルタ地帯では河川や湖沼が入り組んでおり、政府軍は機動力の優位性が発揮できず、これまで度々苦杯をなめさせられてきた。

しかしこの年の二月、アメリカ軍のアイディアで吃水の浅い水ジェット推進の高速艇PBRを多数装備した河川機動軍（Mobile Riverine Force：MRF）が設立され、この部隊がNLFゲリラのサイゴン進出を阻止する。

この間にも、NLFに物資を送り、また必要とあらば正規軍を投入してくる北ベトナムに対する爆撃は、休むこともなく続けられた。

とくに六七年二月より、それまで爆撃が禁止されていた戦略目標（工場、発電所、貯水池、航空基地）への制限がはずされた。

このため北爆の効果は——出撃機数は前年より減少したにもかかわらず——明らかに向上していた。一九六七年一月一〇日、北ベトナムへの侵入機は実に延べ一〇万機に達した。

このうちの九八パーセントがアメリカ機で、残りの二パーセントが南ベトナム空軍機である。これらの一機が平均三トンの爆弾を投下したと仮定すると、これまでに北ベトナムは実に三〇万トンを越える爆弾の雨を浴びたことになる。この量は第二次大戦で日本本土に投下された爆弾量（一六・七万トン）の二倍にあたる。

すでに述べたとおり北ベトナムの国土面積は我が国の約二分の一であるから、爆撃の激しさは日本の比ではなかった。

一九六七年の春から夏にかけて、解放戦線と北ベトナムは最大の危機を迎えようとしていた。夏の終わりにはアメリカ、南、MAF軍の合計兵力は一〇〇万名を超える状況で、これに対する共産軍は三二万名と、その三分の一に過ぎなかったのである。

南ベトナムとアメリカ軍の首脳が、「この戦争のヤマが見えた」と言明したこともあながち希望的観測とばかりは言えなかった。この時期、北ベトナムのホー・チ・ミン大統領が、NLF、北ベトナム軍の士気を高めるため、たびたび呼びかけを行なった事実もこれを証明している。

そして秋には、日本の佐藤栄作首相がサイゴンを訪問し、南ベトナムへの経済援助を約束した。これまた〝南の平穏〟を示したものといえよう。

しかし、戦局の好転の兆しが見えてくると同時に、再び南ベトナム政府指導者間の軋轢が目立ってきた。

七月末から始まっていた総選挙をめぐって、政府内に争いも起きていた。選挙は、九月三日にまがりなりにも実施され、首相であったグエン・カオ・キは副大統領に、そして大統領にはグエン・バン・チューが選ばれた。政局は一応平静にもどったものの、その後グエン・バン・チューとグエン・カオ・キの間のミゾは深まる一方だった。

一〇月に入るとNLFは戦局の挽回をはかり、コン・チェン市への大攻撃を開始した。

この攻撃は共産側から仕掛けられた最大規模のものであった。しかしアメリカ軍の反撃は敏速であり、NLFのこの地区での損害は決して小さなものではなかった。

たとえNLFと南政府軍、アメリカ軍の人的消耗が同数であったとしても、すでに述べたとおり総兵員数が三分の一と少ない解放戦線側にとっては大きな打撃となる。

一九六七年の一一～一二月、南ベトナム全土における戦闘は一応鎮静化した。

〝南〟首脳は、

「南ベトナムとしての不敗の態勢が確立された」

と述べ、またジョンソン大統領、コマー大使も楽観論を発表した。

これによりアメリカ国内の反戦デモの回数も明らかに減少している。

しかし、この年のアメリカ軍の戦死者は九四〇〇名で、南軍の一万八〇〇名とほぼ同数になっている。戦闘の主役は確実にアメリカ軍となったのである。

これに対しNLF、北ベトナム軍の死傷者は八万七五〇〇名と算定されている。ともかく、一九六七年夏〜秋にかけての期間こそ、ベトナム戦争における自由主義陣営側が勝利をおさめることが可能であった唯一度の時期であった。しかしそれも決定的な勝利とはならず、翌年の初めには、このチャンスは永久に去ってしまうのである。

このような分析とは別に、一九六七年の後半からひとつの重大な事実が進行していた。外部の者にはなかなか見通すことが困難な、アメリカ地上戦闘部隊の弱体化である。これは兵器、兵員の量という問題ではなく、兵員の質の変化であった。

すでに述べてきたように、一九六五年から在ベトナム・アメリカ軍の数は加速度的に急増してきた。各年ごとの兵員数を振り返ってみると、

一九六五年　一八万二〇〇〇名
一九六六年　三九万一〇〇〇名
一九六七年　四七万八二〇〇名
一九六八年　五二万五〇〇〇名

このほか、タイ、フィリピンなどのアジア周辺諸国に約二〇万名となっている。

この大増派のため、兵士の質の低下が目立ち出す。アメリカ国内では徴兵が活発化し、そ

れまで免除されていた大学生まで戦場に駆り出されるようになった。

一九六六年にベトナムの最前線にいるアメリカ地上部隊の兵士はほとんどすべて志願兵であったが、六七年夏からは徴兵された兵士が前線へ出始めた。そして六八年には陸軍歩兵部隊の兵士の四〇パーセントが徴兵によるものであった。

全員が志願兵によって構成されている海兵隊（U.S. Marines）の戦闘意欲は高かったが、陸軍部隊の一部では一九六七年秋から明らかに士気の低下が見られるようになった。

そしてこの現象は翌一九六八年からいちじるしくなり、前述のごとくそれはアメリカ国内の反戦ムードの高まりとともに陸軍全体に拡大して行くのである。

一九六八年（昭和四三年）

ベトナム戦争の行方は、この年の前半に決定したともいえる。

一九六八年はこの戦争最大のヤマ場となった年で、これは何より両軍の戦死者数が物語っている。

アメリカ軍　一万四五四六名
南政府軍　一万七四八六名
MAF　約三四〇〇名　合計　三万五四三二名
北・NFL　一九万一三八七名

一月のはじめ、ジョンソン大統領はテレビでアメリカ国民に演説し、ベトナムの情勢が有

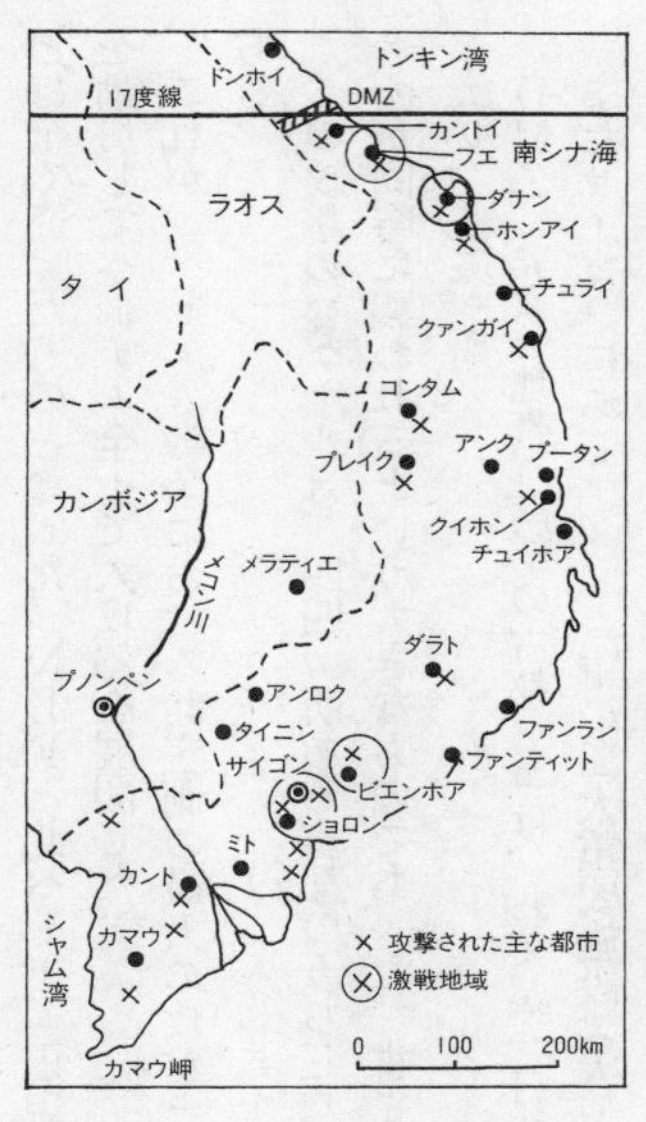

共産側のテト攻勢

1968年１月30〜２月４日
テト（旧正月）攻勢
北正規軍・NFL（兵力約６〜８万）は、ベトナム国内の44ある省都のうちの36に、また自治区６区のうちの５区に、また23ヵ所の基地を同時に攻撃した。
主な目標
・フエ市の占領
・ビエンホア空軍基地への攻撃
・タンソニュット国際空港への攻撃
・サイゴンのアメリカ大使館への攻撃

	死者	負傷者
アメリカ軍	1536人	7764人
南政府軍	2788人	8299人
北・NLF	３万〜４万	
民間人	1万4000人	2万4000人

最も戦いが激しかったのは北部の古都フエとその周辺で、アメリカ・南ベトナム軍は死者550以上、負傷者2200を出した。
北・NLF側の死者は5000以上。
なおこの地区では民間人5800人が死亡。そのうち約1000人がNLFによって処刑された。

利に動いていると強調した。また軍首脳部もジョンソンの評価を支持した。ごく一部の軍事評論家はそれらの見解に危惧を表明してはいたが、大きく取り上げられることはなかった。

　しかしながらアメリカ国民、そして軍部、はたまた南ベトナム国民の間に広まっていった楽観論は、一月三一日早朝に突如として打ち砕かれた。

　この日はベトナムの旧正月（テト Tet）にあたり、祝日であった。二〜三年前から南政府とNLFの間には互いに暗黙の〝テト休戦〟が行なわれており、戦闘は一時的に中止されるのが常であった。

　しかし、この旧正月はいままで

とは全く違ったものとなった。NLFと北ベトナム正規軍は、実に六万名（一説では八万名）を動員してベトナム全土で大攻勢を展開した。

これが、ベトナム戦争における共産側の最大の攻撃となったテト攻勢（Tet Offensive）である。

この攻撃のスケールは、四四ヵ所ある省都のうち三六ヵ所、四一ヵ所の大基地のうち二三ヵ所が同時に襲われるという大きなものであった。まさに南ベトナム全土が一斉に燃え上がったのである。

DMZ（非武装地帯）南部の古都フエは、わずか一日で共産勢力によって占領された。

またサイゴンにあるアメリカ軍の二大重要施設（大使館と軍放送局）が一時的にせよゲリラの手に陥ち、東北に位置する大空軍基地ビエンホアも二四時間にわたる連続攻撃を受けた。

この北とNLFの大攻勢は、実際の損害以上にアメリカ国民に強烈なショックを与えた。

ジョンソン大統領をはじめ政府高官が口をそろえて「南の情勢は有利になっている」と語ってから、一ヵ月もしないうちの出来事である。すべてのアメリカ人が、続々と南ベトナムから送られてくる報道に釘づけとなった。

そしてそのほとんどが、自分たちの政府は『真実を伝えていない』と思い込んだとしても不思議ではなかった。

しかし、NLFのテト攻勢は――戦術的に見るかぎり――決して成功とはいえなかった。

町全体を完全に占領されてしまったフエ市以外の場所では、二月四日までにアメリカと南軍の反撃が効を奏していた。強引な共産側の攻撃は、合わせて一〇〇万以上の兵力を有するアメリカ、南、MAF連合軍によって寸断され、戦死者三万、捕虜六〇〇〇名の損失を出した。

これに対して西側連合軍は死者三二五〇名、負傷者一万三〇〇〇名であった。

フエの攻防戦は二月一四日まで二週間にわたって続いたが、結局、アメリカ海兵隊がこれを取り戻す。

現在の西側の歴史家の大部分（そして一部の旧NLF指導者も）が、テト攻勢は共産側にとって大きな失敗であったと考えている。

しかし、これはあくまで「戦術的には、あるいは軍事的には」という注釈が必要である。広い意味の戦略という面から見るかぎり、これほど効果的な攻勢は歴史の上でも珍しい。なぜなら南ベトナムを支えてきたアメリカ自体に、「もはや戦争に勝てない」と思わせたからである。

またアメリカ国民の中に、自国の政府とその政策に対する強い不信感を植えつけたという点で、測り知れないほど大きなものであった。ジョンソン大統領にしても、これまで楽観論を報告してきた側近への不信感を強めたはずである。

NLF側はこの機を逃がさず、四月一七日に再度攻勢——しかし規模は小さい——をかけ、アメリカ人の間に広がりつつあった不信感と反戦ムードを高めることに成功した。

また前年末から、DMZ近くのケサン基地攻防戦が開始され、完全に敵中に孤立しているアメリカ海兵隊と南ベトナム軍の安否が気づかわれた。

彼らの運命は、そのまま一四年前のディエン・ビエン・フー（DBP）のフランス軍を思い起こさせたのである。

ケサン（Khe Sanh）およびその付近にアメリカ軍の拠点が構築された目的は、フランス軍の造ったDBP基地の場合と全く同様であった。

敵地の重要な輸送路の中央に大規模な基地を造り、そこを拠点として、

(1) 補給線の破壊

(2) 敵兵力撃滅のための出撃

といった作戦を行なおうとするものである。

アメリカ軍約五八〇〇名と南ベトナムのレンジャー部隊四〇〇名がケサン地区に進出し、基地の構築を始めると同時に、共産側はこれを包囲した。この戦いは六六日間（数え方によっては七七日間）続き、アメリカ国民は、「ケサン基地は第二のディエン・ビエン・フーか」と、一喜一憂することになる。

ケサンを完全に包囲した共産側は、北ベトナム正規軍二コ師団（約二万名、他に予備二コ師団）であった。したがって、アメリカ軍としては一対三以上の劣勢の兵力比で戦わねばならなかった。一時は手榴弾を投げ合う距離にまで、両軍は接近して戦った。

アメリカ空軍はB52爆撃機を大量に投入し、間違いなく史上最大の支援爆撃（作戦名ナイ

アガラ）を実施した。それとともに、包囲後二ヵ月目に地上から救援作戦（作戦名ペガサス）を開始し、ケサンは危機を脱した。

損失こそ北軍に多かったが、このケサン基地の戦いもまた、アメリカ人に対し、共産側の戦力がいかに強力であるかという事実を知らしめる結果となった。

つい先日までアメリカおよび南ベトナムに広がっていた、戦争の将来に対する楽観論は完全に消えてしまった。

このような軍事的な背景のもと、アメリカ国民の厭戦、反戦意識を高揚させるような出来事がふたつ発生した。

ひとつはアメリカ陸軍が関係した一般村民の虐殺事件である。これはミ・ライ村（ソンミ地区）虐殺として、一九七〇年に大きくアメリカ国内に報道された。

アメリカ陸軍の一部隊（アメリカル師団）が、NLF掃討作戦時にミ・ライという村で――故意か間違いか、わからないが――多数の村民を殺したというものであった。

殺された者の数は最初六〇〇人といわれたが、最終的に確認されたのは一六〇人であった。

そして、アメリカル師団のカリー中尉が責任者として軍事裁判にかけられ、四年後有罪となった。この事実はアメリカ人に、自国の軍隊は南ベトナムで何をしているのか、という疑問を投げかけた。

しかしその一方で、同じ頃テト攻勢の激戦地フエで一〇〇〇人以上の南政府支持の民間人が、北軍とNLFによって殺された事件は報道されていない。後に共産側は、この事実を認めている。このフエ虐殺事件の被害者数は、アメリカ軍の調査では一〇〇〇〜一二〇〇人、南政府の発表では二五〇〇人以上となっている。

さて、もうひとつの出来事は——ただ一人の生命に関することだが——アメリカ人の南ベトナム政府に対する支持を大幅に減少させた。

テト攻勢の最中、一人のNLF容疑者をベトナム政府高官が裁判もせず、自ら拳銃で射殺した事件である。この高官は、時の副大統領グエン・カオ・キの腹心といわれた警察庁長官グエン・ゴク・ロアンであった。

彼はニュース・カメラマンをふくむ多くの報道陣の眼の前で、捕虜のNLF容疑者の頭をピストルで射ち貫いた。この光景はフィルムに撮影され、その年のもっとも衝撃的なシーンとして全世界へ伝えられた。

一部の国はあまりに衝撃的なものであるとして放送を禁じたが、アメリカでは新聞、テレビがこぞってこの問題をとり上げた。

これは完全な殺人であるという意見が、アメリカ人の間では圧倒的であった。

一国の政府の高官が報道陣を集めて、その眼前でまだ裁判を受けていない男を有罪と決めつけ自ら射ち殺す。

この事実をつきつけられたアメリカ国民のすべてが——反共産主義意識の強い人々でさえ——自分たちが血を流し、多くの金を注ぎ込んで守ろうとしている政府の実態が、どんなものかを知ったのである。

ケサン基地の攻防戦の決算

	アメリカ軍・南ベトナム軍		北ベトナム正規軍	
兵力	アメリカ海兵隊	2コ連隊	第304師団	
	南レンジャー	1コ大隊	第325師団	
		約6000名	約2万人（他に支援2万名）	
損害	死者、負傷者	1500名以上	死者、負傷者	15000名以上
	完全損失：輸送機	4機	完全損失：対空砲	112門
	戦闘攻撃機	2機	大型火器	207門
	ヘリコプター	17機	小火器	557梃
	損傷：ヘリコプター	35機	車両	17台

注）1968年1月21日～4月14日。ただしケサン救援作戦の分は含まず。

ソンミ村における虐殺と、ロアン長官によるＮＬＦ容疑者射殺事件こそ、それまで高まりつつも一般市民の同意を得られなかったアメリカの反戦運動を、一気に盛り上げるきっかけになった。

テト攻勢とケサンの攻防戦の余波が静まっていない三月三一日、ジョンソン大統領は四ヵ月前の楽観論とは全く反対の演説を行なったのである。

この大統領の演説の主旨は、

(1)　北ベトナム、ＮＬＦとの和平交渉の開始
(2)　北爆の一時的な停止
(3)　アメリカ軍のベトナムからの順次撤退
(4)　次期大統領選挙への不出馬

といったまさに衝撃的なものであった。これらの四項目は、実質的にアメリカがベトナムから手を引くことを明確に示していた。

しかし、和平交渉とアメリカ軍の撤退が公表されても、この年いっぱい南ベトナムにおける戦争は続いていた。

五月初旬、NLFはテト攻勢ほどスケールは大きくないものの、第二次一斉攻撃（第三次ともいえる）を開始した。これはテト攻勢のさいのNLF側の損害は莫大である、とする西側の評価を覆すためと思われた。

実際にはこの第二次攻勢は短期間で終了している。

五月末には、NLFはサイゴン地区に攻撃をかけ、アメリカ軍、南政府軍と激戦を展開した。そして六月に入ると、多くの人員と物資を投入して保持してきたケサン基地をアメリカ軍は放棄する。

これは戦術の変更によるものと弁明されたが、より南の地区へのNLFの浸透に対抗するためであった。アメリカ戦闘部隊としては、五〇万名近い兵力を南ベトナムに置いていたが、これでも兵員数が不足気味になっていた。

この点については項を改めて説明するつもりであるが、アメリカ軍五〇万名のうち、地上で武器を手に戦うことのできる兵士の数はわずかに一〇パーセント強しかいない。つまり五〇万というアメリカ軍が駐留していても地上戦闘員はわずか五万五〇〇名であった。

一〇〇万名に達しようという南政府軍はあまり頼りにならず、他の強力な同盟軍といえるのはMAFの韓国軍だけであった。

一〇月三一日に北爆は全面的に停止される。これまでも時折り休止の期間はあったが、このような停止は初めてである。

一一月に入ると、アメリカ軍の南ベトナムからの段階的な撤退プログラムが公表されたが、これは南政府の意向を全く無視したものであった。

またこの公表とともに、アメリカ陸軍部隊の士気が著しく低下したのは当然であろう。

一九六八年の秋から初冬にかけての戦闘は、西側、NLF側とも和平交渉の可能性を探りながらの戦いであった。

したがって、戦闘の規模は冬から春にかけて行なわれたような師団級同士のものではなく、大きくても連隊、大部分は大隊規模となっている。しかし、戦いの数はその分だけ増加し、南ベトナム全土で発生した。

一方、一九六八年中に北から南へ入ってきた北ベトナム軍の数は、前年の二倍の一五万名を数えた。アメリカ軍と比べて総兵員数に対する戦闘員の割合は、北正規軍の場合五〇パーセントに達している。このため、アメリカ、南軍にとっては敵の勢力がきわめて大きく感じられた。

南下してきた北正規軍とNLFは、一二月と翌年の一月を費やして戦力を蓄え、六九年二月下旬から六九年度のテト明け攻勢を行なう。

すでに述べてきたとおり、一九六八年の前半、アメリカは南ベトナムから撤退することを決定する。

この理由付けとして翌年七月、新大統領ニクソンにより〝ベトナム化(Vietnamization)〟という言葉が持ち出される。これは、米軍が輸送、補給などの後方支援にまわると同時に徐々に撤退していき、南ベトナム軍が戦闘の主役を引き受けるという意味である。

しかし、南ベトナム軍の動員数は地方軍、民兵を加えるとこの六八年中に一〇〇万名に達しており、もはやこれ以上兵員を増すことは人口（一六〇〇万人）から見ても不可能であった。

南を軍事的に支えているアメリカ軍五〇万の戦闘力は、ごく控え目に見積もっても南軍の一〇〇万人分に匹敵する。アメリカ軍が撤退するということは、現在でもNLF、北軍をもてあましている南ベトナム軍にとって戦力が半減するという致命的な状況であった。

この事実はアメリカ政府、軍首脳においても明らかに分かっていたに違いない。

それにもかかわらず、アメリカ政府はベトナム化の決定を推し進めて行く。

この意味において、ベトナム戦争の帰趨は一九六八年の前半に決定したと分析されるわけである。

歴史にIf（もしも……）は禁物だが、もし南ベトナム政府がもう少し守る価値のあるものであったなら、アメリカはこれほど早急に南ベトナムを見放す決心をしなかったのではないだろうか。

一九六九年（昭和四四年）

前年五月からパリではじまっていた停戦への予備交渉は、この年の一月二五日から正式会談へと進展した。また国内の反戦ムードの高まりによってアメリカ政府は――交渉の進展とは関係なく――ベトナムからの撤退計画を進めていた。

前年と同様、テト（旧正月）が過ぎるとNLF、北軍の大攻勢がベトナム全土で開始された。この攻撃は、この年に実施された三回の大攻勢のうちの最初でかつ最大のものである。二月二三日から始まった一斉攻撃によって、アメリカ軍、南ベトナム軍の拠点、都市、空港一一五ヵ所が襲われた。南、アメリカ軍ともこれをある程度予測していたので、反撃は迅速に行なわれたが、前年の大損害にもかかわらず、一〇〇ヵ所以上の場所を同時に攻撃することを可能にした共産側の戦力は侮りがたいものであった。

北ベトナム・NLFとの交戦は、互いの損害に苦しみながらも五〇日以上続き、その後、一段落した。

この共産側の圧力を感じつつも、アメリカのベトナムからの撤退の意思は固く、六月八日には第一次の撤退計画を公表している。そしてこのプログラムは、南ベトナム軍の弱体化をよそに計画どおりに実施されるのである。

六月六日、南ベトナム民族解放戦線（NLF）は、南ベトナム国内に〝南〟臨時革命政府の樹立を発表した。

この革命政府を南政府は当然認めず、またアメリカも同じであった。しかし、のちのパリ交渉の席上、アメリカは南の領土内にふたつの政府の存在を承認することになる。

アメリカ軍の撤退が、口先だけでなく本当に実施されることを確信したNLF側は、六月に入ると後に〝第二次〟と呼ばれる攻撃を一斉に行なった。

攻撃目標はアメリカ軍基地およびサイゴン市周辺の一〇二ヵ所であった。南政府軍、アメリカ軍もこれに激しく反撃し、とくにアメリカ航空部隊による空爆はすさまじかった。

この時期から丸二年間にアメリカ空、海軍は実に三〇〇万トンにおよぶ量の爆弾を南ベトナム内の共産軍に対して投下する。

しかしNLF、北ベトナム側はどうしても攻勢に出ておく必要が生じていた。パリ和平交渉の結果いかんでは、停戦が現状の戦局のまま凍結される可能性があったからである。もしそうなるのであれば、今のうちに少しでも南政府軍を撃滅し、NLFのいう〝解放区〟を拡大しておきたかった。

このような発想が、

二月末　第一次　攻撃目標　一一五ヵ所
六月末　第二次　攻撃目標　一〇二ヵ所
八月末　第三次　攻撃目標　八九ヵ所

という共産側の大攻撃を実施させたのであろう。このためアメリカは、和平交渉のため停止していた北爆を六月に再開している。

七月には、ニクソン大統領はグアム・ドクトリン（Guam Doctrine）なるもので、南ベトナムのベトナム化（Vietnamization）政策を公表した。

したがってその後、〝ベトナム化〟という言葉は南ベトナムの消滅まで常につきまとうのである。しかし、南ベトナムが自分自身を守る能力を持っていないことがアメリカ軍の直接介入の理由であったから、今さらこの〝ベトナム化〟が成功するはずはなかった。

それにもかかわらず、アメリカの大統領がこのような公式発表を行なうこと自体、多少ともこの戦争に関する知識を持っている者なら、これが撤退理由の強引なコジツケであると解釈したであろう。

米軍のベトナム撤退が表面化する中で、南政府軍への装備引き渡しが行なわれるようになった。写真は哨戒艇の引渡式。

すでに南ベトナム軍は兵員数では一〇〇万名という多数に達しており、同軍の持つ兵器の大部分は最新式のものといえた。とくに航空機、戦車、装甲車両（AFV）、高速艇などの近代兵器の質と量は、NLFどころか北ベトナム正規軍をはるかに上まわるものであった。

したがって、今後アメリカがいかに南政府軍を増強しようとも、すでにその戦力は上限に達していたといえる。はっきり言えば、アメリカが自軍の撤退とベトナム化を決定した時点で、南ベトナムの運命も定まったのである。

一方アメリカ国内の混乱は、一九六九〜七〇年にかけて最高潮に達しており、その収拾のためニクソンとしては――なんとか面目を保つ形で――〝南〟を見棄てざるを得なかった。

NLFの第三次攻勢が完全に終了していないにもかかわらず、八月末、最初のアメリカ軍部隊（二万五〇〇〇名）が戦場を後にした。

このような情勢のなか九月三日、三〇年以上にわたりベトナムの独立を主唱しつづけてきた北ベトナムのホー・チ・ミン大統領が死去した。

しかし、これによって北ベトナムとNLFの南侵略／解放の目的は何ら変わることはなかった。この後、北労働党は集団指導制に移行する。

さて、アメリカ国内の反戦デモはますます頻度を増し、一一月一五日の〝モラトリアム〟（一斉職場放棄）には全米で一五〇万人が参加した。

そして一ヵ月後、アメリカ軍の第二次撤退部隊（三万五〇〇〇名）がベトナムから去って行った。さらにタイ軍（一コ師団）も撤退を発表し、翌年この地を引き揚げる。

しかし、アメリカ軍が次々と撤退して行くなかで、援助・支援軍（MAF）のオーストラリア、ニュージーランド、そして韓国の撤退発表は二年後の一九七一年八〜九月となった。

つまりアメリカは、自ら要請して軍隊を派遣させたこれらの国々の了解もとらず、自国の軍隊を真っ先に帰国させた。

この当時のアメリカは友邦たる自由主義陣営諸国の信用を失墜させても、国内の混乱を収めなくてはならない状態にあったのである。

六九年の夏から、共産側（とくに北ベトナム）はラオスへの介入も積極的に行なっている。

地図を見れば一目瞭然であるが、南ベトナムに攻撃をかけるとすれば、ラオスとカンボジアは絶好の位置にある。これらの二ヵ国と南ベトナムの国境線は、一五〇〇メートル級のアンナン山脈の西山麓にあたるため一面のジャングル地帯で、明確な国境というものは存在しない。

山々の斜面の木々をところどころ幅十数メートルにわたり伐採し、国境線としている。しかし互いの侵入者を阻止するための柵などはいっさいなく、十数キロに一ヵ所の割合で見張り塔が設置されているだけであった。

このため、NLFの兵士は南政府軍、アメリカ軍に追われるとラオス・カンボジア領内に逃げ込むことができた。それだけではなく、ふたつの国の領土内に大規模な後方支援基地を構築していた。

これに対し両国政府は、黙認ないしは口頭での抗議を行なうだけであった。いずれの国も政情が不安定であり、もし強力な北ベトナム軍の侵入があれば、政府はひとたまりもなく崩れ去るからである。

NLFと北ベトナム軍はベトナム戦争の勃発直後からラオス、カンボジア領を聖域（Sanctuary）としていた。その関係もあって一九七〇年代後半から、両国（とくにカンボジア）に直接介入し続ける。

一九七〇、七一年の南ベトナムの戦局には、この両国との関係が深くかかわりあってくるのである。

ここでラオス、カンボジア二ヵ国の人口と総兵力に触れておこう。

	人口	総兵力
南ベトナム	一六〇〇〜一七〇〇万人	一〇〇万名
北ベトナム	一七〇〇〜一八〇〇万人	八〇万名以上
ラオス	三二〇万人	一〇万名前後
カンボジア	五一〇万人	八万名前後

（一九七〇年国連統計）

この数字から、ラオス、カンボジアが軍事的に南および北ベトナム軍の領内侵入を阻止できなかった状況がよくわかる。

六九年後半にも南ベトナムでは激戦が続いていた。とくに北ベトナム正規軍が南の国内で戦闘に参加していることは、もはや公然の秘密となっていた。

北政府自身がこの事実を否定せず、またラオス、カンボジアの共産主義（〝北〟はまた〝民主勢力〟と呼んだ）者に支援を与えていることも認めている。

ところでベトナム化とアメリカ軍の撤退は、南政府軍、そして現地でまだ戦っているアメリカ軍の兵士の士気を大きく削いでいた。

南政府軍としてみれば――軍首脳がいかに強がろうとも――自軍の実力はわかっていたし、アメリカ軍人としても撤退が決定している戦場で死ぬ気はなかったのである。

在ベトナム米軍の兵員数のピークはこの年の一月二〇日で、五四万九五〇〇名であった。

一月末に二〇万人増員計画が軍から議会に提出されたが、結局これは認められず、逆に六月八日の撤退計画の発表となったのである。

アメリカ軍に関するかぎり、一九六八年春に戦争は最高潮に達していたが、この時期すでに終末に近づいており、一二月末の兵員数は五〇万名を割り込んでいた。そしてそれから二年半後、アメリカ地上戦闘部隊は完全にベトナムを離れるのである。

一九七〇年（昭和四五年）

南ベトナム民族解放戦線および北ベトナム軍は、機動力に富んだアメリカ軍に対する聖域として、ラオス、カンボジア両国を積極的に利用していた。

有名な共産側のホー・チ・ミン補給ルートは非武装地帯（DMZ）を避けてラオス領土内を通っていたし、カンボジアは南政府軍に追われたNLFの絶好の隠れ家となっていた。

この〝聖域〟確保のため、北ベトナムは両国に積極的に介入する。

一九七〇年前半、ラオスとカンボジアはこのような状況下にあって政変を繰り返していた。

たとえば二月一〇日、ラオス首相のS・プーマは、北ベトナム軍がラオス国内から撤退すれば、共産側のホー・チ・ミン・ルートの使用を妨害しないという声明まで出している。

つまり北ベトナムが自国の領内を勝手に使うことを了解し、そのかわりラオスの政治には介入しないでほしいという哀願であった。

北ベトナムはアメリカと比べればまさに弱小国であった。しかしラオス、カンボジアもまた北と比較すれば――前述の北ベトナムとアメリカの関係と全く同様に――弱小国であった。当時、世界の眼はこの事実を見落としており、これに気付くのはベトナム戦争終了後である。

北のラオス、東の南ベトナムと隣接するカンボジアも、国内においては異なった主義を唱える多くのグループによって混乱していた。

三月一八日、親米派のロン・ノル将軍がそれまで中立左派であったシアヌーク（元首）を追放し、共和制を宣言する。シアヌークは仕方なしに中国の支援を求め、その結果として後にカンボジア国内では共産主義者同士の悲惨な内戦が始まるのである。

本書では、これまで南北ベトナムの状況に視点を集中させるため、ベトナムの隣国ラオス、カンボジアについてはあまり触れずに記述を進めてきた。しかしこの後、ラオスとカンボジアはベトナム戦争に直接かかわりあってくるのである。

三月二七日、アメリカ軍と南ベトナム軍の数百機のヘリコプターと多数のトラックがサイゴン西方の国境を越え、カンボジア領内にある共産側の拠点を攻撃した。

ベトナム南部と国境を接するカンボジア東部は、共産側（主としてＮＬＦ）の聖域となっていたからである。

ゲリラは南ベトナム政府軍に追われると、国境線（実質的にはなんの標識もない）を越えてカンボジアに逃げ込む。しかしこれを追跡する政府軍は、南ベトナムという独立国の正規軍であるため、他国に無断で入ることができないという不合理が生じていた。

それまでも逃げるＮＬＦを追って南、アメリカ空軍がカンボジア領内を爆撃することは度度あった。また小兵力が越境し、ＮＬＦと戦闘を交える例も珍しくなかった。

1970年５月、カンボジアの国道を進む南政府軍戦車――米・南政府軍のカンボジア侵攻作戦は、米国民の非難をあびた。

これに対しカンボジア政府は独立を守るために国境を閉鎖して、北ベトナム軍、アメリカ軍の侵入を防ぐだけの軍事力を持っていなかったのである。

それでも三月二七日から始まった南、アメリカ軍のカンボジア進攻に対しては一応の抗議を行なっている。

しかし進攻軍はその抗議など歯牙にもかけず、二万名の兵力をＮＬＦのサンクチュアリに対し送り込んだ。これほどの大兵力が、国際的な非難を覚悟してまで、越境してくるとは予想もしていなかった解放戦線は、この作戦によって多大な損失を被ることになる。

とくにアメリカ第一騎兵師団を主力として実施されたアンロク北部の通称〝釣り針（Fish Hook）地区〟に対する作戦は、大きな成功をおさめた。

釣り針地区の中には、〝シティ〟と呼ばれるＮＬＦ

の大物資集積所があった。この場所で捕獲した弾薬は一〇〇〇トン以上、またプラスティック爆弾三〇トンにのぼった。

このカンボジア進攻作戦は軍事的には大成功であった。共産側の人的損失は少なかったが、戦略物質は大量に失われた。作戦は六月末に終了し、それから四ヵ月間、南ベトナム南部におけるNLFの攻撃の回数は大幅に減少している。

軍事的には大きな成果をおさめたものの、その一方でカンボジア進攻作戦はアメリカ国内の反戦論者の集中攻撃を受ける。

アメリカのマスコミは、在ベトナム・アメリカ軍がカンボジアまで戦域を拡大したことを大々的に報じ、これを政府と軍部による憲法違反行動だと非難した。五月に入ると、アメリカの大学の大半でカンボジア進攻に反対する過激なデモが発生した。

この際、テキサス州立大学ケント・キャンパスにおいてデモに参加した学生四人が、鎮圧に出動した州兵に射殺される事件が起きた。これは、カンボジア進攻の是非よりもアメリカ国民の関心を引き、結局反戦ムードを極限まで高めることになった。

アメリカ軍と同国政府はこのあと、

○南ベトナムで共産勢力
○アメリカ国内で反戦勢力

の二つを相手として同時に戦わなくてはならなくなり、前者には〝勝利なき撤退〟、後者には〝完全な敗北〟を喫するという結果になる。

アメリカ・南軍は戦術的な勝利をおさめ、カンボジアから六月末に撤退した。

しかし、カンボジア領内の共産勢力に対する航空作戦（偵察と爆撃）はその後も継続されており、これについては十二月末にはアメリカ議会内で禁止決議が提出されている。

その後に、より重大なベトナム戦争反対の議案が議会で可決された。

これは一九六四年のトンキン湾事件の直後に提案、議決、承認された「トンキン湾事件特別措置法」の取り消しであった。

この特別措置法は、戦争に対する大半の決定権を議会が大統領に与えたものであった。これは一般には『トンキン湾決議』と呼ばれ、大統領は自己の権限でベトナムにアメリカ軍を派遣できる。

一九六四年八月、この法案は上院では賛成八八、反対二、下院では賛成四一六、反対ゼロで通過していた。しかしそれから六年と四ヵ月、アメリカ議会は圧倒的多数で、『トンキン湾決議』を大統領の手から取り戻す。ここにアメリカそのものが、ベトナムから手を引くことを決定したのである。

一方、一九六九年一月からパリで始まっている和平に向けての交渉は、全く進んでいなかった。アメリカの和平に対する外交的な動きは一九六六年の初頭から見られてはいたが、それと併行して、アメリカ軍の増強が行なわれていたので、共産側の反発をかっていた。

しかし六九年の夏には、北ベトナム側がアメリカ軍の段階的な撤退を評価し、ある程度の進展が期待された。このような楽観的なムードは同年九月三日、〝北〟の実質的な指導者であるホー・チ・ミンが死亡したことによって中断されていた。ベトナム労働党内部で、偉大な指導者のあとをどのような体制で引き継ぐべきか、という議論も必然的に行なわれるはずであった。

この和平会談についてはこの後も進捗を見せない正式交渉とともに、北ベトナム、アメリカ両政府の意を受けた秘密の話し合いも始まるのである。

さて一九七〇年の南ベトナム領内の戦局は、どう進んでいたのであろうか。

春におけるカンボジア進攻による効果は、NLFのベトナム南部における攻撃回数の低下によって如実に示された。そしてこの間も南政府軍の戦力は、〝ベトナム化〟によって徐々に充実していた。

アメリカ軍が完全に撤退したあと、南ベトナムという国が三年にわたって存在できたのも、この年行なわれたカンボジア進攻によって敵に打撃を与え、同時に南政府軍に戦力整備の時間的余裕ができたからである。

たしかに七〇年夏から秋にかけての戦闘はそれまでになく規模も小さく、また回数も減少していた。しかしこの間、アメリカ軍の撤退は計画どおり進み、七〇年末の在ベトナム・アメリカ軍の兵員数は三三万五三〇〇名となり、一年半前より実に二〇万名も少なくなっている。

一九七一年（昭和四六年）

前年三月のカンボジア進攻以来ほぼ一年後の二月八日、南政府軍とアメリカ軍は今度はラオス領内の共産側拠点を攻撃するための大作戦を実施する。この作戦は「ラムソン719」と名付けられ、南・アメリカ軍共同の戦闘としては実質的に最後のものとなった。

また作戦の規模としても、ベトナム戦史上もっとも大きなもののひとつである。

カンボジア進攻作戦については、アメリカ国内から猛烈な反対の声があがったが、南・アメリカ軍による戦果は大きく、作戦の評価は成功と認められた。しかし、それ以上のスケールで実施された「ラムソン719」は――作戦終了後の大戦果の発表にもかかわらず――失敗であった。

カンボジアとラオスへの進攻作戦

カンボジアにおいてかなりの損害を出したNLFと北ベトナム軍は、次に敵がラオスに侵入してくる事態を予想し、充分な反撃を準備していたのである。

それでは南政府軍、アメリカ軍にとって最後の大攻撃となったこの軍事行動をもう少し詳細に見ていこう。

ＮＬＦ・北ベトナム軍は一九六〇年頃から独立国であるラオス・カンボジア領内に、中国、ソ連、北ベトナムからの物資を補給するホー・チ・ミン・ルートを開設していた。

それは、初期には単なる〝補給路〟に過ぎなかったが、次第に拡張され、ルートの周辺には物資集積所、武器製造所、農園、訓練施設、病院、はたまた学校までが建設されていた。アンナン山脈西側のこれらの地域は、共産側にとっては休息、再編成のための場所であり、かつ極めて安全な隠れ場となっていた。

これまでも退却するＮＬＦ軍を追って南、アメリカ軍が越境することは度々あったが、それはあくまで偶発的な出来事であった。これと比べて「ラムソン719」は七〇年初めから計画され、同年秋から準備が進められていた。

当時この地区には、共産側の四～五万名の兵士が存在すると推定された。

一方、投入される南・アメリカ軍は二～三万名で、地上戦闘は〝ベトナム化〟されつつある南政府軍が受け持ち、輸送および航空攻撃をアメリカ軍が担当する。

二月八日から、政府軍はＤＭＺ沿いにラオスに侵入した。そして二日後、大した抵抗もなしに共産側最大の拠点と思われるチュポン市を占領する。作戦はその後も順調に進行し、同市の西方三〇キロあたりまでラオス領内深く進んだ。

しかし、作戦開始後一週間目の二月一五日頃から、急に北ベトナム正規軍による抵抗が激化し始めた。折しも天候が悪化し、アメリカ空軍の活動が低下したこともあり、反撃は一層

ラムソン719作戦の決算

	アメリカ軍・南ベトナム軍		NLF・北ベトナム正規軍	
兵力	南政府軍	1万7000名	ラオス共産軍	3万名
	米軍*	1万2000名	ラオス不正規軍(左)	3000名
	タイ軍	5000名	北ベトナム軍	6万名
	ラオス政府軍	6万名	NLF軍	1万3000名
	ラオス不正規軍(右・中立)	2万600名	総兵力	11〜12万
	総兵力	10〜11万		
損害	戦死	4500名以上	戦死	1万3636名
	負傷	8000名以上	(うち4800名は爆撃で死亡)	
	戦闘車両の損失	75台	負傷	不明
	被撃墜		戦闘車両の損失	105台
	固定翼機	7機	トラック	405台
	ヘリコプター	107機	大型火器	1934門
	ヘリコプター損傷	600機		

注）＊1971年2月8日〜4月9日の戦死、行方不明218名、負傷者1942名。

効果を挙げた。北軍は数十台のPT76、T54／55戦車を投入し、その多くはアメリカ軍機により破壊されたものの、南の兵士に大きな動揺を与える。

この戦域において本格的な道路は国道九号線以外になく、したがって地上戦闘部隊への補給は、もっぱらアメリカ軍のヘリコプターに頼ることになっていた。

しかし、それを見越した北正規軍は三〇〇〇基に達する対空火器を搬入していた。これによりアメリカ軍と南のヘリコプター部隊は、合計七〇〇機という大量のヘリコプターを準備して作戦を開始したものの、一ヵ月以内に一〇〇機以上を失った。

こうなると進攻した地上部隊への補給は途絶えがちになり、このため二月末には作戦成功の望みは薄らいだ。

三月一〇日頃から、北ベトナム軍はそれまで以上の規模で大反撃に移り、南政府軍は圧倒された。そして一部の部隊が崩れ出すと、それは全軍の退却につながったのである。

北軍が約一万名の新戦力を投入したため、南軍は撤退を決め、ヘリによる脱出を開始した。この状況においては共産側の攻撃はきわめて激しく、いくつかの地域では部隊輸送用のヘリコプターが着陸できず、数百名の南兵士が置き去りにされるという事態も発生している。

結局、三月末までにラオス進攻作戦は失敗に終わった。南・アメリカ軍は、敵の戦死者一万三七〇〇名、味方の戦死者一五四〇名であり「ラムソン719」作戦は成功であると発表したが、客観的にみて共産側の勝利というべきであろう。

このようにしてラオス領内の共産勢力を壊滅させるという目的は完全に挫折し、同時にベトナムにおけるアメリカ軍の大規模な作戦行動は幕を降ろす。

さて、南ベトナム軍、アメリカ軍のラオス進攻作戦が報じられると、アメリカの反戦デモは再び燃えあがった。

また作戦が続いている三月初め、ソンミ村虐殺事件のカリー中尉に禁固二年の有罪判決が出されたこともアメリカの反戦ムードに油を注いだ。四月二四日に行なわれた反戦デモの参加者は実に一〇〇万人を超えたのである。

六月には別の報道が、またまた反戦を訴える人々を力づけた。

ニューヨーク・タイムズ紙が、〝ペンタゴン・ペーパー〟と呼ばれる国防総省の秘密文書の内容を連載しはじめたのである。

これは、同省が議会の承認なしに南ベトナムへのテコ入れを決定していたことを証拠だてるものであった。アメリカ国民の自国政府、軍首脳に対する不信感はますます増大した。

さらに八月に公表された経済白書によると、アメリカ国内のインフレーションが戦争経済のため広がりつつあり、公務員、官僚の給料凍結が実施されるであろうと記されていた。

アメリカ人の多くは、これらの報道と状況により——南ベトナムの将来よりも——自分たちの生活に不安を抱きはじめる。

八月一八日、オーストラリアとニュージーランドがベトナムから軍隊を引き揚げるむねの声明を発表、九月には五万名という大兵力を送っている韓国もこれにならう。

一九七一年秋、南ベトナムはすべての自由主義国から見棄てられたのである。

当の南ベトナムでは一〇月に総選挙があり、グエン・バン・チューが大統領に再選されたが、このとき軍部を代表するグエン・カオ・キ将軍との軋轢が再燃し、陸軍、警察軍、空軍の将兵が小競り合いを繰り返した。

自由世界から見放される瀬戸際にあっても、南の首脳は相変わらず自己の権力争いを忘れなかった。

一二月に入ると、ラオスの北ベトナム軍は再び攻勢に出て南ベトナム北部を脅かした。

このときの攻撃以来、共産側はゲリラ戦術から完全に脱皮し、戦車、重火器による正規戦を採用していた。

しかしこのような戦いになれば、まだ数多く駐留していたアメリカと南政府軍の空軍はそれなりの力を発揮し、戦果を挙げる。北軍の攻勢は二週間ほどで多くの損害を出し、翌年春まで停滞した。

この攻勢への報復として一二月二六日、アメリカはしばらく休止していた北爆を再開した。しかし、アメリカ国内に高まりつつある反戦ムードを考慮して、爆撃を北ベトナム南部(いわゆるパン・ハンドル、南部の細長い部分)地域に限っている。

そして爆撃の規模も決して大きなものではなかった。

一九七一年は、南ベトナムにとって崩壊への予感に怯える年でもあった。大国アメリカも自国の内部から揺さぶられ、ベトナム化という名目のもとに兵力を徐々に削減していった。もはや南ベトナムは、否応なく独力で民族解放戦線と北ベトナム軍(そしてラオス、カンボジアの共産勢力)と戦わなければならなくなったのである。

冷静に見ても、一九七一年は前年に続いて南ベトナムの存在そのものが、〝時間の問題〟となった年といえよう。

さて、歴史的に一九七一年は、この戦争に関する情報が数多く入手できた最後の年ともいえる。アメリカ軍の撤退とともに、それまで過多ともいえる情報を全世界に流し続けてきたアメリカの報道機関のベトナムに対する関心が、急激に薄れて行くのである。

南政府は自国の窮状を世界に向けてアピールすることにあまり熱心ではなく、アメリカがそれを一手に引き受けてきた。しかし、南ベトナムから自国の軍隊が順次撤退して行くに従って、当然のことながらアメリカのマスメディアのそれも比例して減少していく。
そして翌年には、日本の報道界も、また国民の関心もアメリカに追従するのである。
しかし、世界から忘れられようとしているベトナムにおける戦争は、その後も二年半にわたって続くことになる。

一九七二年（昭和四七年）

この年の二月二一日、まだ春浅い北京空港にアメリカ空軍の大統領専用機エアフォース・ワンが姿を見せ、ニクソン大統領が降り立った。第二次大戦終了から二七年目にして、アメリカと中国首脳の初の接触であった。

北ベトナム、解放戦線を支援する中国と、南ベトナムを支持し実戦部隊まで送り込んでいるアメリカという当事者同士の頭上を飛び越えた和解となった。

三月末、北ベトナム正規軍は戦車多数をふくんだ大兵力で、DMZを横切って南へ侵入し、共産側の春季大攻勢がはじまった。この攻勢は復活祭（イースター）攻勢（Easter Offensive）と呼ばれる。この攻撃はそれまでのものと全く異なり、あくまで重装備の北ベトナム軍を主力とするものである。中国から帰国していたニクソン大統領は、和平交渉のために休止していた北爆の再開を命令、ラインバッカーI作戦を実施し、四月六日から爆撃機の大編隊は北ベトナムを襲った。

しかし、共産側の攻撃は時とともに強化された。しかもそれはその後三ヵ月近く続くのである。これによりクアンチ省、アンロク市など重要な南側の地域と都市が占領され、損害は大きかった。とくに南・アメリカ側は、和平交渉が続いていることもあって、この時期共産側の攻勢があるとは予測しておらず、この判断の誤りも被害を大きくしている。

五月八日、ニクソンは北爆だけでなく、〝北〟の港湾を航空機投下型の機雷によって完全に封鎖する。

このような北ベトナムに対する攻撃が続いている最中、五月二二日には米・ソ首脳会談がモスクワで聞かれた。

これまた中国の場合と同様、アメリカは直接戦っている相手（北ベトナム）を支援している国（ソ連）と手を握り合ったことになる。

北側の攻撃が一段落した八月に、アメリカ軍最後の地上戦闘部隊が南ベトナムから撤収した。一九六五年三月八日、三五〇〇名の海兵隊がダナンに上陸してから七年が過ぎ去っていた。

ベトナムに残っているアメリカ軍は空軍と警備部隊が主力で、これらの軍隊も翌年八月には帰国することになる。これを反映して、この年の九月の第三週には実に一二年振りにアメリカ人の戦死者が記録されなかった。

したがって、アメリカのベトナム戦争は一二年目にして一応の終わりを告げたといってよい。別のいい方をすれば、南ベトナム政府軍は完全に〝ベトナム化〟されたというわけである。

〝完全なベトナム化〟は、それまでアメリカ軍に頼り切っていた南政府と軍上層部の責任意識の向上に役立った。

この現象は、一時的ではあったが、南ベトナム軍による積極的な攻勢（九月五日より）となって表われている。これによって南軍は、北軍に占領されていたクアンチ省を奪回した。

しかし、これがベトナム戦争中の南ベトナム政府軍の最後の大きな勝利であった。

六月一七日、アメリカ国内ではベトナム戦争とは関係のない事件が明るみに出、またまた政府、大統領に打撃を与えた。

民主党本部の電話盗聴に関するウォーターゲート事件である。

これはニクソン政権に致命的な出来事となり、一般国民の関心は——アメリカ軍部隊の大部分がベトナムを離れたこともあって——この事件に移る。

この頃のアメリカ国民の〝ベトナム拒否症〟は頂点に達しつつあり、ベトナムからの帰還兵は全く歓迎されないという有様であった。それどころか、『ベトナ

南政府軍に破壊された北正規軍のＴ54戦車——戦争は通常戦へと変わりつつあり、北側は多数の戦車を投入しはじめた。

ムに関することは知りたくもない』といった状況であった。

アメリカ政府は一〇月二〇日のパリ交渉において譲歩の幅を広げ、和平に調印する意向を強く打ち出していた。

これについては、南ベトナムが和平に応じなければ援助を中止し、かつ南政府抜きでも北ベトナム、NLFと講和に合意しようとまで考えていた。もはやアメリカは、面目さえ立てば何がなんでも和平に応ずるまでになっていたのであった。

そしてその手段として、大統領特使ヘンリー・キッシンジャーと北ベトナム首席代表レ・ドク・トとの秘密交渉を推進する。

他方、これと併行して北爆を強化し、一二月一八日から約二週間、最後の大規模北爆ラインバッカーII作戦を実行するのである。このラインバッカーIIでは、B52爆撃機が大量に投入され、目標はハノイであった。

そしてこの爆撃は、ほとんど〝無差別爆撃〟に等しいものといえた。

一二月二九日、北ベトナムはアメリカが示した停戦協定の一部同意を発表し、翌年に入ってこの動きは本格化する。

しかしこの時期、アメリカにとって最大の課題は南政府首脳の説得であった。

アメリカがベトナムから手を引こうとする動きは一九六八年から始まっていたが、南政府は、すでに背後にいた大国が自分たちを見捨てつつある現実に気づいていた。

事実アメリカが提案している条件の大要は、

(1)　南ベトナムからの外国軍隊の撤退
(2)　南政府軍、解放戦線の支配地区をそのまま固定する
(3)　南ベトナム政府とともに、NLFの臨時革命政府の存在を認める

といったもので、これらのいずれも南政府としては承服できない。

南としては、アメリカ軍の撤退が既成事実であるならば、生き残る唯一の方策は南全土からの全共産勢力の撤収しかなかったのである。これについて、アメリカ大統領とグエン・バン・チューの間には数十回の書簡の往復があった。しかし結局、チューはニクソンの決定を呑まないわけにはいかなかった。

そして一方では、この和平交渉によって南ベトナムという国が遠からず消滅するという予感は誰もが感じとっていた。

この年の十一月七日、アメリカ大統領に、ウォーターゲートを引きずりながらもニクソンが再選される。しかし、それから二年後、彼はアメリカ史上初の〝病気以外の理由〟で辞任する大統領という悲劇の主人公を演ずるのである。

軍事的にはこの年の共産側の春季攻勢以後、戦闘は鎮静化していた。しかしこの間、共産側は戦域を二分し、南部はNLF、北部は北ベトナム軍が分担するようになる。

また戦闘の状況はますます正規戦の様相をおびて、NLF、北軍とも戦車、装甲車、重火器を豊富に用意し、重装備の南ベトナム軍と対等に戦うようになっていた。

しかし、それにもかかわらず、彼らが春季攻勢後大きな行動に出なかった理由は、

○和平交渉の進展を見守っていたこと
○南に急激に打撃を与えると、アメリカ軍の再投入の可能性がわずかながら残っていること
などが考えられる。

一九七一、七二年の南政府軍の死者はともに一万五〇〇〇名で、六八、六九、七〇年と比べて半分以下となっている。この数値を見ても、南での戦闘が鎮静化している事実がわかる。

ところで、この年の暮れの北爆（ラインバッカーⅡ）の効果については、現在でもアメリカ国内の軍事専門家の間で論争が続いている。それは最後の大規模爆撃が、北ベトナムを交渉のテーブルに座らせる動機となったかどうか、という議論である。

一九七二年一一月の時点で、たしかに和平交渉は行きづまりを見せていた。

そのためアメリカ首脳は「短期間でかつ徹底的な爆撃」を実施して、北を交渉に引きずり出そうと考えた。その結果、一三日間にわたりB52重爆撃機の大量投入で、北の大都市ハノイ、ハイフォンに二万四〇〇〇トンもの爆弾を投下した。

この爆撃による北側の死者はハノイだけで一三一八人、北全土では三〇〇〇人以上にのぼった。そして北爆が停止されて一ヵ月後、北ベトナム、解放戦線、アメリカは――南政府の同意を得たとして――和平協定に同意するのである。

さて、この間にも南ベトナムを離れるアメリカ軍部隊は、南軍のために大量の兵器を残していった。これに加えて〝ベトナム化〟のために新しい兵器がアメリカから送られてきた。

これらの軍需品の総額は、実に五〇億ドルという巨額に達していた。主なものは航空機五

五〇機、車両四万五〇〇〇台、艦艇九五〇隻、火器一七〇万梃、弾薬一三万トンである。

一九七三年（昭和四八年）

一九七三年に入ると同時に、パリで行なわれていた和平交渉は急速な進展を見せた。一月一五日までにキッシンジャーとレ・ドク・トの秘密会談で、大筋の決着がついたからである。

一月二三日、アメリカはベトナムからの完全撤退と引きかえに、北ベトナムおよびNLFに捕らわれているアメリカ人捕虜（約五〇〇名）の釈放という取り引きに成功する。

あとに残された課題は、南の政府、とくにグエン・バン・チューの説得だけであった。ニクソンはチューに特使を送り、

『もし北が全面的に南へ侵攻した場合には、再度アメリカ軍の投入もあり得る』

との約束をした上で、和平に合意するよう求めた。

一月二七日、パリでついに和平協定が次の四者によって調印される。

(1) 北ベトナム政府
(2) 南ベトナム臨時革命政府（解放戦線）
(3) 南ベトナム政府
(4) アメリカ政府

停戦は翌一月二八日から発効され、両ベトナム内のすべての軍隊は一切の軍事行動を停止

することになっていた。

しかしこの和平協定が、四者のそれぞれ異なった思惑によって結ばれたことは確実であった。

まず北ベトナムは、南政府を倒し、のちに南北統一をなし遂げ、その後ベトナム全土の支配を狙っていた。

また解放戦線としては、南ベトナムの政府を打倒するところまでは〝北〟と同様であるが、その後ベトナムを連邦とし、南部地区はこれまた自分たちで統治することを考えていた。

これに対して南政府は、自国の存続だけが重要であった。

表面的にはともかく、内心もっとももこの協定成立を喜んだのはアメリカであろう。

これによって——なんとか面目を保ったまま——ベトナムから手を引くことが可能となったからである。

協定の内容を多少とも分析すれば、アメリカがこの和平によって〝南〟の存続が保証されるなどとは考えていない状況が誰にでもわかる。

南領土内に共産側の政府（南ベトナム臨時革命政府＝ＮＬＦ）が存在することを認め、また南にいる北ベトナム軍についても国外へ出ることを要求はしているものの、それを確認する手段は提案していないのである。

つまり、この当事四者による和平協定調印によってベトナム戦争が終わる、と考えた者は皆無であった。

それでは、七年の歳月をかけて続いてきたパリ和平協定とは何だったのであろうか。大胆に結論づければ、アメリカ軍の撤退の口実を作り出したに過ぎなかったということであろう。

一月末の南ベトナムにおいても、二八、二九日の二日間（停戦発効の当日とその翌日）は砲声が途絶えたものの、三〇日には局地的な戦闘が再開されていた。

また首都サイゴン周辺においては、二八日にも銃声と砲声は絶え間なく聞こえていた。

二月に入ると隣国ラオスでは共産側の攻勢が始まり、またカンボジアにおいても同様であった。三月末、アメリカ軍最後の地上部隊（主として警備担当）がベトナムを後にした。残るは大使館警備の海兵隊と空軍だけとなった。

四月一日、協定成立後わずか一ヵ月で北ベトナムは全てのアメリカ軍捕虜を釈放した。これらの捕虜（主として北爆時に撃墜されたパイロット）は、フィリピン経由でアメリカ本土へ送還された。

北ベトナム政府としては、アメリカが〝南〟から手を引こうとしている今、もはやアメリカと再びことを構えるのは得策ではなかった。

八月一五日、在ベトナムのアメリカ空軍が全作戦を終了し、一九六一年以来一二年振りにベトナムを去った。これ以前の六月末、アメリカ議会はカンボジア、ラオスの共産勢力に対する爆撃を禁じていた。

こうして一九七三年八月一五日以降、南ベトナムは完全に〝ベトナム化〟され、国家を自分自身だけで守らねばならなくなったのである。

一月末の停戦発効から夏の終わりまで、南ベトナム国内の戦闘はたしかに縮小されていた。二月はじめからの半年間、南ベトナム軍の戦死者は約四五〇〇名であり、ここ数年間の平均の三分の一にまで減少している。

一方、この年の秋から全世界はオイルショック（石油危機）に見舞われていた。一〇月に勃発した第四次中東戦争により始まったこの事態は、またたく間に自由世界全域に拡大した。もちろん共産主義陣営にもその余波は及んでいたが、西側と比べれば影響は小さかった。

南ベトナムはこれまで経済基盤の大部分をアメリカに頼ってきていたので、石油価格の高騰になすすべもなかった。そして一九七三年秋から滅亡にいたるまで、〝南〟は石油不足に悩み続けることになる。

秋の訪れとともに南ベトナム国内の戦闘は再び激しくなっていった。

一一、一二月の南政府軍の戦死者は四〇〇〇名近くになり、この数は翌年春まで増え続ける。

一二月一五日、チュー大統領は特別声明を発表し、『すでに和平協定がなんの役にも立っていない』状況を世界に知らせた。またチューは、現在の南の状態を〝第三次インドシナ戦争〟と呼ぶべきだとしている。

和平協定が効力を発揮したのはわずかに数ヵ月で、一九七三年の冬にはすでに存在しないも同然となっていたのである。

戦いの頻度も激しさも前年の暮れと変わらず、違っているのは強力なアメリカ軍の姿が見えないことだけであった。

北ベトナム政府も同年の終わりには、南ベトナムでの戦闘がごく当たり前に行なわれていることを認めている。そして少なくとも自分たちは、「平和そして自由、独立、祖国統一」のために戦っていると声明を出した。

しかしながら本来なら世界中から歓迎されるべき〝ベトナムの平和〟は、見かけだけのものであった。

いずれの当事国も本心から平和を求めておらず、最終的には自分たちの要求が達成されることだけを望んでいたのである。

そして、この時点でもっとも得をしたのは――というより損をしなかったのは――アメリカであったともいえる。

また最終的に自分の欲しかった果実を得たのは北ベトナムである。これに対して南政府も、また民族解放戦線も、この二年後には姿を消していく。

さらに形こそ違え、そのいずれの場合も自身が納得のいく消滅の仕方ではなかった。

停戦協約は守られたか

ここでより詳しく、パリ和平協定の内容と、その実態について述べておく。

一九六七、六八年の二年間、南・アメリカ軍および共産側とも激戦によって膨大な損害を被った。とくに一月末のテト攻勢から絶え間のない戦闘が続いた一九六八年の両軍の戦死者は、

南ベトナム政府軍　一万七五〇〇名
アメリカ軍　一万四五四六名
NLF、北正規軍　一九万一三九〇名
他に民間人　四万名以上

という多数にのぼっている。

一般的に見れば、このほか戦死者の約三〜四倍の負傷者が出ているはずであるから、戦争というものが生み出す悲惨さがはっきりと表われている。

南軍、アメリカ軍、解放戦線、北ベトナム軍と各者各様の思惑を有しながら、戦争を一時的にも停止させたいとする意図は、一九六九年の一月から和平会談を実現させた。

ここでは、のちにパリ会談と呼ばれることになった和平交渉の進展と、それが本当に戦争を停止させることができたのかどうか、ということをもう一度調べてみよう。

○パリ和平会談・予備交渉開始
アメリカと北ベトナム　一九六八年五月一三日
○和平会談・正式交渉開始

南、アメリカ、NLF、北　一九六九年一月二五日
○アメリカ、中国と国交樹立
　ニクソン大統領訪中　一九七二年二月二一日
○アメリカ、ソ連と交渉
　ニクソン大統領訪ソ　一九七二年五月二二日
○和平会談
　一部で両者合意　一九七二年一二月二九日
○和平交渉妥結調印
　（後に第一次と呼ばれる）　一九七三年一月二七日

このように和平交渉の経過をたどると、一九六八年五月の予備会談から正式な調印となるまで、実に四年半以上を費やしている。そしてその間、相変わらず戦争は続いていた。

さて、和平協定の内容は前項でも触れたが、骨子となる部分は、
○ともかく一応停戦する
○共産勢力の南ベトナム領内駐留を認める
　の二項のみである。

一方、この停戦協定とは関係なくアメリカは撤退を決定していたし、北・NLF側の南ベトナム解放（占領）の意図もまた変わらなかった。現在からこの協定を振り返れば、『北側の思いどおりの時間稼ぎ』としか思えない。

南ベトナム首脳も、またアメリカもその事実を理解していたにもかかわらず、協定を締結してしまった。とくにアメリカは——南がどうなろうと——ベトナムの泥沼から抜け出したかったわけである。

こうして一九七三年一月二八日の現地時間午後八時、ともかく停戦は発効した。

しかしそれからの一週間に、南政府の発表によると、

共産側の違反件数　一五八五件（一日当たり二二六件）
南政府軍死者　八八二名（〃　一二六名）
同負傷者　二三九二名（〃　三四二名）
共産側死者　三七〇五名（〃　五二九名）

が出ている。

両軍の戦死者数を合計すると一日当たり約六五〇名であり、この数は一年になおすと二三万七二五〇名となる。これは戦いの最も激しかった一九六八年の数字とほぼ同じである。つまり、停戦協定は存在してもしなくても全く変わりない。

ただ唯一の慰めは、この週の民間人の死者が一九名と少なかったことであろうか。

三月中旬になると、北ベトナムから南へ大部隊が移動している事実が確認された。それは三月下旬に南の各地で戦闘が再開されたことと一致し、停戦から二ヵ月で一万八〇〇〇名以上の死者が出ている。

さらに四月に入ると、サイゴン北方、中部高原、メコン・デルタで本格的な戦闘が始まっ

た。

このような状況から六月一三日、南、アメリカ、NLF、北の四者によって和平協定（第二次：一月二七日の協定を再確認するというもの）が締結される。このための話し合いは五月一七日から始められ、一ヵ月後に合意に達したものである。

しかし、この協定はやはり完全なものではなく、第二次協定が結ばれてから二四時間以内に一〇〇件あまりの小競り合いが発生した。

そして夏の終わりから本格的な都市、軍事拠点の奪い合いが始まるのである。こうして九、一〇月の戦闘は、停戦協定締結以前のものと全く変わりのないものとなった。

結局のところ、世界中から『ベトナムの平和の実現』と期待されたパリ和平会談とは何だったのであろうか。そして四年半の歳月と約三二〇回の話し合い（予備会談を含む）の結果、得られたものは何であったのか。

北ベトナム代表レ・ドク・トとアメリカのH・キッシンジャーが、一九七三年度のノーベル平和賞を受けたこと、北及び解放戦線の捕虜となっていた五八八名のアメリカ軍人が解放されたことがそのわずかな成果である。アメリカ軍と軍事援助・支援軍（MAF）の撤退は、この協定とは無関係であった。

協定が調印されてから丸二年後、北・NLFの総攻撃によって南ベトナムは消滅する。この事実があるかぎり、パリ和平協定に決定的に違反したのは共産側であったといわなければならない。

一九七四年（昭和四九年）

一九七四年は、歴史上〝ベトナム共和国＝The Republic of Vietnam〟という国家が存在した最後の年となる。

年頭の演説でグエン・バン・チュー大統領は北ベトナム正規軍・解放戦線との戦闘が激化している事実を述べた。

その言葉どおり、南ベトナム軍のこの年の戦死者は三万一〇〇〇名にのぼった。この数字はそれまで最高だった一九六八年の一万七四九〇名の実に七七パーセント増であった。

本来アメリカ軍の撤退によって増員されるべき兵員数も、一九七〇年をピークに少しずつ減少しつつあった。一時一〇〇〜一一〇万にも膨れ上がっていた南政府軍は、この頃には一〇〇万名を大きく割り込み、翌年三月の崩壊寸前には六〇万名となる。

これに対し、北側はアメリカの出方をうかがいながら、徐々に南の兵力を増強していった。それは、もし強引かつ早急に南の崩壊をはかれば、再びアメリカが介入してくる可能性が残っている、と〝北〟および解放戦線は考えていたからである。

しかし、アメリカはすでにベトナム戦争を過去のものとしつつあった。当時アメリカの抱えている最大の問題は、現職の大統領ニクソンが関与しているウォーターゲート事件である。

もしかするとニクソンは、アメリカ史上初めて罷免される大統領になるかも知れなかった。そして事実この年の八月、彼は大統領職を辞任するのである。

さらにもうひとつの問題は、インフレの増大とそれに伴う失業者の増加で、アメリカの北部を中心に失業の荒波が襲い、社会不安は広がっていった。この大きな原因は、膨大なベトナム戦費であった。

対ベトナム援助および軍事関係費は、一九六六年（会計年度）には五八億ドルであったものが、

六七年（会計年度）　二〇一億ドル
六八年（〃）　二六五億〃
六九年（〃）　二八八億〃
七〇年（〃）　二三〇億〃
七一年（〃）　一四七億〃

と膨れ上がり、この五年間だけでも実に一一三一億ドルに達している。

この数字だけではどれほどの金額なのかわかりにくいので、次のように表わしてみる。アメリカの当時の人口は二億二〇〇〇万人であった。したがって過去五年間にアメリカ人一人当たり、じつに五一四ドルをベトナムのために注ぎ込んでいたのである。四人家族の家庭では二〇〇〇ドルを超す額になる。いかに巨大な生産力を誇ったアメリカであっても、このようなベトナムのための出費に耐えられるはずはなかった。したがってアメリカは南における共産側の脅威がいかに高まろうとも、再び大軍を投入するなどできる状態ではなかったのである。

一月末、戦力に余裕ができた北正規軍はプノンペンを包囲し、カンボジアの共産化は避けられないものとなった。

それとともに南ベトナムでの戦闘も激化した。しかし南政府軍はこの年善戦し、重要拠点をなんとか保持することに成功する。

この理由は、アメリカ軍が撤退したことにより政府軍が祖国防衛の意識に目覚めたのか、それともアメリカ軍の再投入を懸念する共産側が攻撃を手控えたのか、本当のところは不明である。

西側の軍事専門家は、一九七四年に南の軍隊組織が壊滅しなかったのは奇跡である、とまで論文に記している。

たしかに南ベトナムは、北部ではDMZ（非武装地帯）付近にいる北ベトナム軍に、中部ではラオス、そして南部ではカンボジアを基地とする共産勢力に包囲されていた。

軍隊の総兵力数では南がいまだに北側の一・五倍を保有していたが、アメリカ軍やMAF（援助軍）が駐留し、三倍の兵力を有していた時でさえ、戦局はままならなかったのである。

そして、翌年春の南政府軍のあまりにももろい崩壊ぶりを考えたとき、一九七四年いっぱいを南が持ちこたえられたのは、やはり北側が攻撃の手を緩めたことにあったのかも知れない。

それにしても、年間の政府軍の戦死者が三万名以上というのは大きな損害である。戦死者と負傷者の比率は、平均的には一対三〜五となっているから、南の軍隊の損害は一二〜一八万名という多数にのぼったはずである。そして失った兵員を補充するだけの人的資源はもう存在しなかった。

八月にアメリカ議会は、これが最後となるベトナム援助一〇億ドルの支出を決定した。ニクソン大統領は三〇億ドルを要求していたが、議会はその半分を大論争の末ようやく認めたのである。

一九六八年の二六五億ドル、六九年の二八八億ドルと較べて、共産側の圧力が高まっているこの時期の援助はわずか一〇億ドルである。しかも、この援助の全額が南ベトナムに送られる前にこの国は消滅していた。

一九七二年六月から丸二年間、アメリカ国民の関心は人口一六〇〇万名の南ベトナムの運命より、国内の盗聴事件に移り変わっていた。一九七四年、ニクソンの後任には副大統領であったフォードが就任し、アメリカは一応の落ち着きをとり戻した。

しかし、前年から続いているオイル・ショックのため、失業者は相変わらず増加し、北部の都市を中心にいくつかの暴動が発生している。

秋の終わりから、北側は南ベトナムの完全解放（支配）を目指していた。

一二月には非武装地帯を越えて一〇万名以上の北ベトナム正規軍が〝南〟へ入った。またラオス、カンボジアのNLFおよび北軍も総攻撃の準備を始めた。

これを知った南のチュー大統領は、アメリカに対して再度援助を要求した。アメリカは軍人、議員からなる調査団を南ベトナムに派遣して共産側の圧力が高まっているかどうか、また対抗する南政府軍の戦力を調べさせた。

その結論は——調査団が本当にそう判断したとはとうてい信じられないが——とくに懸念すべき点はないというものであった。

加えて、現地の責任者であるアメリカ軍の代表者ウェイランド将軍も、また民間側のマーチン大使も『南ベトナムに差し迫った危険はない』と言い続ける。

他方、翌一九七五年の春季大攻勢を立案していた北ベトナムの指導者たちは、七四年末の南ベトナムの戦況をどう評価していたのであろうか。

戦後、北側の公表したところでは、『まだまだ南政府軍は強力である。このペースで行けば完全解放までにはあと二〜三年を要しよう』との判断であった。

しかし実際には、アメリカの楽観的な見通しも、北ベトナムの悲観的な見通しもいずれも大きくはずれ、翌年三月から四月にかけてのわずか五〇日で、南は崩壊するのである。

また、この年を境にベトナム戦争における共産側の主導権は、南ベトナム民族解放戦線（NLF）から北ベトナム共産党（労働党）に移る。そしてNLFは翌年の六月には、役割を終えたとして消滅するのである。

一九七五年（昭和五〇年）

一九五四年のジュネーブ協定によって誕生した南ベトナム共和国は、この年の四月三〇日、

1975年の北ベトナムの春季大攻勢直前の兵力

		南ベトナム	北ベトナム・NLF	備考
陸軍	正規軍	18万600名	22万5000名	
	地方軍	28万9000名	4万名*	*NLF約15万名
	民兵	19万3000名	11万名*	
		66万2600名	37万5000名	
	装甲車両	1830台	600台**	**約1/4がアメリカ製
空軍	人員	6万3000名	不明	
	航空機	1670機***	340機	***ヘリコプター70%
海軍	人員	4万2500名	3000名	
	艦艇	1510隻	39隻	

約二〇年の歴史を完全に閉じる。

前年からすでに存在そのものが揺れ動いていたこの国は、三月末から始まった北側の攻勢を支えきれず、攻撃している側が信じられぬほど呆気なく崩壊するのである。

この共産側の春季攻勢（Spring Offensive）は、三月二九日、非武装地帯（DMZ）と中部高原地区で開始された。しかし実質的な攻撃は、三月一〇日頃から始まっていたようである。

四月九日から一〇日にかけての戦闘で、サイゴン北部にあるホクビン市がまず陥落、つづいて中部高原地帯の都市バンメトートが陥ちた。

これに対し四月一五〜二〇日にかけて、南政府と軍の首脳はサイゴンを中心とする地域に軍隊を集中させ、防衛側の戦力密度を高めようと考えた。

そのためまずDMZ付近の部隊に、より南部への移動を命じた。この命令は前線を南に下げ防衛力を向上させる、という目的であったが、その説明が充分に行なわれなかったため、〝撤退〟として大きく伝達されてしまった。その後の混乱はこれまでになかったほどで、南ベトナムという国家の全面瓦解に直接結びついた。

海岸沿いの大都市は次から次へと北側の手に陥ちた。戦闘らしい戦闘は全くなく、南政府軍はただ南へ下がるか、完全に四散して逃亡するだけだった。

北部の大航空基地ダナンはわずか一日の交戦で陥落し、北側は数十機の固定翼航空機と、それ以上のヘリコプターを無傷のまま捕獲した。

三月末、チュー大統領はアメリカの軍事的支援を要請した。現地のウェイランド司令官とマーチン大使はそれを本国へ伝えたが、アメリカ議会は軍の派遣もさらなる軍事援助も拒否した。

同じ四月初旬、ラオスでは共産側の攻撃が激化し、また隣りのカンボジアにおいても、首都プノンペンを脅かしていた。四月一〇日になってアメリカ海兵隊が派遣されたが、これはプノンペンを守るためではなく、残っているアメリカ人を救出するためであった。結局四月一七日、首都は陥落する。

この間にも南ベトナムの崩壊の度合は、攻撃したNLF・北軍自身が信じられぬほどの速さであった。

四月二一日、チュー大統領はかつてゴ・ジン・ジェム大統領の後を継いだ南政界の長老チャン・バン・フォンを後継者に指名して退陣する。

しかしチャンの大統領就任式の間中、遠方からは砲声が聞こえていた。

四月二九日には、タンソニュット国際空港が使用不能に追い込まれ、アメリカ人と南政府首脳の脱出はヘリコプターに頼るほか手段がなくなっていた。

この前日、南ベトナム海兵隊がサイゴン北方で北正規軍と戦ったのが、組織的な最後の戦闘となる。

一九七五年四月三〇日正午、南ベトナム民族解放戦線軍と北ベトナム軍の戦車が、サイゴン中心の大統領官邸に突入した。そしてわずかに残っていた南首脳は、『正式な宣戦布告を行なっていない国に対し無条件降伏した』のである。

こうして南ベトナムという国家は歴史上から永久に消えてしまった。

また、インドシナ半島のベトナムという地域からは、実に三〇年ぶりで戦火が消えた。

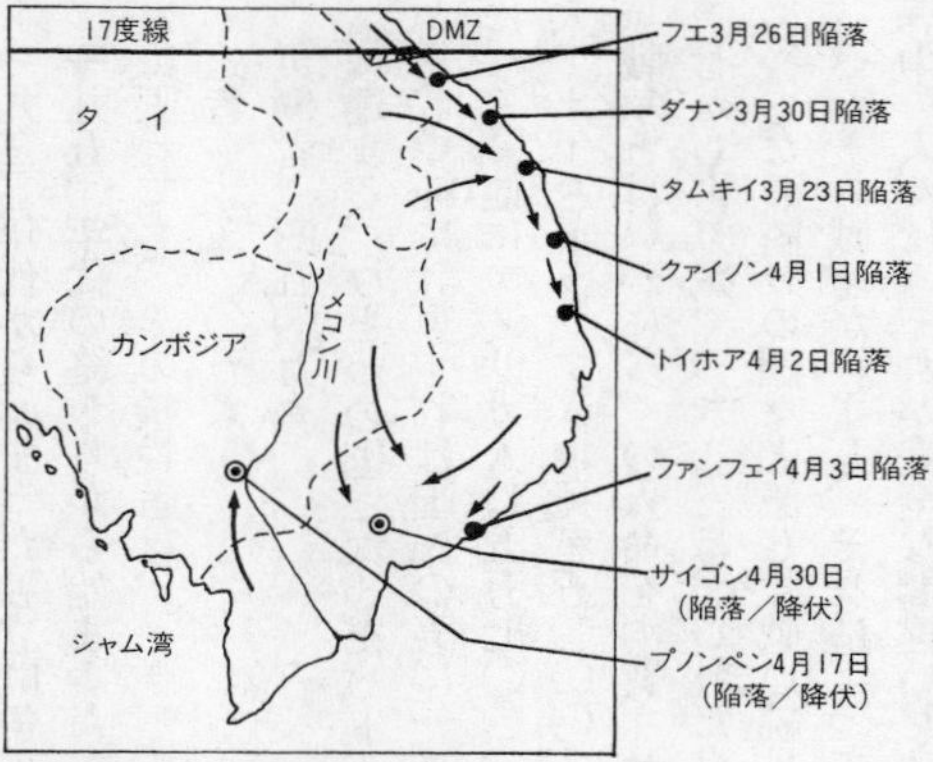

南ベトナムの崩壊

1975年3月23日、北ベトナム軍とNLF正規軍(約27万)は大攻勢に出る。攻撃は、主力が海岸沿いに南下、支隊が西から東、南の方向に向かって行なわれた。
海岸の都市は一週間でひとつの割合で陥落。共産勢力は同時期にカンボジアの首都プノンペンも制圧している。

一九三〇年代から始まった独立闘争の期間を加えれば、戦いの歴史は四五年の永きに及ぶ。一九五〇年代の終わりから始まった〝第二次インドシナ戦争――ベトナム戦争〟の期間だけに限っても、その犠牲者は、

死者　二〇〇万人

負傷者　四五〇万人

に達する。ひとつの国となったベトナムの総人口は約三九〇〇万人（一九七五年）であるから、単純に計算すれば国民の実に一六、七パーセントが戦争によって死に、傷ついたことになる。他にアメリカ人に五万七〇〇〇名の死者、約三〇万名の負傷者、これに加えて韓国人、オーストラリア人に死者五〇〇〇名、負傷者一万名が出ている。

戦争とはいかに多くの人命を消費させるものであろうか。

しかしより驚くべきことは、これだけの犠牲を払って勝利を握った国と国民が、この戦争の後もなお隣りの国々と激しく戦い続けるという事実である。

ベトナム戦争が終了し、それによってインドシナ半島にようやく平和が訪れたと考えた世界中の人々は、それが完全な間違いだったと、その後の五年間に認識させられることになる。

年ごとの経過と年表

ベトナム戦争の勃発を一九六一年（昭和三六年）の初頭と考え、その後一九七五年（同五〇年）までの詳細な年表を掲げる。

ベトナム戦争年表

月日	1962年（昭和37年）
1	解放戦線の中核を共産党（北労働党）がにぎる
2 8	南ベトナム空軍のクーデター失敗
9	アメリカ、「在ベトナム軍事援助司令部MACV」設置
11	NLF第1回の大会を開く
3	NLFのテロ激化する 戦略村建設開始 マクナマラ・アメリカ国防長官、ベトナムへ
6 23	ラオス、3派連合政権をつくるが政情なお不安定
8	オーストラリア軍事顧問団が、南ベトナム支援のため到着
10 11	戦略村（3235村）がほぼ完成
11	南ベトナム、ラオスと断交
12	北ベトナム、ラオスへの軍事援助決定
11	南ベトナム軍、三軍統合司令部を設置

総括/アメリカは軍事援助を強化した。

南ベトナム支援のため、オーストラリア、ニュージーランドが軍事顧問団を派遣、のちに戦闘部隊へと発展する。戦略村構想は実現したが成功とはいえず。南政府軍、NLFとも体制を強化し、本格的な戦争に備える。

隣国ラオスの政情不安、右、左、中立派の勢力争い続く。

月日	1961年（昭和36年）
1 14	ソ連、中国、北ベトナム、ラオスの共産勢力への援助増大 J・F・ケネディ大統領となる
2	ピッグス湾事件（キューバ侵攻作戦）失敗
4 9	南ベトナム総選挙。ゴ・ジン・ジェム大差で再び大統領に
5 11	ジョンソン副大統領、南ベトナム訪問、テコ入れの第一歩
7 11	アメリカ教授ステーリー、ベトナムに入る
9 18	NLF省都フォクビンを攻撃
10 18	テラー特使、ベトナムへ入る
11 11	南ベトナム降下部隊のクーデター発生、失敗
12	アメリカから初めての航空部隊到着
12	アメリカ、南ベトナム白書公表 NLFに対し徹底抗戦を表明 ステーリー・テーラーによる戦略村計画の実施決定

総括/前年の終わりに南ベトナム民族解放戦線（NLF）が結成され、この年から共産勢力による軍事攻勢が本格的に始まった。

これに対抗し、アメリカも全力を挙げて〝南〟を守る決意を表明。ベトナム戦争の実質的な第1年目となる。

またNLFは、初めてひとつの省都を攻撃するまでに成長した。

月日	1964年（昭和39年）
1 30	第2次クーデター、グエン・カーン無血で政権掌握
2	この年から解放戦線のアメリカ人に対するテロ激化
3	南政府、民生向上化計画発表
4	メコン・デルタでNLFと政府軍激戦
6 20	ウエストモーランド将軍着任 南ベトナム軍30万人に増強さる
7	この月からホー・チ・ミン・ルートの輸送量急増
8 2	トンキン湾事件、アメリカ海軍と北海軍交戦
5	報復のためアメリカ海軍機、北ベトナム爆撃、〝北爆〟始まる アメリカ議会、大統領に戦争権限を与える
11	南の政情不安定、2ヵ月も政権の空白続く ジョンソン大統領再選さる NLF、ビエンホア空軍基地襲撃
12	NLFと南政府軍、アメリカ軍交戦、NLF打撃を受ける。これはサイゴンからわずか60 kmの地域で発生した

総括/アメリカ人に対するテロ頻発。南ベトナム軍増強。トンキン湾事件をきっかけにアメリカ軍、北ベトナム爆撃を開始。NLF、攻撃の目標をアメリカ軍にしぼる。南政府軍、アメリカ軍対NLF、北ベトナム軍の本格的戦争となる。南の政権はつねに不安定であった。韓国軍の先遣隊500名、ベトナムに到着。

月日	1963年（昭和38年）
1 2	アプ・バクの戦闘、南政府軍、NLFに初めて大敗を喫す
2 26	アメリカ戦闘守則を改正、NLFを直接攻撃可能とする
3	戦略村、次々と襲撃され、損害を出す
4	南ベトナムの反政府運動活発化
5 8	軍隊と仏教徒衝突、その後多くの寺院を閉鎖
6 11	仏教徒の抗議、焼身自殺相次ぐ
7	南ベトナム軍、拠点主義から機動戦重視へ戦術転換
8	アメリカのロッジ大使、サイゴン入り
9	アメリカ、ゴ一族の退陣を求める マクナマラ、第2回目のベトナム訪問
11 1	第1次軍事クーデター、ゴ大統領死亡。ドン・バン・ミン将軍権力を握る
22	ケネディ大統領、ダラスにて暗殺される。ジョンソン、大統領に昇格

総括/戦略村計画失敗、軍と仏教徒の対立激化。クーデターによりゴ政権崩壊。NLF攻勢強める。南政府軍、アメリカ軍の指導により機動戦を重視。この年から戦闘の一部にアメリカ軍が参加。韓国、歩兵部隊など5万人の派遣を発表。

月日	1966年（昭和41年）
1 31	アメリカ、北爆の一時停止発表
2 7	ジョンソン大統領、グエン・カオ・キ首相とハワイで会談
3 10	南政府、軍部内で混乱。解任された閣僚、軍人の支持者がデモ。仏教徒、学生の反政府デモ広がる
4 2	B52最初の北爆を実施
5	アメリカ軍、サーチ・アンド・デストロイ作戦
6 23	南ベトナム軍、再び仏教徒と衝突
7	アメリカ軍、DMZ付近で北ベトナム正規軍と交戦
9	この月はベトナム戦中、最大規模の北爆となる（1万2673波）
10	フィリピン軍の後方支援部隊2000人がサイゴン到着
25	アメリカ海軍〝北〟沿岸を砲撃、また沿岸交通路を攻撃
12 13	アメリカ空軍のハノイ爆撃、最高潮となる

総括/アメリカ軍の北ベトナム爆撃は、1年中続く。またアメリカ軍戦闘部隊の大規模投入により、戦局は南に有利になる。MAFの軍隊が次々と到着する。韓国軍の兵力は2万人に達する。

月日	1965年（昭和40年）
1 8	韓国軍2000人ベトナム到着。のち5万人に増大。MAF（援助軍）の主力となる
2 7	NLF、プレークのアメリカ軍基地襲撃、死傷者多数
8	アメリカ空軍、本格的な北爆を開始
19	サイゴンで政変、首相不在のまま3ヵ月経過。6月にグエン・カオ・キ首相となる
3 2	アメリカ空軍、ローリング・サンダー（大規模北爆）作戦開始
8	アメリカ海兵隊3500人ダナンに上陸、年末には20万人となる
30	アメリカ大使館爆破さる
6	解放戦線（NLF）、ドンホイを大攻撃
18	B52重爆撃機初出撃
7 1	NLF、ダナン空軍基地を襲撃
	ニュージーランド、タイ、フィリピンなどがMAFに参加
10	アメリカ、第1騎兵師団をベトナムへ派遣
	プレーク近郊で、NLFとアメリカ軍初の激戦を交える
秋	アメリカ国内に反戦デモ広がる

総括/アメリカ地上戦闘部隊直接参戦。韓国軍の大兵力到着。この年の前半、NLFは大都市、基地へ大攻撃をかける。戦闘の主役はアメリカ軍となり、NLFの損害急増。アメリカ軍、大規模ヘリボーン作戦を実施。しかしアメリカ国内に反戦ムード出はじめる。

月日	1968年（昭和43年）
1	北ベトナム正規軍2万人が〝南〟へ入る
31	共産側はベトナム戦中最大の攻勢（テト攻勢）を実施。アメリカ大使館、ゲリラに一時的に占領される。ベトナム全土で激戦
	ケサン基地攻防戦はじまる。66日間続く
3 16	ミライ村虐殺事件おこる（いわゆるソンミ事件）
31	ジョンソン大統領、次回選挙に不出馬を表明
5 4	共産側第2次一斉攻撃、ただしテト攻勢より規模は小さい
13	アメリカ、北ベトナム初の和平交渉（パリ和平予備交渉）
31	サイゴン近郊で激戦
6 23	アメリカ軍、ケサン基地放棄
8	MAFの兵力最大となる。アメリカ軍55万人、韓国軍5万人、他2万5000人、南政府軍65万人
10 31	北爆全面停止
11	アメリカ軍、ベトナムからの順次撤退を発表

総括/ベトナム戦争におけるもっとも激しい戦いの年。共産側は大損害にもかかわらず着実に勢力をのばす。この年アメリカ軍の死者は、ベトナム戦中最高の1万4550人に達した。なお南ベトナム軍は1万7490人、北・NLFは19万1000人と推定される。

月日	1967年（昭和42年）
1 8	アメリカ軍、シーダーフォール作戦により〝鉄の三角地帯〟を攻撃
2 7	アメリカ大統領、はじめてホー・チ・ミン大統領に書簡を送る
22	アメリカ軍、ジャンクション・シティ作戦開始。これまでの最大の作戦
28	メコン・デルタ地帯に、河川機動軍が設立される
9 3	〝南〟の首脳グエン・バン・チュー大統領に。グエン・カオ・キ副大統領となる
29	タイ国の戦闘部隊、南ベトナム到着。のちに1万2000人に増強される
10 4	コン・チェン市の北ベトナム軍、アメリカ軍の攻撃により大損害を出す
11 15	佐藤首相、日米共同声明でアメリカのベトナム政策支持を表明
12 29	北のチン外相、北爆の停止を条件にアメリカとの話し合いを表明

総括/前年の終わりまでにNLFは大きな損害を出してしまったが、これはアメリカ、韓国軍の戦力が大幅に増強されたことによる。年末には南政府とアメリカ軍首脳は、楽観論を述べるほどになった。しかし10月以降、共産側は攻勢をいったん中断し、再編成を行なった。それと共に武器、物資を集積し翌年のテト攻勢の準備にとりかかった。

月日	1970年（昭和45年）
2 21	ラオス愛国戦線、ジャール平原を手中におさめる
3 18	カンボジアにて右派のロン・ノル将軍実権を握る。同国の政情不安、シアヌーク殿下を追放
27	アメリカ・南軍はカンボジア領内のNLF・北軍を攻撃
4 23	アメリカ、ロン・ノル政権支持を表明
5 9	カンボジア侵入反対のデモ、アメリカ国内で起こる。ケント校の反戦デモ、学生4人射殺さる
6 29	アメリカ地上軍、カンボジアから撤退
11	共産側の攻勢開始
12 31	アメリカ議会はトンキン湾決議を取り消す

総括/アメリカ軍、NLFの拠点となっているカンボジアを攻撃。解放戦線、大損害を出す。これに対しアメリカ国内の反発強まる。この年からアメリカ議会の大部分がベトナム戦争に反対する。後半、戦闘は多少沈静化した。

月日	1969年（昭和44年）
1 25	和平交渉の正式会談がパリで開催
2 23	NLF、115ヵ所の目標を一斉に攻撃（第1次）
6 5	半年ぶりに北爆再開、ただし小規模・限定
6	解放戦線、〝南〟臨時革命政府樹立
8	アメリカ第2次撤退計画発表
20	NLF第2次攻勢（102ヵ所）
7 8	アメリカ、はじめて「ベトナム化」を発表（ニクソン・ドクトリン）
	米軍の撤退第1陣、ベトナムを離れる
8 4	米、北、秘密交渉開始
11	NLF第3次攻勢（89ヵ所）
28	アメリカ軍の第1次撤退完了、2万5000人ベトナムを去る
9	ラオスにおける共産軍の圧力、高まる
3	ホー・チ・ミン大統領死去
11 15	アメリカの大反戦デモ〝モラトリアム〟実施
12 5	アメリカ、「ベトナム化」のスケジュール公表
15	アメリカ軍の第2次撤退、3万5000人
21	タイ、派遣軍の撤退を表明

総括/パリ和平会談がはじまる。ホー・チ・ミン死去。アメリカの反戦デモ最高潮。ベトナム化政策決定。アメリカ軍、順次撤退。アメリカ国内の反戦ムードを知り、NLF矢継ぎ早に攻勢をかける。

月日	1972年（昭和47年）
2 21	ニクソン訪中。アメリカ・中国は完全に和解する
3 30	北ベトナム軍、南へ進攻。春季攻勢開始（イースター攻勢と呼ばれる）
4 6	北爆再開さる
5 1	クアンチ市、陥落
8	〝北〟の港湾に対する機雷封鎖はじまる
22	米ソ首脳会談、モスクワで開かる
6 12	アンロク市、〝北〟の手に陥ちる
17	ウォーターゲート事件発覚
8 12	アメリカ軍最後の地上戦闘部隊、南ベトナムを離れる
9	この月の第3週、はじめてアメリカ軍人の戦死者が出なかった
16	南ベトナム軍、クアンチ市を奪回。アメリカ〝ベトナム化〟終了と発表
10 20	アメリカ、ベトナム和平に調印する意向を示す。 和平交渉、一時暗礁に乗り上げ中断
11 7	ニクソン大統領再選
12 18	北爆再開
29	北ベトナム、停戦協約に同意すると発表
30	最後の北爆終了

総括/NLF、北ベトナムの攻撃激化。これに対しアメリカ空軍〝北〟の港を機雷封鎖。アメリカ戦闘部隊完全撤退、ベトナム化なる。南政府軍の士気一時的に向上する。共産側は作戦区域を完全に二分化する。南部は解放戦線、北部は北正規軍が担当。

月日	1971年（昭和46年）
2 8	〝南〟軍、ラオスに進攻。ラムソン719作戦を開始するが失敗
3	ソンミ村虐殺事件の裁判決着
4 24	アメリカで100万人が参加する反戦デモ（モラトリアム）
6 13	ニューヨーク・タイムズ、国防省秘密文書を公表
7 15	ニクソン、突然中国訪問を発表
8 15	戦争によるインフレ増大、アメリカ官吏の給料凍結
18	MAFのオーストラリア、ニュージーランド撤退を表明
9 9	韓国撤退を表明
10	南総選挙、グエン・バン・チュー大統領を再選
12	ラオスの北ベトナム軍、大攻勢に出る
26	北爆再開、しかし南部地区に限定される
30	北爆一時停止

総括/ラオス進攻作戦はアメリカ・南政府軍共同の最後の大作戦となる。この作戦で、アメリカ・南軍は大きな損失を出す。MAFの各国軍、ベトナムからの撤退を表明。この年、ラオスのほとんどは共産側の手中に陥ちる。後半から南軍の活動不活発となる。

月日	1974年（昭和49年）
1	南政府は、北、NLFとの戦闘が続いていることを公表
	プノンペン、共産側に包囲さる
2	南での戦闘激化
5 16	サイゴン周辺で激戦、南政府軍の士気低下
8 5	アメリカ議会、南ベトナムへの10億ドルの援助決定。これは最後の大型援助となる
8	アメリカ大統領ニクソンからフォードへ（ニクソン、ウォーターゲート事件により辞任）
11	アメリカ、調査団を南ベトナムに送る
12	10万人以上の北ベトナム軍が南へ入る。この年アメリカの失業率最高に

総括/パリ和平協定にもかかわらず、南での戦闘は激化。南政府軍の戦力、士気低下。年間の戦死者は3万人に達する。アメリカ議会、南ベトナムの援助要請を却下。南ベトナムという国の存在危うくなる。北側、春季大攻勢準備に入る。

月日	1973年（昭和48年）
1 15	アメリカ、北ベトナム秘密和平交渉
23	アメリカ、北ベトナム捕虜交換、停戦に原則合意
	グエン・バン・チュー、アメリカの和平同意を承認
27	和平議定書に調印
28	南ベトナム全土で停戦（しかし戦闘は続行された）
2 21	ラオス国内で共産側の勢力増大
3 29	アメリカ軍の最後の地上部隊ベトナムを離れる。アメリカ大統領、ベトナム戦争の終結を宣言
4 1	北ベトナム、アメリカ軍捕虜を釈放
6 16	第2回米ソ首脳会談
29	アメリカ議会、カンボジア爆撃の中止を決定
8 15	アメリカ空軍、最後の作戦行動を終える
9 21	日本、北ベトナムと国交樹立
11 25	オイルショック（石油危機）世界に広がる
12 8	南のチュー大統領は、実質的に第3次インドシナ戦争が始まっていると宣言

総括/1月末、一応の和平が達成されたが、南での戦闘は続く。3月末、アメリカ地上部隊が南ベトナムを離れる。8月には全アメリカ軍が撤退。ラオス、カンボジアの内乱一層拡大。この年の南の戦死者は1万3000人であった。南ベトナム、ラオス、カンボジアの共産勢力はいっそう増強される。

月日		1975年（昭和50年）
3		隣国カンボジアにおいても、共産勢力の大攻勢はじまる
	末	NLF、北正規軍、春季大攻勢
4	5	プノンペン、共産軍の大攻撃をうける
	17	プノンペン、クメール・ルージュ軍に陥落
	17	南ベトナム軍、敗退を続ける
	21	ドン・バン・ミン、南ベトナムの最後の大統領となる
	30	南ベトナム降伏 ベトナム戦争終了
7		隣国ラオスにおいても共産勢力の圧力高まる
8	22	首都ビエンチャン、共産勢力の支配下に入る
10	10	ハノイに日本大使館が開設される
12	3	ラオスに共産主義政府誕生

総括/NLF、北の春季攻勢（ホー・チ・ミン作戦）を南ベトナム軍は支えきれず、4月30日南ベトナム政府無条件降伏。その10日前、隣国のラオス、カンボジアも共産軍に支配される。わずか1ヵ月以内に3つの国が完全に共産化され、同時にベトナム戦争は終了した。

第四章　戦争に参加した軍隊と主要な戦闘

一　戦争に参加した組織と軍隊

この戦争の主役は、次の四つの組織、

○南ベトナム政府軍
○アメリカ軍
○南ベトナム民族解放戦線（軍）
○北ベトナム軍

であったが、これらのほかに両方の側へいくつかの国の軍隊が参加したので、その概要を次に掲げておく。

南ベトナムの側に立って戦った軍隊

(1)南ベトナム（政府軍）

すでに述べたとおり、戦争の当事者である南ベトナムは、総兵力約一〇〇万名の軍隊を擁

総兵力100万の兵力を擁していた南政府軍——兵士の士気は低く、無理な動員を重ね続けて戦力を低下させてしまった。

して闘った。

一九六一年の戦争勃発時にはわずか三〇万人であったものが、一〇年後には一〇〇万名に達した。

このように数字上からはきわめて強力な南政府軍であったが、実際の戦闘力は必ずしも兵員の数とは一致していない。

陸軍の約半数は地方軍、民兵などであり、彼らの士気は戦争の初めから終わりまで決して高いとは言えなかった。

この理由として、国の人口に占める軍人の割合は最高でも五パーセント前後であり、〝南〟の場合は八〇万人が限界となる。それを無理を重ねて一〇〇万人まで増員したため、かえって戦力は低下してしまった。

ともかく地方軍の中では、家族を連れて部隊と共に移動する兵士さえ、珍しくなかったのである。

このような部隊の戦闘力は、推して知るべしであろう。

しかしその一方で、正規の歩兵師団、海兵隊、空挺部隊、機甲部隊などはきわめて勇敢に闘っている。

○陸軍
正規軍三八万名、地方軍四八万名、民兵二〇万名
歩兵一一コ師団、空挺一コ師団
戦車、装甲車一五〇〇台
砲兵六四コ大隊
○空軍
兵員四万七〇〇〇名
固定翼航空機　一八〇〇機
ヘリコプター　五〇〇機
○海軍
兵員四万名
駆逐艦、フリゲート艦など　一四隻
その他小艇　一二〇〇隻
○海兵隊
兵員二万五〇〇〇名
一コ師団（三コ海兵連隊）

このように見ていくと、南ベトナム軍は数字の上から常に相手となる解放戦線（軍）、北ベトナム軍を上まわる戦力を有していた。

当時の軍事資料から判断すると、海軍は論外としても、
陸軍の戦力は世界一二位
空軍の戦力は同七位
であったと推定される。
それでもなお、南ベトナム軍は、兵員数から言えば約半分の共産軍に敗れるのである。

(2)アメリカ軍

この戦争にアメリカ軍は、保有する全戦力の六分の一程度を投入した。
しかし実際の戦闘に参加可能な部隊の比率としては、約三分の一に該当するのではあるまいか。
一九六八年の春から夏にかけては、
兵員数五五万名
航空機　約一二〇〇機
車両　二万五〇〇〇台
艦艇　一二〇隻
舟艇　七五〇隻
が、南ベトナムとその周辺の海域、そしてタイに置かれていた。
それでは沿岸警備隊を含めた同国の五つの軍隊を、それぞれ簡単に見ていくことにしよう。

○陸軍
兵員四〇万名、ヘリコプターなどの航空機一五〇〇機、戦闘車両一〇〇〇台。

四コ歩兵師団、二コ空挺師団などを中心として、南ベトナム全土に展開。

また陸軍最強と謳われた第一騎兵師団（兵員一・四万名、ヘリコプター四〇〇機）さえ、投入している。

○海軍
当時二五隻保有していた航空母艦のうちから、原子力空母エンタープライズを含む四ないし六隻を常時ベトナム沖に送っていた。
それでも空母の数が足りず、一部の対潜水艦用の空母を攻撃型に改装することまで実施した。
したがって最盛期には、
北ベトナム沖合のヤンキー・ステーションに四隻／三二〇機
南ベトナム沖合のディキシー・ステーションに二隻／一六〇機
を配備している。
さらに戦艦ニュージャージー、巡洋艦六隻、駆逐艦二四隻を用いて、北ベトナム領内、及び南領内の共産軍を砲撃した。
また沿岸警備隊（コーストガード）と協同で、南北ベトナムの海岸線の封鎖を行なっている。

○空軍
ボーイングB52大型爆撃機一二〇機、各種の戦闘爆撃機一〇〇〇機を中心とした、併せて
二〇〇〇機以上の戦闘用航空機を持ち込み、約八年間にわたって南爆、北爆を続けた。
その投下爆弾量は、
北ベトナムへ約二〇〇万トン
南ベトナムへ約三七〇万トン
ラオス、カンボジアに一二〇万トン
といわれている。
さらに北ベトナム空軍機約二〇〇機を撃墜した。
そしてその代償として、
北ベトナム上空で約一〇〇〇機
南、ラオス、カンボジアで七〇〇機
が失われた。
○海兵隊
当時のアメリカ海兵隊は、我が国の陸上自衛隊とほぼ同じ戦力を有していた。
ベトナムには、
三コ海兵師団のうちの二コ
二コ水陸両用軍のうちの一コ

が投入されたから、常時約一〇万名の海兵隊員がこの地で闘っていたことになる。
また、同軍の有する三コ航空団のすべてがベトナムにあって、その航空機の数は五〇〇機を超えていた。
この戦争で海兵隊はもっとも激しい戦いを経験したが、それは次の数字によって示される。
つまり総派遣数に対する死傷者の割合は、
陸軍　三・一パーセント
海兵隊　八・三パーセント
であった。
なお陸軍と異なり、海兵隊は最後まで志願制であり、したがって士気は常に高かったと伝えられている。

○沿岸警備隊

日本の海上保安庁にあたる沿岸警備隊（USCG）は、戦時にあっては海軍の指揮下に入る。

この戦争において、USCGは四〇隻以上の警備艇をベトナムに送り、沿岸封鎖および船舶の臨検に従事させた。

解放戦線、北ベトナムとも強力な海軍を有していなかったので、激しい海戦といったものは全く発生しなかった。

しかしいくつかの小戦闘があり、沿岸警備隊も二百数十名の死傷者を記録している。

(3)韓国軍

アジアにおける共産主義の勢力拡大に危機感をつのらせていた韓国は、アメリカから要請されると同時に大兵力を派遣している。

その兵員数はなんと延べ三七万名、最盛期には五万名を数え、戦闘力から言えばMAF軍の中でも突出したものとなった。

具体的には、

歩兵師団二コ（猛虎、白馬）

海兵旅団一コ（青龍）

で、いずれも韓国軍の最強の部隊である。

また同軍の特徴としては、空軍や機甲部隊に頼らず、歩兵の接近戦を主体に解放戦線軍に戦いを挑んだことである。

砲兵の数も決して多いとは言えず、もっぱら相手と同じ戦術で闘う。

さらにはアメリカ軍と違って、あくまでも敵を確認してから反撃するという手堅い戦いぶりであった。これにより韓国軍は、NLFにとってもっとも恐ろしい相手となったのである。

一九六八年秋からアメリカ陸軍は、少しずつベトナムから撤退しはじめるが、韓国軍はその後もこの地に残って戦い続けた。

このため同軍の戦死者は四四〇七名（別な資料では五七〇〇名）、負傷者は二万五〇〇〇名に達している。

この数はアメリカ軍のそれのちょうど一〇パーセントに当たる。

米軍を凌ぐ高い士気で戦い続けた韓国軍の猛虎師団兵士(上)
装甲兵員輸送車両で作戦中のオーストラリア軍任務部隊(下)

(4)オーストラリア軍

地域的に近いという状況もあって、オーストラリア政府は、一九六六年からMAFに参加することを決定し、次のような戦力を南ベトナムに送り込んだ。

陸軍一コ任務部隊　約六〇〇〇名

海軍　駆逐艦一隻、特殊部隊三チーム

空軍　爆撃機一コ中隊、輸送機部隊

このうち空軍は短期間で引き揚げているが、陸軍、海軍は七三年一月まで戦い続けた。

戦力から言えばわずかなものだが、それでもオーストラリア軍はアメリカ軍を凌ぐ闘志を持って戦っている。

そのため戦果と同時に損害も多く、

陸軍　戦死者四六四名　負傷者二三九〇名
海軍　〃　八名　〃　一五名
空軍　〃　三名　〃　一二名

であった。

(5)ニュージーランド軍

オーストラリア軍に歩調を合わせて、ニュージーランドも南ベトナムへ軍隊を送った。

この部隊はVフォースと呼ばれたが、最大時でも兵員数は五五二名にすぎず、中心は歩兵二コ中隊、砲兵一コ中隊である。

アメリカは、このような小兵力のニュージーランド軍を単独で行動させるのは危険と判断し、アメリカ陸軍の一部として運用している。

このため、オーストラリア軍ほど過酷な戦闘を経験しないままであった。

ニュージーランド軍は一九六五年七月から七二年六月まで駐留したが、この間三〇名の戦死者と五五〇名の負傷者を出している。

(6)タイ国軍

隣国カンボジアを経て、共産側の影響力が増大するのを恐れて、タイもまたかなりの兵力を南ベトナムに派遣した。

中心となったのは一コ歩兵師団（黒豹）と一コ歩兵連隊（女王のコブラ）で、総兵員数はオーストラリア軍の二倍に当たる一・二万名である。

さらに、

ノースアメリカンAT28軽攻撃機

フェアチャイルドC123中型輸送機

からなる航空戦力（併せて約四〇機）も送っている。

しかし、タイ国軍の戦闘らしい戦闘はわずかに一度だけで、駐留期間の大部分は警備任務についていた。

同軍の人的損害についてははっきりしないが、死傷三〇〇名前後と思われる。

(7)フィリピン軍

フィリピン政府は、PCAG（市民行動団）という名の義勇軍約二〇〇〇名を二年半にわたりベトナムに派遣した。

ただし、このうちの戦闘部隊は一〇五ミリ榴弾砲四門を持つ砲兵一コ中隊だけで、他は工兵、警備、補給部隊などである。

このためタイ国軍と同様に、戦闘らしい戦闘をほとんど経験しないままに終わった。死傷者数は明らかにされていないが、一ケタの戦死者、二ケタの負傷者といったところであろう。

唯一活躍したのは一一〇名からなる医療団で、彼らはアメリカ政府より感状を受けている。

社会主義の側に立って戦った軍隊

(1)南ベトナム民族解放戦線NLF(軍)

初期には貧弱な武器を手に、もっぱらゲリラ戦を続けていた解放戦線であるが、北ベトナム、東欧諸国などの援助により一九六六年頃から急速に戦力を充実させている。

そして一九七〇年には主力軍と呼ばれた師団一二コ、予備二コが揃い、兵器としても重火器を除けば南ベトナム軍に劣らないものが手渡された。

それでも兵員数としては一〇～一一万名程度で、これにほぼ同数の支援部隊があった。

もちろん航空機、戦闘車両などは皆無であるから、南、アメリカ軍、MAFなどの大部隊に正面攻撃をかけるほどの力はない。

その反面、地域住民、熟知している地形を味方につけて、解放戦線はきわめて効率的な戦闘を展開した。

一九六一年の戦争勃発以来、善戦し、南政府軍、アメリカ軍に少なからぬ犠牲を強要している。

しかし兵力、装備に大きな差があり、平均的な損害率は相手の三倍に達した。

なかでも六八年二月のテト攻勢では、強引なまでに攻撃を続け、自軍の総兵力の三、四割に相当するほどの死傷者を出している。

これ以後、戦闘の主役は解放戦線から北ベトナム正規軍へと変わったのである。

(2)北ベトナムNVA軍

正規軍四〇万名、地方軍、民兵それぞれ二〇〜四〇万名からなる北ベトナム軍は、一九六六年頃からDMZ（非武装地帯）を越えて南へ入り、解放戦線を支援した。

その構成は、年によって変動があるものの、次のとおりであった。

陸軍　三五万名（正規軍のみ）一一〇コ師団
　　機甲四コ連隊　戦闘車両二四〇台

海軍　三五〇〇名　哨戒艇、ミサイル艇、魚雷艇など約五〇隻

空軍　一・五万名　航空機数　約四〇〇機
　　そのうちの半数がミグMiG17、19、21戦闘機

防空軍　北爆が開始されると共に、陸軍、空軍の対空部隊から抽出され、一九六八年には一五万名の兵員を有するまでに成長した。
　　各種対空砲六〇〇〇〜七〇〇〇門

対空ミサイル発射器　二〇〇基

ただし、南領内に侵攻してきた兵力は、平均的に四コ師団、約六万名と見られている。

(3)中国人民解放軍

戦争当時は全く知られていなかったが、中国は北ベトナムからの要請を受けて大量の部隊を派遣していた。

最初の部隊は一九六五年五月に〝入越（ベトナムに入る）〟し、七三年八月まで駐留していたものと思われる。

その役割は、防空と交通路の確保で、陸、海、空軍のすべてが投入されている。

陸軍　一〇コ高射砲兵師団

二コ鉄道兵師団

海軍　一〇コ防空師団

海上輸送部隊

のちには掃海部隊

空軍　七コ防空師団

が交代しながら、北ベトナム領内で来襲するアメリカ軍機と闘った。

派遣された延べ兵員数は一五万名、最盛期には五万名が駐留している。

激しい対空戦闘、空爆下の輸送に従事したため人的損害は多く、戦死一一四二名、負傷四二〇〇名を出してしまった。

しかし西側諸国、そして日本の政府、報道界も北ベトナム領内にこれほど大兵力の中国軍がいることを最後まで全く把握できず、これらの情報を入手したのは一九八〇年代になってからである。

(4)ソ連軍

実際の戦闘には参加していないが、当時のソ連政府は六〇〇〇～八〇〇〇人の軍事顧問を北ベトナムに送り込んでいた。

彼らの任務は、

SA2対空ミサイルとレーダー、各種電子装置の取り扱い指導

MiG戦闘機の操縦訓練

であったと推測されている。もちろんアメリカ軍の北爆に対する技術調査も、担当していたはずである。

しかし北ベトナム政府はこれに関して、当時も現在も詳細を明らかにしていない。

一九八九年に発表されたソ連の報道（非公式）によると、これらの軍事顧問団のうちの八二名が死亡したとのことである。この数字は爆撃による死者、事故死、病死を含んだものと思われる。

中国軍と同様、ベトナムにおける北朝鮮人民軍の活動状況は当時にあって完全なベールに包まれていた。

(5)北朝鮮人民軍

これが明らかにされたのは、二〇〇五年の秋のことであった。

北爆の開始からしばらくのち、多分一九六七年頃に、まず二〇〇名からなる先遣隊が送り込まれ、のちに三〇〇〇ないし五〇〇〇名の北朝鮮軍が七二年まで駐留したものと思われる。

これらはまず数十名のパイロットとその支援要員、そして残りは対空部隊であった。

当時の東側は、同じ陣営の国々の軍隊に、少しでも実戦を経験させようと考えていたのであろうか。

この戦争中、北の軍人にもかなりの数の死傷者が出ているはずであるが、その実情はほとんど伝わっておらず、強引に推測すれば、中国軍のそれの一割といったところと思われる。

二　主要な戦闘

この項では、ベトナム戦争中に発生した規模の大きな戦闘を取り上げ、その概要を述べるが、一部は前章の説明と重複する部分もあることをあらかじめお断わりしておく。

また各戦闘の経過とともに両軍の参加兵力、戦果、損害などにも触れているが、この場合はアメリカ軍の資料を主として用いている。

いつの戦争でも共産側は自軍の損害を数字を使って発表することはなく、敗北した戦闘についても『尽大な損失を被った』というような表現にとどめている。また戦果も公式に発表することは少ない。

ベトナム戦争においても、北ベトナムのハノイ放送が月に一回程度しか戦果を公表していなかったのに対し、アメリカ軍は一日一回記者会見を行ない、戦果、損失とも詳しく報じている。

ハノイ放送による戦果の発表は、戦争の推移を報じるというより味方の士気を鼓舞するために行なわれていた色合いが濃く、そのためいちじるしく過大で信用し難い。

一例を挙げれば、一九六七年一〇月一一日に、

『一九六五年五月からの二年間に、アメリカ軍二一万人、南ベトナム軍二三万人を戦闘不能にした』

と述べている。

しかしこの報道を信じるとすると、当時南ベトナムに駐留した全アメリカ兵の二人に一人が戦死、または負傷してしまうことになる。また南ベトナム軍二三万という数は総兵力の三分の一にあたり、これまた信頼できるものではない。

この点アメリカ軍の発表値は――翌年の損失補充分の軍事予算請求との兼ね合いもあって――かなり信頼度が高いと見てよいようである。しかし兵器（とくに航空機）に関しては、相当の損傷を受けても修理可能であれば損失とは数えていない。

したがって、破壊されたとしたものは原型をとどめない程に、また損傷とされたものは大

破（ただし修理可能）と考えるべきである。

南ベトナム軍の戦闘

ベトナム戦争における地上戦闘が本格化したのは一九六五年からであった。それまでの南政府軍の死傷者は一年当たり約五〇〇〇名、これに対して解放戦線軍は一〜二万名前後であった。六五年に南のそれは一万名、同時にNLFは三万名を超える。

ここではアメリカ軍が参加する前の状況を見て行こう。

なお、アメリカ軍地上部隊（海兵隊三コ大隊）は一九六五年三月に南へ進駐しているが、軍事顧問団としてはこの戦争の一年目から一〇〇〇名以上が参加している。

一九六五年以前の南ベトナム軍の兵力は約五〇万名であり、この数字の大部分が正規軍であることに間違いないが、かなりの程度民兵も含まれている。しかし、この民兵の正確な数は不明であり、約五〜一五万の間とされている。

一九六三年頃まで地方の権力者は、自分の支配下にかなりの数の武装勢力を有していた。この状況は現在のフィリピンによく似ており、また都市近郊の農村にも千数百名の武装兵を持つ新興宗教の集団があって、政府軍と小競り合いを繰り返した。

そして、これらの勢力が一九六四年頃から民兵へと組み込まれたので、正確な数はとらえ難いのである。また一方においては兵員の質も問題であった。

このような南ベトナム軍であっても、装備の点ではアメリカからの供与により新型の武器を持っていた。

一方、民族解放戦線（NLF）のそれも日本における報道とはちがい、決して旧式とはいえなかった。

確かに武器以外の物資の不足は事実であり、ゴムタイヤから作った履きもの（ホー・チ・ミン・サンダルと呼ばれた）、撃墜した航空機からはぎ取ったアルミ板で造られた食器などが使われていた。しかし、歩兵用兵器としてはカラシニコフAK47突撃銃、RPG2、7対戦車ロケット発射器、B10型ロケット砲など、アメリカ製の同種のものより明らかに優秀であった。

もちろん大砲、戦車などの重火器は皆無に近かったが、都市周辺、山岳地帯の戦闘ではそれらの役割は大きくなかった。

ここで南ベトナム軍と民族解放戦線が闘った、典型的な例をひとつ取り上げてみよう。

一九六三年一月初め、NLFの第五一四大隊（正規部隊、約四〇〇名）が駐屯するオウムのくちばし地区にあるラジオ局を、五一名のアメリカ人顧問を含む一コ連隊（約二五〇〇名）の南政府軍が攻撃した。

しかし、兵力からいえば五分の一程度のNLFの反撃は極めて有効で、戦闘開始後数分にして輸送ヘリコプター二機が撃墜された。また他の一機は、エンジンの故障で不時着を余儀なくされた。

南軍は支援砲撃を強化し、敵陣地を叩いた。その後、南ベトナム空軍機が爆撃を行ない、装甲車に乗った歩兵が接近したが、それでもわずか四〇〇名の兵士が守る防御陣地を抜くことができなかった。

再びヘリコプターで増援兵力が送られたが、これも強力な対空火器によって損害を受けた。陽が落ちるとＮＬＦは徐々に撤退し、西方の山岳に姿を消してしまった。

この戦闘で、南側は三名のアメリカ人をふくむ六五名が戦死、負傷は一〇六名であった。また五機のヘリコプターが破壊され、一一機が損傷を受けている。

戦果の方は公表されていないが、ＮＬＦ側のほとんどが脱出に成功したと思われる。

次の戦闘の例は一九六四年七月初旬のものである。

南ベトナム北部のナム・ドン特殊部隊キャンプ（アメリカ人顧問一二名、民兵三〇〇名）が、約八〇〇名の解放戦線軍の攻撃を受けた。この時の天候は悪く、アメリカ軍、南政府軍の支援航空攻撃は不可能だった。

キャンプは完全に包囲され、ＮＬＦの一部は基地内に突入した。

危機が伝えられ、悪天候のなか二八機のヘリコプターが強行着陸、一九三名の兵士、弾薬、医療品を現地に送り込んでようやく防御態勢を整え、南政府軍は敵を撃退することに成功した。

戦闘の結果、二名のアメリカ人、一名のオーストラリア人、五五名の南兵士が戦死した。一方、解放戦線の損失は戦死六二名である。

この二つの戦闘の例を見ると、重火器、ヘリコプターを持たないＮＬＦが極めてうまく戦い、強力な敵とほぼ同等の損害しか出していないことがわかる。
一九六〇年代前半の南政府軍と解放戦線の損害比率は、一対二程度と南側では発表しているが、個々の戦いを見て行くと、一対一～一・五という数字の方が正確なようである。

北正規軍、解放戦線側で使用された各種の小火器——自動小銃やロケット砲など、同種の米軍兵器よりも優秀であった。

このように南ベトナム軍の装備が良く、また兵力も大きいにもかかわらず充分な戦果を挙げ得なかった原因は数多く考えられるが、アメリカの分析として、

○軍高官のすべてがサイゴンでの地位獲得競争に力を注ぎ、地方の戦闘をおろそかにした
○それらの勢力争いと度重なるクーデターに対処するため、優秀な部隊をサイゴンの周辺にしか配備しなかった
○政府軍の民兵たちは常に家族とともに行動しており、それによって軍の迅速な移動ができなかった
○軍の規律が徹底されず、民間人の協力を得られなかった

ことなどを指摘している。

一般的に南政府軍と解放戦線との戦闘は、兵力数が等しければ必ず後者の勝利に終わったと見てよい。

このような実態を見ると、アメリカ軍が完全に撤退した一九七三年八月から一九七五年三月までの約一年半、政府軍が独力でＮＬＦ・北軍の攻撃を持ちこたえたこと自体が奇跡に近い。

先にも述べたように、この間共産側は自分の方から大規模な攻撃をかけた場合、再びアメリカ軍が介入してくる可能性を推し計っていたに違いない。

そしてその可能性がきわめて少ないとの結論が出て、それが七五年春の一斉攻撃へとつながったのである。

第三章でも述べたとおり、この最終攻勢のときでも、兵員数、装備とも南軍はＮＬＦ・北正規軍の一・五〜二倍を有していた。それにもかかわらず、わずか二ヵ月にして首都が占領され、国家は滅び去ってしまったのである。

この事実は、やはり南政府軍の本質的な弱さをさらけ出した結果とはいえないだろうか。

ジャンクション・シティ作戦

アメリカ陸上戦闘部隊と南ベトナム政府軍は、一九六八年まで両軍が協同して解放戦線および北ベトナム軍と戦うことが多かった。

このような形の最大の戦闘が、一九六七年二月から五月にかけて実施されたジャンクション・シティ（Ｊ・Ｃ）作戦である。またこの作戦は、南ベトナム領土内で行なわれた最も大きい自由陣営側からの攻撃行動であった。

これは二月二三日に始まり、五月一四日に終了しているので三ヵ月を要している。また、名称はジャンクション・シティとなっているが、実は一八個におよぶ中程度の独立した作戦の集合体である。

攻撃の対象となる地帯は、サイゴン市の北西部からカンボジア国境にかけての戦争地区C(War Zone C)であった。

この戦争地区Cという呼び方であるが、どのような理由からか、Cとその東側のDゾーンの二つしかない。またこれは、南政府軍が南ベトナムを軍事的に区分している〝軍管区〟とも無関係である。このCゾーンはカンボジア国境と接しており、ホー・チ・ミン・ルートと直接つながっている。いいかえれば同ルートの最も先端の物資集積所でもあった。

攻撃の主力となるのは、アメリカ陸軍第一、第二五歩兵師団を主力とする三万名と、南ベトナム政府軍第一歩兵師団、第二四海兵旅団の一万四〇〇〇名であった。

一方Cゾーンには二万四〇〇〇名の共産勢力が存在すると推測されていた。また同時に、この地区には、南ベトナム民族解放戦線の総合司令部(COSVN)があるとの見方もあった。

作戦の開始は、グアム島から飛来したB52重爆撃機による爆撃によって告げられた。

続いて第一七三空挺旅団がCゾーン中央に降下した。これらの部隊は、カンボジア国境近くの村カツムを占領し、東からやってくる地上戦闘部隊とともに敵を殲滅する。

この空挺部隊のあとから、三〇〇機以上のヘリコプターにより五コ大隊がカツムに到着した。

NLFはこの大規模な攻撃に驚き、戦闘を回避、脱出している。

これによりアメリカ・南政府軍はこれまで最も大量の軍需品、物資などを捕獲した。それらは九〇〇トンの食糧、一〇〇基の大型兵器、五〇〇梃以上の小火器であった。また五〇〇ヵ所以上のトンネル、集会所、住居などを発見し、それらを完全に破壊することができた。しかし初期の段階で、NLFは戦闘員を退避させることに成功していたので、人員の損害は比較的少なかった。

三月になると、NLFの反撃が始まった。

この地帯は北方から一〇〇〇キロも続いているアンナン山脈の南端にあたり、一〇〇〇メートル級の山々が連なっている。したがって戦いの様相は野戦とはならず、少ない兵力同士の接近戦となる。そのため、兵力、兵器の質で劣るNLFが、その劣勢を補って戦える場所でもあった。

彼らは、兵力を一〇〇名程度に分散し、昼間は密林に潜み、夜間に攻撃に転ずるという戦術を繰り返した。

またアメリカ戦闘部隊との直接戦闘を回避し、補給、輸送部隊を重点的に襲撃したので、アメリカ・南ベトナム軍は、優勢な機動力を全く発揮できずに終わった。

もっとも、解放戦線が大部隊でアメリカ・南軍に反撃した場合には、空軍力あるいは豊富な火力によりかえって大損害を受けることになった。

三月末の三日間、解放戦線は三〇〇〇名以上の兵力を動員してアメリカ軍の二つの拠点を攻撃したが、一〇〇〇名近い戦死者を出して退却している。この戦闘におけるアメリカ軍のそれは一〇〇名に満たなかった。

四月に入ると、南ベトナム各地で再びNLF側の攻勢が始まった。

駐ベトナム・アメリカ軍司令官ウエストモーランド大将は、ジャンクション・シティ作戦の継続を主張したが、すでに作戦そのものが全土にわたる戦いの中に組み込まれて、存在価値を失い始めていた。

そして、四月中旬以降はCゾーンの兵力が次第に他に転用され、五月一四日に作戦は中止される。J・C作戦は開始時の勢いを完全に失い、竜頭蛇尾に終わってしまった。

さて軍事的にこの作戦を見て行くと、ある面ではベトナム戦争の実態をよく示しているといえる。

一九六六年は駐ベトナムのアメリカ軍戦力が、もっとも増強されつつある時であった。この時期に実施された最大の作戦であったにもかかわらず、そしてまた南ベトナム軍を含めて四万人という大兵力を投入したにもかかわらず、結果は成功とは評価できなかった。

アメリカ軍首脳は『J・Cは大成功であった』と自画自賛したが、同軍の一部には疑問が残った。

投入可能な全力をそそぎ込んで大作戦を行なったが、結果としては敵にわずかな損失を与えただけ、というのが実状のようである。

この作戦のアメリカ・南政府軍の公表した戦果は、敵の戦死者の総数は不明（一説では二七三〇名）、死体確認数一二四三体であった。

しかしその一方で、アメリカ軍は一九六七年一月から六月の間のＮＬＦの戦死者数は一万三五〇〇名と発表している。

このふたつの数字を比べてみると、ジャンクション・シティ作戦の戦果が、とくに大きなものではない状況がよくわかる。

たしかに敵に与えた物質的な損害は少なくなかったが、この作戦に投入された兵力と作戦期間を考えると、決して充分とはいえない。そのうえ、Ｃゾーンからアメリカ・南政府軍が引き揚げれば、ＮＬＦは当然のように再びその地帯に進出するのである。

事実Ｃゾーン、Ｄゾーンおよびその南方の〝鉄の三角地帯〟(Iron Triangle：ＮＬＦの強力な地帯）とも一九六六〜六七年にかけて何回となく攻撃の対象となりながら、結局、南ベトナム陥落の時まで存在し続けるのである。

このジャンクション・シティにおけるアメリカ軍の損害は戦死二八二名、負傷者一五七六名、そして二四台の戦車・装甲車、一二台のトラック、四機のヘリコプターだった。また南ベトナム政府軍の損害は公表されていないが、アメリカ軍とほぼ同程度であったと思われる。

アメリカ軍は一九六七年中に九四一九名の戦死者を出している。これを一ヵ月平均になおすと七八五名である。

三ヵ月にわたるジャンクション・シティ作戦における戦死者がわずか二八二名であるとい

うことは、この軍事行動でNLFとの接触がきわめて少なかった事実を示しているのであった。したがってJ・C作戦は『失敗』とする評価にならざるを得ない。

翌年のテト攻勢を見ても、ゲリラ戦の場合——規模の大小を問わず——攻勢をかけた方が目的を達成できないことが多い。これは軍事行動の規模が大きいほど当てはまるようである。

テト攻勢

一九六八年一月三一日から開始された共産側の大攻撃は、時期が旧正月（テト）に当たっていたことから〝テト攻勢〟と呼ばれた。

その影響は、アメリカの大きな辞典に〝Tet〟だけで、「ベトナム戦争中の一九六八年春の共産側による大攻勢」を意味する項が載るほどに衝撃的なものであった。

結論から述べると、この攻撃は共産側から見た場合、
○戦術的には損害が多く、また民衆の蜂起を促すことができず失敗
○戦略的には南ベトナム政府と駐ベトナム・アメリカ軍首脳に対するアメリカ国民の不信感を増大させ、予想以上の成功
ということになる。

この攻勢には、解放戦線、北ベトナム軍六〜八万名が参加した。ベトナム戦争中に南・アメリカ軍の実施した最大の作戦でも、参加兵員は四〜五万名であるから、この一斉攻撃のス

ケールをうかがい知ることができる。

攻勢は南ベトナムの大都市五〇のうち四一都市に対して行なわれ、同時に基地、空港二三ヵ所が襲撃された。主要な目標として、大都市ではフエ、サイゴン、大基地ではダナン、ビエンホア、タンソニュットなどである。

とくにフエでは、二月二五日まで一ヵ月（周辺をふくめれば二ヵ月）にわたり攻防戦が続いた。この古都の周辺だけでも、両軍の兵士八五〇〇名、市民六〇〇〇名が死亡、一一万六〇〇〇名が家を失った。またベトナム全土では、

○共産側の戦死者四万五〇〇〇名
○自由主義陣営側の軍人の戦死者四三〇〇名
○市民の死者一万四〇〇〇名

という莫大な数となっている。

テト攻勢の直前まで、アメリカ軍の首脳部はこの戦争の将来に対する楽観論を述べていた。それがこの一斉攻撃で根本から覆り、アメリカ国民はようやく真実を知り始める。この意味ではテト攻勢ほど、ベトナム戦争の将来について決定的な役割を果たした戦いは他にない。

冷静に見ても、共産側の戦力はこの時期に頂点に達しようとしていた。

一月末からベトナム全土で攻勢に出、他方ケサンの包囲戦を同時に実施し、それが終了するとともに五月に第二次攻撃（〝ミニテト〟と呼ばれた）を行なっている。とくにケサン地区と五月の攻勢は、テトにおいて敵に大損害を与えたと考えていたアメリカ軍、南ベトナム軍

に二重の衝撃を与えた。

この状況から、もはや核兵器以外のいかなる手段を用いても、南ベトナムにおける戦闘には勝つことができない事実をアメリカ国民は悟ったのである。

この攻勢の全般的な状況については別章で述べているので、ここでは首都サイゴンをめぐる戦闘を記述する。

サイゴン周辺で共産側は二つの重点目標を選んだ。ひとつは南ベトナム最大のタンソニュット（Tan Son Nhut）国際空港への攻撃であり、もうひとつはアメリカ大使館の占拠であった。

前者の場合、この空港が大空軍基地の役割を兼ねていたこともあって目標となったのである。攻撃は四コ歩兵大隊約一二〇〇名が主力となり、一コ工兵大隊が支援する。総兵力は一五〇〇名を上まわった。

これに対し、タンソニュットを防衛していた兵力は約一万名であり、アメリカ、南政府軍が半々であった。

いつものとおり、攻勢はB10型ロケット砲の砲撃で始まり、迫撃砲多数がこれに加わった。続いて工兵が基地外周の三重の鉄条網を爆破し、歩兵大隊が侵入してきた。

アメリカ・南政府軍は多くのヘリコプターと戦車を出動させ、空中と地上から反撃した。しかし、基地内に数百名の解放戦線兵士が侵入してきたため戦闘は混乱をきわめた。

NLF側の目的は空港内に駐機している軍用機の爆破であった。一九六五年頃にはアメリカ・南側は無造作に航空機を並べていたため、小規模な攻撃によっても大損害を被ることが多々あった。しかしこの頃には、一応基地内に航空機用掩蓋（バンカー）が完成していたため、攻勢のスケールの割には損失は少なかった。

丸一日の戦闘でアメリカ軍は、一一機の航空機を破壊されただけである。しかし攻撃ヘリコプター二機が、NLF側によって撃墜された。

地上の戦闘は午後遅く、南・アメリカ軍の増援部隊が続々と到着したことによって共産側に不利となった。空港付近が平野であったためにNLFは脱出が困難で、それが損害を増した。

戦闘は二四時間続ぎ、NLF側は九六二名の戦死者を出した。これに対しアメリカ・南軍は五五名の戦死者と一六〇名の負傷者を記録している。


一方、サイゴン中心部のアメリカ大使館をめぐる戦闘はより凄惨なものとなった。

南ベトナムにおけるアメリカの中枢である大使館には、二〇名の解放戦線の兵士が突入してきた。彼らは最初から死を覚悟しており、それだけに戦闘意欲は充分に高かった。

二〇名は手榴弾と自動小銃で武装し、正門に立っていたアメリカ海兵隊員、南政府警官を射殺して数分で大使館を占拠した。アメリカ大使、また駐ベトナム軍総司令官のウエストモーランド将軍は危うく難をのがれた。もしNLFの突入部隊がこの両者を人質にとっていたら、アメリカの威信は地に墜ちていたにちがいない。

この大使館への攻撃と前後して、大統領官邸、放送局、海軍司令部もNLFの襲撃を受けた。

官邸への攻撃は失敗したが、後の二ヵ所は完全に占拠されてしまった。

この状況は、偶然取材中のアメリカのテレビ局のスタッフによって全米に報道された。アメリカ軍は大使館内の敵に対して、屋上からヘリコプターで海兵隊員を送り込んだ。四五名の海兵隊と二〇名の解放戦線兵士（彼らはのちに自殺部隊と呼ばれた）は大使館内で激しい戦闘を交えたが、四時間後に決着がついた。NLF側は一名を除いて全員が死亡し、海兵隊は十数名の死傷者を出した。

一方、放送局を占拠していた二〇名の解放戦線兵士の最後は、より衝撃的であった。

完全に包囲したアメリカ軍、南ベトナム軍の降伏勧告を無視し、放送局もろとも用意した爆薬で自爆したのである。この経過もアメリカのテレビ局によって詳細に報じられた。

海軍司令部については、戦死、投降が半々となっている。

テト攻勢の数ヵ月前に、南ベトナム軍に同行したアメリカのTVカメラマンが撮影したフィルムが全米に流され、同軍の規律が問われていた。このとき南軍の兵士たちは、戦死したNLFの兵士の所持品を奪い取り、勝手に自分の懐におさめていたのである。

これに対し、自分の身を犠牲にしてまで大使館、放送局に突入した解放戦線兵士の姿とその最後は、アメリカ国民に大きなショックを与えた。

ある知識人は、南ベトナムからのアメリカ軍の撤退が決定されたあと、

「この戦争の勝敗はテレビ（TV）によって決まった」

と語っている。

この意味から、ベトナム戦争こそ〝テレビによってはじめて実況中継された戦争〟であることがわかろう。

テト攻勢と呼ばれた共産側の一斉攻撃は、サイゴン周辺では一週間、フエ地区では数週間続き、八万名という大兵力が参加した大作戦も、アメリカ・南政府軍の反撃により四万名前後の死傷者を出して二月末に終了した。

損害から見るかぎり、共産側の失敗は誰の眼にも明らかである。

しかし、「戦いは有利に進んでいる」という軍首脳の言葉を信じていたアメリカ国民の衝撃は、計り知れないほど大きなものであった。

南ベトナムに存在する敵は、アメリカ人が考えているより何倍も強力で、また士気も高かったのである。

当時アメリカは約三五〇万名の総兵力を有していたが、ベトナムにはそのうち五〇万名を派遣していた。また南シナ海上の第七艦隊に七万、タイ、フィリピンなどに三〇万名を置いていたので、全兵力の約四分の一がベトナム戦争に関わっていたことになる。その上、テト攻勢前後には、これに加えて二〇万名の戦闘部隊の派遣要請がウエストモーランドから届いていた。

これはどう考えても、全世界を睨むアメリカの戦略から見て、容易ならざる事態になりつつあった。

このように見て行くと、一九六八年春のテト攻勢こそ、アメリカにとって南ベトナムを見棄てる決断を促したものといえそうである。そうであれば、共産側にとってこの攻勢の戦略的成功は、戦争の行方を決定したほど大きな価値を持つものであった。

ケサンの戦い

〝ケサン(Khe San)七七日間の戦い〟としてベトナム戦史上に残る戦闘は、一九六七年一二月から開始された。

戦死者、負傷者の数から見れば、決して大きいとはいえないこの戦闘が特筆されるのは、次のような理由による。
(1)アメリカ軍と北ベトナム正規軍の正面対決であったこと
(2)アメリカ軍(海兵隊)が、完全に〝北〟軍に包囲された戦いであったこと
(3)アメリカ軍が史上最大の空軍力を投入し、攻撃側の意図と戦力を破壊したこと
しかしこのような分析よりも、ケサンの戦いが全世界の注目を集めた点は、前述のごとく『ケサンは第二のディエン・ビエン・フーとなるか?』のひと言にあったようである。

ケサン基地はラオスの国境間近(約一〇キロ東側)で、DMZ(非武装地帯)から二五キロ南にあった。基地の大きさは東西一・八キロ、南北〇・八キロで、一二〇〇メートルの滑走路一本がある。

そして基地の周辺には、S881、861、558、N881という四つの前進拠点があり、ケサンを守っている。この記号と数字は基地の中心から見た方向と、陣地の標高を示している。

DMZの南側ではあるが、この基地はホー・チ・ミン・ルートのすぐ東にあたり、北ベトナムにとってはまさに目の上の瘤（こぶ）であった。

またアメリカ軍にとっては、最も北方に設けた前線基地という意味合いがあった。

この基地にはケサン〝戦闘基地（Combat Base）〟という名がつけられていたが、これはまさにケサンだけにかぎった名称であった。したがってアメリカ軍は、この基地を設営するときから激戦を予測していた。

戦いは一九六七年四月、五月に第I期と呼ばれるものが発生していたが、規模は大きくない。ケサンが包囲され、陥落の恐れが生じてきたのは一九六八年一月中旬からである。

同じ時期（一月三〇日より）に共産側は最大の攻撃〝テト攻勢〟を仕掛けており、同年四月初旬までがケサンの危機であった。

もしテト攻勢が成功し、加えてアメリカ軍の南ベトナムにおける最大の前線基地ケサンが陥落すれば、共産側はこの戦争における勝利の可能性を全世界に知らしめることができるのである。

北ベトナムは、正規軍二コ師団（完全一コ師団は一万三〇〇名）をもってケサンを攻撃し、他に一コ師団をDMZ内に予備として残していた。また別な一コ師団を基地の北東に置き、約一〇キロ南にアメリカ軍が確保しているキャンプ・キャロルに対する牽制の役割を与えている。

ケサン基地の南側には国道九号線が東西に走っているが、この師団が基地東側から攻撃に加わることは難しかった。なぜならその場合、キャンプ・キャロルのアメリカ軍により逆に包囲される危険が生ずるからである。しかし同時に、アメリカ軍としても迂闊に九号線を西進しケサン救援に向かえば、北方にいるこの師団から攻撃を受ける形になる。

したがって、直接ケサンの戦闘に参加した部隊は、

アメリカ海兵隊二コ連隊（約五八〇〇名）
南政府軍レンジャー一コ大隊（約四〇〇名）

に対し、

北ベトナム正規軍第三〇四師団（約一万三〇〇名）
北ベトナム正規軍第三二五師団（約一万三〇〇名）

となる。

またアメリカ・南軍側には、キャンプ・キ

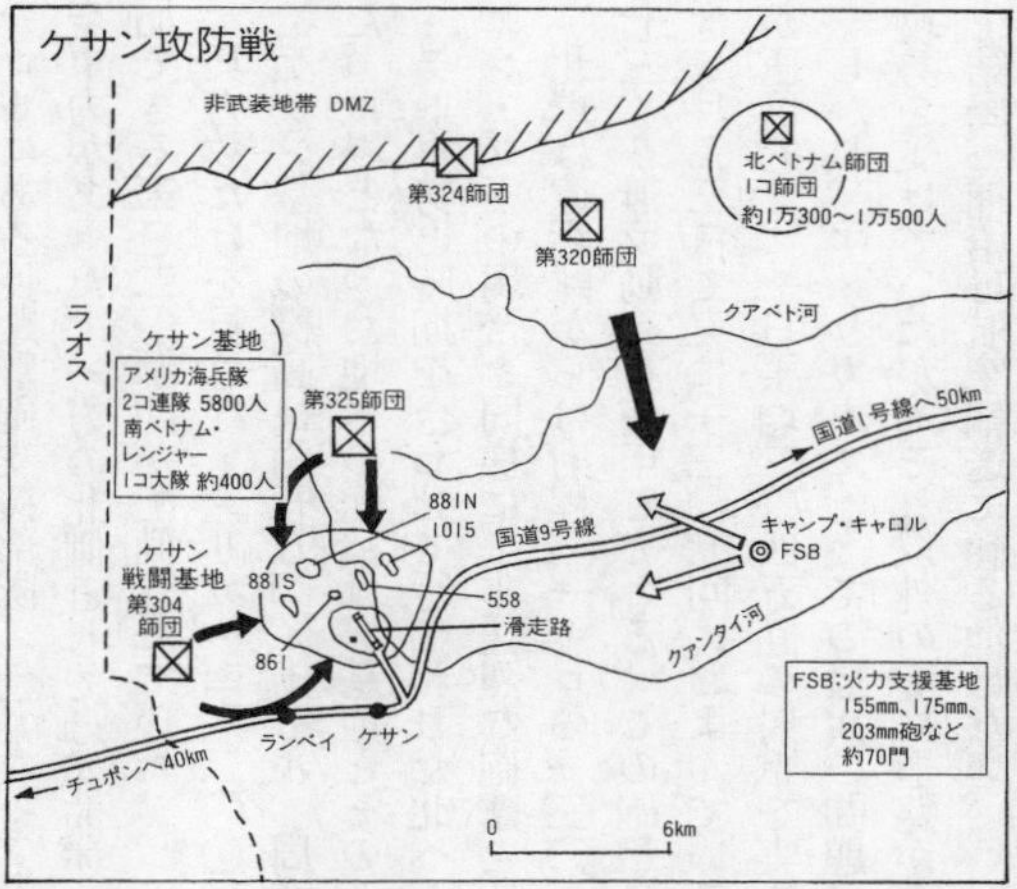

ャロルにある長距離砲支援部隊（一五五、一七五、二〇三ミリ砲装備）とダナン基地の豊富な空軍力があった。一方の北側としては、前述の予備師団（第三二四）と、いつでも戦闘に参加できる第三二〇師団が配備されていた。

兵力数だけを見ればアメリカ・南六二〇〇名対北の正規軍二万名となる。

ケサン基地の標高は約五五〇メートル、周囲は五〇〇〜一五〇〇メートル級の山岳であった。戦場となった地帯の面積は、基地とその西および北方の六×六キロと考えられる。テト攻勢と時期を合わせて行なわれた北ベトナム軍のケサン基地攻撃は——ディエン・ビエン・フーの場合と同様に——猛烈な砲撃と塹壕戦で開始された。

北軍は遠距離からは射程三一キロの一三〇ミリ砲を、また近距離からは八二ミリ迫撃砲、七五ミリ無反動砲を使用している。この砲撃は戦闘期間中一日当たり一五〇回、最大のものは二月二三日で実に一三〇七回におよんでいる。もっとも砲撃力においてはアメリカ軍の方が圧倒的で、一日平均二〇四五回の射撃を実施した。

しかし、アメリカ軍にとっての最大の問題は補給手段であった。基地は西方と北方からの攻勢を受けていたが、それ以外の南に道路がなく、東は北軍の支配下にあった。

結局、補給は航空輸送に頼る他はない。

戦闘期間中の空輸回数は一一二〇回、一回あたり約一〇トンの物資が送り込まれた。そしてこの代償として、四機の輸送機と一七機のヘリコプターが撃墜あるいは破壊され、他に三五機が損傷を受けている。

ディエン・ビエン・フーとケサンの戦い

インドシナ戦争
ディエン・ビエン・フーの戦い
1953年11月20日〜1954年５月７日
フランス植民地軍　1万6000人
ベトミン正規軍　3万5000人以上
フランス軍は共産側補給ルート間近かに基地を設営。その４ヵ月後、ベトミン軍はこれら基地を包囲し攻撃開始。フランス軍拠点は次々と陥落し、２ヵ月後降伏する。捕虜１万以上。これによってフランス軍は大打撃を受け、同国のベトナム支配は終了する。

ベトナム戦争
ケサンの戦い
1968年1月24日〜4月14日
アメリカ海兵隊　5800名
南政府軍レンジャー部隊　400人
北ベトナム正規軍　2万1000人
アメリカ軍はホー・チ・ミン・ルート破壊を目的にケサン基地を設営。北ベトナムは正規軍２コ師団を投入し、15年前のディエン・ビエン・フーを再現しようと試みる。アメリカ軍はこれを妨げようとして、単位面積あたり史上最大規模の航空支援作戦〝ナイアガラ〟を発動。包囲する〝北軍〟を爆撃、それと同時に東から地上部隊を進攻させ、包囲軍を攻撃する北ベトナムは正規軍１コ師団を派遣して、これに対抗、結局、北ベトナム軍は11.4万ｔという猛烈な爆弾の雨と地上軍の攻撃により、包囲開始後66日目にして撤退する。ディエン・ビエン・フーの再現はならなかった。しかしアメリカ軍の勝利も長くは続かず、北軍の圧力によって３ヵ月後ケサン基地を放棄する。

二月中旬から三月末にかけて北ベトナム軍は予備兵力三〇〇〇名を加え、二万四〇〇〇名が攻撃に参加した。戦闘は、手榴弾が使われるほどの距離で行なわれる場合も少なくなかった。

アメリカの新聞はこの戦いを連日大きく取り上げ、『ケサンは第二のディエン・ビエン・フーか』の見出しが躍った。

アメリカ軍としては早急に救援活動を始めるべきであったが、テト攻勢およびその後遺症が残って動けなかった。

しかし、兵力に余裕のな

い アメリカ地上戦闘部隊のかわりに、航空部隊の大量投入が決定された。この航空攻撃は間違いなく史上最大のスケールであり、アメリカ軍はこれにNiagara(ナイアガラ瀑布)というコードネームを付けた。

この作戦では戦術空軍、戦略空軍、海軍・海兵隊航空部隊が協力し、実に一一万四〇〇〇トンに及ぶ爆撃を行なっている。

戦闘爆撃機は延べ二万五〇〇〇機、B52爆撃機は二七〇〇機が出撃した。一日の平均は三〇〇機および四五機である。

わずか二ヵ月の間に一一・四万トンの爆弾を一六×二六キロの地域に投下しているが、第二次大戦中日本全土に投下された爆弾量が一六・四万トン(期間は約一年)であったことを考えると、〝ナイアガラ〟の爆撃がいかに凄まじいものであったか容易に理解できる。

これにより兵員数では三~四倍を有していた北正規軍も攻撃力を大幅に損耗し、ケサン攻略を諦めざるを得なかった。

四月一日、地上からケサンを解放するための作戦〝ペガサス〟が開始され、これは二週間で終わった。

さてケサンをめぐる第Ⅱ期戦闘(七七日間)における両軍の損害は、どのようなものであったのか。

最近の研究では、

アメリカ軍　戦死二〇四名　負傷一六二三名

南ベトナム軍　戦死　七九名　負傷　不明
北ベトナム軍　基地をめぐる戦闘で戦死三五六一名
　　　　　　　周辺の爆撃で約五〇〇〇名
となっている。

アメリカ軍は人的以外の戦果として、対空火器二〇門、大型兵器二〇七基、小火器五五七梃、PT76戦車をふくむ車両一七台を挙げている。これらの数値から見れば、ケサンの戦いは決して大きなものとはいい得ない。例えば、テト攻勢中にアメリカ軍はフエの戦闘で一日に二三〇名の戦死者を出しているのである。

しかし初めに述べた理由から、ケサンの戦いはアメリカ、北ベトナムともに自国の面目を前面に押し出しての戦闘となった。

この戦いの結果、アメリカ軍は、いかに空軍力を大量に投入しようと敵の大地上部隊を全滅させるのは不可能であることを知った。

一方、北ベトナム軍は、逆に猛烈な敵の航空攻撃のもとでの軍事行動は、いたずらに大きな損害を招くことを悟る。

ようやくケサンを包囲から解放したアメリカ軍は、七月に入ると基地を徹底的に破壊し、撤収する。

その理由は――表面的には行動の自由度を大きくするというものだが――ここを維持していくための代償が過大にすぎたからである。

ケサン撤収の決定は、アメリカ軍内に大きな衝撃となった。

五五万名という大兵力を南ベトナムに駐留させていながら、最大の前進基地を放棄せざるを得ないという事実は、別な観点に立てばそれだけ北・解放戦線の圧力が大きいということでもあった。

一九六八年春のテト攻勢とケサンの攻防戦は、アメリカ国民に対し、南ベトナムの状勢がもはやアメリカ軍の投入によっても勝利とは結びつかなくなった状況を否応なく認識させた。

これを境にアメリカ国民の半数以上が、ベトナムからの撤退支持にまわるのである。

リバーラインの戦い

南政府軍・アメリカ軍対民族解放戦線（NLF）の戦闘において、あまり知られていない分野が、海岸線とリバーライン（Riverine＝河川の、川辺の、の意）の戦いである。

この種の戦闘は、ふたつの地域に絞られる。

○南ベトナムの沿岸における、北ベトナムからの海上輸送の阻止

○メコン・デルタ地帯の湖沼、河川沿いの地帯における戦闘

前者の場合、たしかに長さ二〇〇〇キロを超える海岸線が存在し、北からの沿岸輸送に適していた。もし北側が、このルートを使用して南ベトナムに物資を送り込むことを試みれば、それは不可能ではなかったはずである。

しかし、北ベトナムの海運・海軍力は非常に小さなものであり、また南ベトナム・アメリ

カ海軍のパトロールは厳重をきわめた。

このため、南ベトナム沖合での船舶同士の戦いは少なかった。

それでも北は、一五〇フィート・クラスの武装貨物船を次々と南の沿岸に送り込んだ。そのうちの何隻かは、パトロール中のアメリカ海軍の哨戒艇や沿岸警備隊の高速艇に発見され、小規模な海戦が発生している。

しかしアメリカ軍は高性能の艦艇を使用し、必要とあらば駆逐艦、巡洋艦、それに加えて航空機の支援も可能であったから、北ベトナムの貨物船とアメリカ海軍の戦いは常に後者の勝利に終わっている。

アメリカ海軍は、この沿岸封鎖のために多数の駆逐艦をベトナム沿岸航路に投入した。この作戦は一九六六〜六七年にかけてきわめて有効であり、二隻の駆逐艦がわずか一週間に一一〇隻の〝北〟輸送船（五〇トン未満のジャンクやハシケ）を撃沈した、という記録も残っている。

またメコン・デルタ地区については、北ベトナムの最も南に位置するドンホイの港から一五〇〇キロ以上あり、小型船の航行には遠すぎた。

当時、北ベトナムからの輸送は、非武装地帯（DMZ）の西のラオス領内を通過して行なわれる（いわゆるホー・チ・ミン・ルート）ものが主であると考えられていた。したがって、アメリカ軍は空軍力を駆使してこのルートの攻撃を続けてきた。そして、総輸送量の六五パーセントを阻止し得たとしている。

一方、最近の研究とその分析では、〝北〟はホー・チ・ミン・ルートにおける損失に耐えかねて、北ベトナムから南ベトナム最南端のカマウ岬をまわり、海路シャム湾のカンボジア領内の港にいったん陸揚げし、その後同国の陸路、南ベトナム領内のルート（これがシアヌーク・ルートと呼ばれる）を使用したといわれている。

南ベトナム・アメリカ海軍は、沿岸封鎖をシャム湾まで延長する必要があったようである。

さてメコン・デルタは、サイゴン市南方一五〇キロを流れるメコン河が生み出した広大な三角地帯である。

中国南部に端を発し、ラオス、カンボジアを縦断、南ベトナム南部を横切る全長一七〇〇キロに達する大河で、九龍（クーロン）と呼ばれている。これは本流を大きく分けると三本、分け方によっては九本の支流になることからきている。この領域には、一辺が一〇〇キロのデルタが広がっている。

そして多くの水田、湿地帯、湖沼、河川が入り組んでいて、かつてはアジア有数の稲作地帯であった。南ベトナム政府、解放戦線ともこの地区で収穫される米を手に入れる必要があり、そのためメコン・デルタ地帯では多数の戦闘が発生した。

もちろん地形の上から、それらは大部隊を投入しての戦闘とはならなかった。

いずれの戦いも拠点の占領ではなく、敵の兵力の殲滅が目的であった。

そのため、参加兵力の大小とは無関係に戦闘は凄惨なものとなった。

一九六四年頃までこの地区の戦闘を担当していたのは南ベトナム軍で、主としてフランス軍の残していった旧式の舟艇を使用していた。しかしNLFの活動は日を追って活発化し、南政府軍はこれを鎮圧することができなかった。

ヘリコプターと共同作戦中の米海軍の河川哨戒艇ＰＢＲ(上)
55ノットの高速を誇った水陸両用ホバークラフトＳＫ５(下)

一九六六年、アメリカはメコン・デルタの戦闘においても南政府軍を肩代わりすることを決定し、アメリカ海軍機動河川軍（U.S. Navy Mobile Riverine Force）を設立する。正式名称はMRFであるが、一般には、〝茶色の水の上の海軍：Brown Water Navy〟と呼ばれた。これはメコン河の水がいつも濁っているからでもあり、また洋上海軍：Blue Water Navy に対する呼称でもある。

さてMRFは、新しく設計された水深の浅い場所でも航行可能な水ジェット推進ボートを装備し、メコン・デルタのパトロールを開始する。このボート（PBR）は全長七・五メートルのグラスファイバー製で、最大速度二五ノット（四六キロ／時）とごく平凡なものであった。しかし大量生産が可能であり、また軽く、ヘリコプターで空輸できたため、メコンの闘いでは大活躍する。

一九六七年からMRFの小艇隊は、ヘリコプターと協同してNLFに大きな損害を与えた。しかし解放戦線に、持ち運びが簡単で高い威力をもつ対戦車ロケット砲が装備されはじめると、小型軽量のパトロール・ボートは大きな損害を記録する。

このため、速力は遅いが充分な装甲と火力を持つ攻撃支援哨戒艇（ASPB）などが配置された。また装甲は持たないものの、五五ノット（九九キロ／時）の高速を誇る、水陸両用ホバークラフト（ベルSK5）も三隻が投入された。

しかし、強力な大型艇は水深の浅い河川には進入できず、また狭い水路でも航行可能な軽量艇は、その一方で敵の攻撃に弱いという弱点を克服できなかった。一九六九年一一月には、細い水路に迷い込んで身動きできなくなった三隻のパトロール艇が、NLFの部隊に攻撃されて全滅するという悲劇も発生している。

アメリカ海軍はMRFに加えて、SEAL（あざらし）と呼ばれる海軍の特殊部隊をも投入したが、戦果は思ったほど挙がらなかった。

機動河川軍は、初期には九コ中隊と七コ補給支援中隊で結成され、約九〇隻の軍用艇を持っていた。しかし、一九六八年末の最大時には五〇〇隻の哨戒艇、二〇〇隻の砲艇、四〇〇隻の支援艇を保有する。

このMRFの艦艇も、一九六九年から徐々に南ベトナム海軍に引き渡される。同海軍はそれまで保有していたものと合わせて、一五〇〇隻の艦艇、三万五〇〇〇名の兵員を持つまでに成長するのである。

ベトナム戦争におけるアメリカ海軍の戦死、戦傷者は六六九四名（内二四名は沿岸警備隊）であった。その内訳は、

戦死者　一六〇五名
事故死者　九一一名
負傷者　四一七八名

となっている。

戦死者のうちの約半数は、北爆で撃墜されたパイロットである。また事故死者の三〇パーセントは、トンキン湾上の航空母艦の爆発事故（合計四回の大事故があった）が原因である。

これらの犠牲者を差し引くと、ブラウン・ウォーターの戦いにおけるアメリカ軍の損害は、戦死者一四〇～一五〇名、事故死者一三〇名、そして負傷者三五〇名と見られる。

また南ベトナム軍の戦死・戦傷者はアメリカ軍の二倍、解放戦線側の犠牲者は一万名前後であろうか。

ホー・チ・ミン・ルート攻防戦

現代の戦争において、勝敗を決する要素のひとつは軍需物資の量である。ベトナム戦争の場合、

アメリカ軍・南政府軍―近代兵器と物量

NLF・北正規軍―ゲリラ戦術、戦闘意欲

を主要な戦力としていたとする分析が一般的である。

これは戦争の初期には間違いとはいえなかったであろうが、一九六六年頃からはこの図式は形を変えている。

アメリカ・南政府軍の兵器と物量は常に豊富であったが、対する共産側も、新しく威力のあるそれらを大量に装備するようになっていた。

日本の革新的なグループは、心情的に共産側（とくに解放戦線軍）が数少ない旧式な兵器しか持たず、それを勇気で補って戦っていると考えたかったようである。

しかし冷静に分析すれば、五〇万名を超えるアメリカ軍、一〇〇万近い政府軍、六万名の援助軍（MAF）を相手に、貧弱な武器しか持たない共産側が勝てるわけはなかった。

インドシナ戦争、朝鮮戦争においても、共産側の勝利は、優れた戦術と新しく威力のある兵器、そして充分とはいえないが多数の武器によって得られているのである。とくに砲兵部隊は、常にアメリカ・南側より優れた兵器を持ち、砲弾の量も決して劣るものではなかった。

たとえば一二〇ミリロケット砲のような兵器は、当時の西側には存在しない。また西側の標準的な野砲はM2A1・口径一〇五ミリ榴弾砲であったが、東側のそれはM46・口径一三〇ミリ野砲で威力はずっと大きかった。一方、対空砲、対空ミサイルなどは、北ベトナム一国で自由主義陣営のすべてに匹敵する量を有していた事実を見逃してはならない。

北正規軍で使用された火砲——中国やソ連など、共産側の国々から膨大な兵器を供給され、米・南両軍と互角に戦った。

それでは次に軍事物資の補給量の問題を考えてみよう。

ベトナム戦争の期間中、中国は五〇億ドル、ソ連は九〇億ドル分の軍事・経済援助を北ベトナム・解放戦線に渡したとされている。また北ベトナムと中国は国境を接していたので、物資の引き渡しは順調に行なわれた。

問題となるのは、北ベトナムから南ベトナム領内の反政府勢力への輸送方法である。このための輸送路がホー・チ・ミン・ルートである。

あらゆる軍事物資はトラック、鉄道でハノイから北ベトナム南部まで運ばれる。そして、そこから非武装地帯（DMZ）を避けて西に向かいムジア峠経由でラオス領内に入り、南ベトナムとの国境沿いに南下する。このルートは南ベトナム中部高原地帯の西側でラオス――カンボジア国境を横切り、プノンペン、サイゴンの中間地点まで続く。DMZを起点と考えると、直線距離として一四〇〇キロ、総延長では四〇〇〇キロを超える長い補給線である。

もちろん、ルートは一本ではなく主要なものだけでも三本、そしてそれぞれに無数の枝道が百足（むかで）のようにつながっている。

このホー・チ・ミン・ルートこそ、南ベトナム民族解放戦線（NLF）にとっての生命線であった。

ベトナム戦争に介入したアメリカ軍は、この補給路の重要性を熟知していたので、あらゆる手段を駆使してルートの切断をはかった。空からは多数の航空機を使って爆撃し、陸上からは地上部隊を進攻させてルートを遮断し、海上からは北ベトナムの海岸沿いの交通路を艦艇により砲撃させた。

それにもかかわらず、北からの物資の流れの総てを断ち切ることはできなかった。

これには大きなふたつの原因が考えられる。

まずルートが山岳地帯（アンナン山脈）の中を通っていたこと。これは空中からのルートの発見を困難にし、また密集した樹木は爆弾の効果を大幅に減少させる。また輸送中の物資を敵の目から隠し、集積しておく場所に困らない。このホー・チ・ミン・ルートが大平原の中を通っていたら、これらを維持できなかったことに疑う余地はない。
またラオス、カンボジアという国家が、完全な独立国として存在していれば、これまたホー・チ・ミン・ルートは存在できなかったはずである。

北側の補給路破壊に使用された米軍のガンシップ――輸送機を改造して機関砲を装備し、共産側の車両を多数破壊した。

ともかく自国の領土内を、他国の軍隊が許可もなく通過し、それだけではなく補給路、基地を建設したことに対し、何の対抗手段もとることができなかったのである。

両国とも政情はつねに不安定であり、また軍事力からいっても北ベトナムとは比較にならないほど弱体であった。そのため、解放戦線、北ベトナム軍の自国領内の勝手な行動に対し、口頭・文書で抗議の意志を示すだけであった。

さてホー・チ・ミン・ルートに対するアメリカ・南政府軍の攻撃は、空軍が主体となって行なわれた。

最盛期に北ベトナムは一万台のトラック、二万台の自転車をこのルートに投入した。

自転車はとくに頑丈に製造されており、特製の木ワクによって一度に二〇〇キログラムの荷物を積むことができた。

そして荷を運ぶときには、人間はこれに乗らず押して進む。

したがってこの数値が正しいとすれば、常に五〇〇〇〜一万トンの軍需品が南ベトナム領内に運び込まれたことになる。また二〇万名以上の人々が、ルートの新設、補修に従事していた。

一方、アメリカ軍は持てる航空戦力の二五パーセントをこの補給路の遮断に使用した。B52戦略爆撃機から攻撃ヘリコプター、それに加えて輸送機を改造した地上攻撃機（ガンシップ）まで投入した。

とくに一九七〇年の秋から七一年春にかけては、前述のガンシップAC130、AC47を動員して〝コマンド・ハント〟作戦を実施、合計二万五〇〇〇台の北のトラックを破壊している。最大の戦果としては、同年五月の最後の一週間だけで実に三一五〇台の車両（一日当たり四五〇台）を破壊した。

これに対し共産側は、すぐに多くの代替車両を投入するとともに、大量の対空火器を持ち込んだ。

一九七一年秋にはその数は一六〇〇門までに増加し、アメリカ軍機の低空攻撃を著しく困難にさせたのである。

戦争の全期間中、アメリカ空軍はホ・チ・ミン・ルート上で一五万台を超えるトラックを破壊したが、それでも輸送量の約半分を阻止したにすぎない、と発表している。

このように、大きな損害を出しながらも、共産側の指導者の名をとったこのルートは、ベトナム戦争に決定的な役割を果たした。

この事実が明らかになると、アメリカ軍が一九七〇年三月に実施したカンボジアおよび翌年二月のラオス侵攻作戦は——アメリカ・南側から見れば——当然の結果と言える。いかなる時代の戦争であっても、敵の補給路を破壊することこそ勝利への第一歩であるからである。

当時、アメリカ国内でこのふたつの作戦についての反対の声がいっせいに挙がったが、その人々は前線で戦っている自国の兵士の安全をどのように考えていたのであろうか。

しかしその一方で、このような見方を進めて行くと、解放戦線、北ベトナム攻撃のためのアメリカ軍機の基地を国内に持っていたタイ、フィリピン、そして日本は彼らから攻撃されてもおかしくないことになる。

この問題は、総ての人々が一度時間をかけて自分自身に問いかける必要がありそうである。

カンボジア進攻

南ベトナムに国境を接するカンボジアの政局は、六〇年代に入り混沌としてきた。ロン・ノル、シアヌークなど親米、親中国、親南、北ベトナム派が入り乱れて政権を狙っていたのである。このような多数のグループが存在すること自体、統一され、かつ強力な政府がカンボジアには存在しないという証左でもあった。

ラオスの場合と同様、北ベトナムと解放戦線（NLF）はこれらの状況をうまく利用し、

オウムのくちばし地区を爆撃するＦ100——米軍はカンボジア領内に建設された、解放戦線の拠点と補給路を攻撃した。

カンボジア領内に多くの拠点と輸送ルートを建設していた。

グアム・ドクトリンによる〝ベトナム化〟を目前に控え、アメリカ軍としてはこのような状態を放置しておくわけにはいかなかった。

一九七〇年三月二七日、三万五〇〇〇名のアメリカ軍と二万五〇〇〇名の南ベトナム軍が、四方向からカンボジアに進攻した。目的は前述のごとく北・NLFの拠点攻撃および北からのホー・チ・ミン・ルート、南からのシアヌーク・ルートの切断である。

進攻は次の目標に対して行なわれた。

○サイゴン西方のオウムのくちばし地区

この攻撃には、南ベトナム軍を主力に一万五〇〇〇名が参加

○サイゴン北西の釣針地区

主力はアメリカ軍で約二万名。これに五〇〇〇名の南政府軍が加わる

○この中間にあたる聖域地区

南・アメリカ軍合計六〇〇〇〇名

○主としてメコン上流のカンボジア領内
　周辺をふくみ約三万名参加。南軍が主力

　この進攻作戦は、宣戦布告なしにアメリカ軍が他国へ侵入するため、できるだけ短期間に切り上げる必要があった。徹底的に攻撃し、目的を達成するには二ヵ月を要するという見通しだったが、その一方でアメリカ国内の世論を刺激してはならなかった。

当時、これらの地域には合計約四万名のＮＬＦ・北軍兵士が存在すると予測されていた。

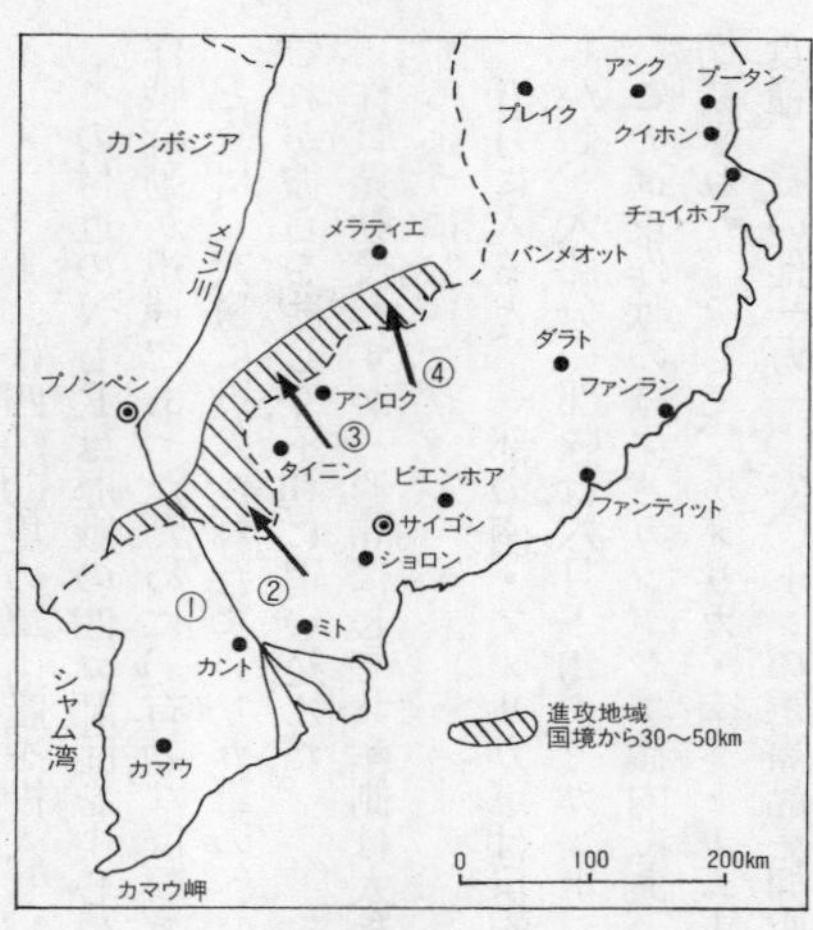

カンボジア進攻作戦

1970年3月27日～6月下旬
アメリカ軍3万～5000人　南政府軍2～3万
北ベトナム軍2コ師団約2万　ＮＬＦ約2万
①メコン川沿いに進攻　③セサン聖域攻撃
②オウムのくちばし地区攻勢　④釣り針地区攻撃
両軍の人的損失
アメリカ・南軍　戦死817人　共産軍　戦死1万271人

　攻撃は例のごとくＢ52や戦闘爆撃機によって火蓋が切られた。爆撃は数時間続き、そのあと武装ヘリの大群が輸送ヘリコプターを護衛しながら国境を越え、三月二九日の一日だけで、延べ六〇〇〇回以上のヘリ輸送が行なわれた。

　また南政府軍の舟艇隊とアメリカ軍のリバーラ

イン・フォースは四〇〇隻の軍用艇を投入し、メコン河を遡航して共産側の拠点を襲った。

この付近のNLFは歴戦の四コ師団を中心に合計約二万名であったが、南・アメリカ軍の作戦行動が迅速であったために、有効な反撃はできなかった。

とくに、大量に投入されたアメリカ軍のヘリコプターに対する対空火器が不足しており、これが彼らを著しく不利に追い込んだ。

作戦発動後わずか一週間にして共産側は大きな損害を受け、その後できるだけ戦闘を回避するようになった。

五月に入ると、一部の南・アメリカ軍は目的の敵拠点を完全に破壊し、撤退を開始した。しかし、大部分の部隊は六月下旬までカンボジア領内にとどまり、作戦を続ける。

この進攻作戦の結果、カンボジア領内にあった共産側の補給ルートのかなりの部分が破壊、切断された。そして、アメリカ・南ベトナム軍は二万点近い各種兵器、六〇〇〇トンを超す食糧、その他一万一〇〇〇トンの軍需品を押収した。

またNLF、北ベトナム軍の戦死者は一万二七一名、捕虜は一二一六名にのぼった。これに対してアメリカ軍の損害は戦死二四三名、負傷者九三一名、南政府軍は戦死五七五名、負傷者二三六七名となっている。

この戦闘で注目すべき点は、共産側の捕虜数が多いことである。ベトナム戦争全般を通じて共産側はほとんど捕虜を出さずに戦い続けた。しかし、このカンボジアの戦いにおいてはアメリカ・南政府軍の進攻が速かったので、一〇〇〇名を超す捕虜を出している。

しかしながらこの作戦は南・アメリカ軍協同のものとしては、成功裡に終わった最後のものとなった。

拠点を失い、補給ルートを遮断されたため、一九七〇年春から夏にかけて共産側の攻勢はほとんど行なわれなかった。それでも夏・秋頃にはホー・チ・ミン、シアヌーク・ルートは再び修復・整備され、前にも増して高い輸送能力を発揮するようになる。

同時にNLF、北ベトナム軍はこの時の失敗から多くの教訓を学んだのである。それは、ルートの複数化、拠点の分散、カンボジア、ラオス領内の陣地の強化などである。とくに大量に飛来するアメリカ軍のヘリコプターに対抗するための火器の増強であった。

これらの措置は、翌一九七一年一月末に始まった南・アメリカ軍のラオス進攻作戦(ラムソン719)には見事なまでに生かされる。

ラオス進攻

一九七〇年四月末に実施されたカンボジア東部に対する進攻作戦から一〇ヵ月後の一九七一年一月末、アメリカ軍と南ベトナム軍はラオスへの進攻を開始した。

これは南ベトナム北部に隣接し、ラオス東南に存在するホー・チ・ミン・ルートの分断と、兵站基地を破壊することを目的としていた。

この作戦は〝ラムソン719〟と名付けられたが、ある意味ではベトナム戦争の将来を暗示するものであった。

その理由は、一九七〇年から始まっていた〝ベトナム化〟政策の結果を、大規模な形で〝テスト〟するものだったからである。これをより簡単にいえば、アメリカ製の兵器で武装し、一〇〇万名まで膨れ上がっていた南ベトナム政府軍が、解放戦線と北ベトナム軍に対抗できるかどうかを試される戦闘でもあった。

〝ラムソン719〟はラオス領内約五〇キロまで深く進攻するもので、地上戦闘は主として南ベトナム軍が担当し、輸送、航空支援をアメリカ軍が引き受ける。

これに参加する南軍は第一歩兵師団、第一空挺師団、第二海兵師団という最強の部隊であった。またアメリカ軍は第一〇一空挺師団所属の航空部隊を主力として、ヘリコプター七二五機が加わる。

戦場となる区域は標高五〇〇〜一〇〇〇メートルの山岳と森林地帯で、その中央を東西に国道九号線が通っている。

この周辺には、三年前にアメリカ軍と北正規軍が激闘を繰り返したアッシャウ渓谷、ケサン基地もあり、作戦は初めから順調に進行するとは思えなかった。しかし、成功すればホー・チ・ミン・ルートは完全に遮断され、アメリカ軍は近づいた撤退を目前にして大きな置き土産を南ベトナム軍に残してやれるはずであった。

ラオス領内に潜む共産側の兵力は、カンボジアの場合と異なり、ほぼ全部が北ベトナム正規軍である。兵力は四〜五万名を数え、機甲二コ連隊（戦車一八〇台）までも有する。

またアメリカ軍機の大挙襲来にそなえて、実に二〇コ大隊以上の高射（対空）大隊を持っており、対空砲の数は一〇〇〇基を上まわっていた。

一月三〇日にアメリカ・南政府軍は作戦を開始、まず地上部隊が九号線を西に進み、その北方はアメリカ軍レンジャー部隊が確保する。また南側へは、第一〇一空挺師団が空中から兵員を大量に送り込む。

二月七日までに支援基地の設定を終え、八日から九号線を南ベトナム軍が進撃した。同時に同国道の南、北両側でヘリボーンが行なわれ、三つの拠点をラオス領内に置いた。

しかし、二月一〇日頃から北ベトナム軍の反撃がはじまった。共産側は九号線の両側の森林に多くの対空陣地を設けており、これらの火器は時には上空を飛ぶヘリコプターを、時には九号線を進む地上部隊を攻撃した。作戦発動後五日間で、アメリカ軍は二〇機以上のヘリコプターを失っている。

また二月二〇日からの一週間、北ベトナム軍は多数の戦車を投入して反撃し、南軍は大きな損害を受けた。アメリカ軍のヘリコプターから発射された対戦車ミサイルＴＯＷが二〇台のＴ54、ＰＴ76戦車を破壊したため、南軍は壊滅はまぬがれたものの、その後の戦闘については北軍が主導権を握る形となった。

この月の終わりには、〝ラムソン719〟が順調に進展していないことは、誰の眼にも明らかになっていた。

複雑な地形を熟知している共産側は兵力を分散し、地上を進攻してくる南政府軍を激しく攻撃した。そして、地上軍への補給を担当するアメリカ軍のヘリコプター部隊は、多数の対空砲により次々と数を減らしていった。

このため、現在の兵力では不足と判断したアメリカ・南政府軍は、新たに一万名を増強し、態勢の立て直しをはかった。三月六日頃からこれが効を奏し、ようやくラオスの小都市チュポンを占領することに成功する。

そして周辺の共産軍補給基地、物資集積所を破壊している。

しかしそれから一〇日後、北ベトナムからの増援を受けた共産側は、強力な反撃に出た。これは大兵力を集中的に注ぎ込み、アメリカ空軍機の爆撃による損害が生ずるのも覚悟の上の作戦であった。

この効果は凄まじく、三月一七日には南軍はチュポンから撤退、つづいて三月二〇日、チュポンの東二二キロに構築していたブラウン基地を放棄、翌日にはさらに二拠点から撤退という状況に追いたてられた。

しかも、この撤退作業は総てヘリコプターでしか行なえないほど、北軍の反攻の速度は大きかったのである。

これにより南軍の兵士の一部は、戦場に置き去りにされるという事態も生じていた。また、大型の兵器のほとんどは搬出できず、北軍に捕獲されてしまった。

連日二〇〇機近い規模で出撃したアメリカ空軍機による攻撃で多数の死者を出してはいるものの、戦局は北側に傾いていた。

こういう状況の中で三月末、〝ラムソン719〟作戦はともかく終了した。

この作戦における両軍の損失、損害は別表に掲げるが、戦局の推移を見て行くかぎり、南ベトナム軍の人的損害はもっと多かったと考えられる。さらにアメリカ軍のヘリコプターの損失は、実に一〇八機という多数にのぼっている。

結論からいえば、南政府軍を主力とし、アメリカ軍の支援によって行なわれたラオス進攻作戦は、北側の反撃によって完全に失敗したといえよう。

大局的に〝ラムソン719〟を見る場合、南ベトナム軍の戦力の限界をはからずも示したことになり、それを言いかえれば、南ベトナムという国家の将来を暗示するものであったともいえる。

具体的には、

○動員可能な最強の部隊をもってしても、北ベトナム軍を完全に撃破できなかったこと

○共産側の生命線たるホー・チ・ミン・ルートを永続的に遮断できなかったこと

○強力なアメリカ軍の支援があっても、敵地に拠点を確保できなかったこと

などがその理由であった。南ベトナム軍の戦力は――近年兵員数も増加していないこともあり――楽観できるものではなかった。

一方アメリカ軍としても、もはやどのような手を打っても通常戦争の形をとるかぎり、この戦争に勝つことが不可能な現実を思い知らされた。

一九七〇年まで極めて有効だったヘリコプターを多用するヘリボーン戦術でさえ、敵の対空火器が増強されたことにより万能ではなくなっていた。

また密林にひそむ敵に対して、爆撃の効果が思うように上がらない状況も再確認された。それでもアメリカ軍の完全撤退までのスケジュールは、〝ラムソン719〟の失敗があっても変わらなかった。

この後、在ベトナム・アメリカ軍は大規模な作戦を遂行することなく、たんに共産側から攻撃を受ければ、それなりの反撃を行なうという態勢をとるようになる。一年後の撤退が決定している以上、アメリカ軍人がこの後の戦闘に積極的になれなかったことは充分に理解できる。もっともこの作戦以後も、空軍、砲兵の攻撃だけは空前のスケールで行なわれた。

これは、ベトナムに運び込まれた弾薬、爆弾を使い切ってしまおうとする意図からで、この年の八月以降、八〇万トンの爆弾が南国内のNLF・北軍に投下されている。それでもなお戦局を変えるまでに至らなかったのはいうまでもない。

北のイースター攻勢

パリ和平交渉が煮つまっているにもかかわらず、共産側は一九七二年三月末にこれまでに最大といわれる大攻勢を仕掛けた。これは、その時期から西側によって〝イースター（復活祭）攻勢〟と名付けられた。

この攻勢の特徴は、

(1) 主力はあくまで北ベトナム正規軍であり、かつ、その事実を隠そうとはしなかったこ

と

(2)　大量の戦車、装甲車、重火器を先頭にした野戦の形の戦闘を実施したことなどである。

質の面で南政府軍の戦車より優れていた北正規軍のT54(上)
南機甲部隊の主力戦車として北のT54戦車と戦ったM41(下)

攻撃はメコン・デルタ、中部高原、DMZ周辺の三方面に指向され、それぞれの主力は、NLF、NLFと北の合同、北正規軍となっている。

もちろん主攻撃部隊は、DMZを越えてきた北ベトナム軍であった。しかし他の二方面においても、同軍は多数の支援兵力を派遣する余裕を見せている。なぜなら、当時北は約六〇万名の正規軍と四〇万名の地方軍、民兵を有していたから、必要とあらばその半数を南へ送ることができた。

イースター攻勢において、戦いが最も激しかったのは、南ベトナムの最北部にあるクアンチ省である。この地はDMZのすぐ南に位置することから、ベトナム戦争の全期間を通じて激戦の舞台となっていたが、この時もまた戦場と化した。

三月三〇日、T54／55戦車一六〇台を先鋒とする北ベトナム軍（第三〇四師団）が、省都クアンチに侵入してきた。

古都フエに駐留していた南ベトナム軍は四〇キロ北上し、この北軍と交戦した。しかし北側は、兵員数でも重火器の数でも南軍を上まわり、三日目にクアンチ市は占領される。

その後南軍も、強力な機甲部隊を送り込んでいる。

この戦いは、ベトナム戦争中屈指の激戦となり、とくに南北両軍の戦車が大量に投入された。この戦争中に大規模な戦車戦闘が行なわれたのは、このときだけである。

南ベトナム陸軍の数十台のM41、M48戦車は、断続的に発生した北の戦車との戦いで、一ヵ月足らずの間に全滅した。

北はこの戦いに、ソ連製の有線対戦車ミサイルAT3を使用した。また、これまでハノイ、ハイフォン周辺にしか配備していなかった対空ミサイルSA2ガイドラインを、DMZを越えて持ち込んでいた。それに加えて、西側にも充分に行きわたっていない、歩兵携行型対空ミサイルSA7グレイルまで用意していた。

これら三種類のミサイルの威力はきわめて大きく、南政府軍の戦車、ヘリコプター、そしてアメリカ軍の戦闘爆撃機は損害を強いられる。とくに一人の兵士が肩にかついで発射することができるSA7の出現は、南政府軍の最も有効な輸送手段であるヘリコプターの存在価値を大きく削減する。

クアンチ省が北の手に陥ちれば、次には南ベトナム第二の都市フエの存在が危うくなる。このため五月はじめ、南政府軍は一万名近い大軍をクアンチに増派した。

またアメリカの航空部隊がダナン基地およびヤンキー・ステーション（第七艦隊の空母群）から飛び立ち、爆撃を繰り返した。さらに海からは、アメリカ海軍の巡洋艦、駆逐艦が艦砲射撃を実施する。

クアンチ市は海沿いの町であるので、一日あたり一万発にものぼったこの艦砲射撃は、北正規軍に大きな損害を与えた。

それにもかかわらず、北はクアンチ省の確保を目指し、激戦が続いた。

南ベトナム軍は五、六、七月と三回の反撃を試みるが、北軍は頑張り続けた。しかし八月に入ると、アメリカ軍が実施したハイフォン港の機雷封鎖の影響がここまで及んできた。中国、ソ連からの海上補給が不可能となり、物資、弾薬が不足しはじめたのである。

またラインバッカーIと名付けられた北爆により、陸上交通網も寸断されていた。このため、半年近くも粘った北ベトナム軍も九月にはこの省から撤退していった。

クアンチ市ならびにその周辺の地域の戦闘により、北・南両軍とも五〇〇〇名を超す死傷者を出し、それぞれが二〇〇台の戦車、装甲車を失った。また一万人の住民が犠牲となり、この地区の大部分はその後の数ヵ月間ほとんど無人と化してしまった。一九八〇年代なかばになってもフーバイ、フエ、クアンチの街道の周辺には、焼けただれた兵器が散乱し、激しかった戦闘の痕跡をとどめていた。

他方メコン・デルタ地区、中部高原地帯の攻勢は、初期こそ激しかったものの短期間で終了した。これは攻勢の開始とともにアメリカが北爆を再開し、また再び南に兵力を送る可能性が出てきたためと考えられる。

実際のところ、アメリカ政府は議会の反対を押し切ってまで再介入の意志はなかったであろう。しかし北・NLF側にとっては、万一そのような事態になれば、先の見えているこの戦争の行方も再び一九六八年以前の状態に戻るかも知れなかった。

これが、北の攻勢が初期こそ凄まじかったものの――クアンチ省以外では――早期に縮小された理由である。

ニクソン大統領は五月の初めから、北側のイースター攻勢に対する報復として、北ベトナム港湾に対する機雷封鎖を実施した。

これに使用された各種の機雷の総数は五〇〇〇～七〇〇〇個に達し、三〇隻以上のソ連、中国、ソマリア、ポーランド、キューバ、東ドイツの商船が、ハイフォン、ビン、タンホア港などに封じ込められてしまった。

そして、この水域で活動可能な船舶は排水量二〇〇トン以下のハシケに限られ、海上輸送量は激減した。

同時に鉄道網も徹底的に破壊され、連続して一〇〇キロつながっている部分はなかった。加えて道路、航空路もアメリカ軍機によって遮断されてしまい、北ベトナム全土の交通は完全に麻痺した。

もしアメリカが、ベトナム戦争の中期一九六五〜六八年にこれはど徹底した封鎖手段を用いていれば、南ベトナムはNLF勢力の拡大を押さえ切ったのではないかと思われるほどの報復攻撃であった。

しかし、このような北ベトナム封鎖を長くは続けてはいられない状況もアメリカにはあった。

この年、相次いで実現した中国、ソ連との国交がこれにより壊れる可能性が浮上してきたからである。結局、北に対する封じ込めは秋には緩和される。

また一二月の二週間、最後の北爆を実施するが、年明けとともに和平協定が結ばれるのである。

皮肉なことに、和平協定の発効直後、アメリカは四グループからなる大掃海部隊を北に送り込み、九ヵ月前に自軍が敷設した機雷を除去する。

この掃海作業は〝エンド・スウィープ〟と呼ばれ、アメリカ海軍の持つ掃海艇の総てが参加している。そして、二〜三ヵ月かかった掃海作業が終了するやいなや、ハイフォン、ビン港などには、東側諸国からの武器を積んだ輸送船が入港するのであった。これに対し、もはや西側諸国は傍観していることしかできなかった。

なおこの機雷封鎖作戦においてアメリカ海軍は、ベトナム戦争中の最大の損失を記録している。それは駆逐艦ウォリントンで、一九七二年七月一七日に自軍の機雷に触れ、沈没は免れたものの大破してしまった。修理には数百万ドルの費用が必要と見られ、この艦は廃棄処分となっている。

南ベトナムの崩壊（ホー・チ・ミン作戦）

一九七五年春、北ベトナム、民族解放戦線は三〇万名という兵力を投入して全面的な攻撃を開始した。

これは共産側自身が驚くほど効果的であり、南ベトナム軍はわずか五週間で完全に壊滅するのである。

三月九日に北正規軍は堂々と非武装地帯を越え、その二週間後、南側の最も北に位置する都市クアンチ、フエを攻撃した。一九六八、七二年にもこの地は大攻勢の目標とされた。この時、北とNLFはフエを二週間にわたって占領し続けたが、結局退却を余儀なくされている。

しかし今回の春季攻勢では、三〇〇〇名の政府軍が駐留していたにもかかわらず、わずか一日で北側の手に陥ちた。フエ陥落の報はNLFの士気を高揚させ、中部高原地帯への攻撃も勢いづかせ、その四日後、南ベトナム最大の空軍基地であるダナンも陥落している。

フエとダナン間の距離は約一〇〇キロであり、軍隊の移動としては丸一日かかる。したがって、ダナンはほんの一、二日のうちに共産側の手に入ったことになる。

この基地へ北ベトナム軍が進攻したときのニュース・フィルムが残されているが、基地の機能は全く失われていない状況がわかる。北側は五〇機を超す航空機、一〇〇機のヘリコプター、数千トンにのぼる武器、一万トン近い燃料を入手した。

そして航空機の一部セスナA37軽攻撃機は、数日後には胴体のマークを塗りつぶして、南ベトナム軍を攻撃しはじめるのである。

共産側の攻撃は主として三方面から行なわれた。まずフエ――ダナン――タムキーと海岸沿いの都市を狙って南下するもので、これは北ベトナム軍が担当する。次に、中部高原の南政府軍の拠点を占領する勢力で、北ベトナム・解放戦線の合同部隊である。また他の部隊は、攻撃を首都であるサイゴンに集中するが、この主力は解放戦線であった。

北側の軍事指導者は、このとき計画し実行した大攻勢によって南ベトナム軍が簡単に崩壊するとは考えていなかった。

しかし作戦開始後、予想以上に順調に進行するのを見て予備兵力を投入し、敵の全面的な壊滅をはかる。共産側の進撃があまりに速いので、防衛にまわる南政府軍、民兵は次第に戦闘意欲を失いつつあった。

それを決定的にしたのが、四月一九日の中部高原の都市バンメトートからの撤退である。

これは南軍首脳の命令が誤解されたことから生じた。

南政府としては北部海岸平野、中部高原地帯への敵の圧力が大きいため、全防衛線をより南部へ下げ、サイゴン北方へ集中させようと考えた。そのため、プレイク、バンメトートの部隊に南下の命令を発したのであるが、これが総ての戦線に誤まって撤退、退却と伝えられたのである。

しかしこのようなミスがなかったとしても、南の運命は変わらなかったであろう。共産軍の攻勢は少しも休むことなく、四月一日にはクアイノン、同二日にはトイホア、三日にはファンフェイと都市の陥落は続いた。

もはや戦っている政府軍はわずかで、大部分の兵士は上官の命令を聞かず、家族とともに南へ南へと逃げるのに必死であった。

部隊を掌握できなくなった将軍の何人かは手榴弾、拳銃などを使って自殺した。判明しているだけでも一五人の将官が、このような死を選択した。

一方首都サイゴンでは、事態をなんとか収拾しようと懸命な努力が続けられていた。まず、今さら間に合うはずもなかったが、首脳部の一新がはかられた。

チュー大統領は退陣し、政府軍の長老チャン・バン・フォンがその座についた。

しかしこの就任式の最中、すでに砲声が聞こえるまでに事態は悪化していた。

フォンも結局四八時間後には職を投げ出し、ドン・バン・ミンが南ベトナムという国家の最後の大統領となった。

チューは唯一の望みをマーチン・アメリカ大使に託した。この時点で〝南〟を救えるのは、アメリカ軍の直接投入しかなかった。しかし、アメリカはこの申し入れを拒否し、また四月一日に要請されていた七億ドルの軍事援助も断わった。

そしてわずかに、南の要人とその家族をアメリカに移すための努力をしただけであった。

このような事情もわからないまま、南ベトナム政府軍の一部は四月下旬になっても共産側に対する戦闘を続けていた。

サイゴンの西と北にはまだ有力な南軍が残っており、それが海軍の協力を得てNLFと北軍の攻勢をなんとか喰い止めていた。しかし四月二一日には、共産側の兵力は防衛軍の三倍にまで増大していた。

こうなってはもはやどうにもならず、四月二五日、サイゴン北方の防衛線が三コ師団の共産軍によって突破された。それまで、南が敗れるという大方の予測を頑強に否定していたマーチン大使も、アメリカ人のサイゴンからの退去を決断せざるを得なくなっていた。

アメリカ第七艦隊の航空母艦はサイゴン沖合に集結し、敵を攻撃するためではなく、民間人を収容するための作戦〝フリクエント・ウィンド〟を開始した。

四月三〇日、ついにNLFと北軍はサイゴンに突入したが、この地では南側の抵抗はまったくなかった。

T54戦車が大統領官邸の柵を押し倒して侵入してきたとき、官邸に集まっていた南政府の人々は宣戦布告していない敵に対して降伏したのである。

このようにして、一五年間続いたベトナム戦争は解放戦線・北ベトナム（そしてそれを後押ししていた中国、ソ連）の全面的な勝利で終了した。

最初のうち、この一九七五年の春季攻勢で戦争が終わるとは、北、南、NLF、アメリカとも想像していなかった。

北ベトナムの指導者がいうように、「われわれが考えていたよりずっと簡単で、作戦開始から五五日間ですべてが終わった」のである。

共産側はこの最後の戦闘では、大きな余裕を持って戦っていた。サイゴンの占領を目的に大兵力を集中していながら、一方では隣国カンボジアの首都プノンペンの占領にも成功していたのである。

サイゴンに先立つこと二週間、四月一七日にプノンペンは陥落し、その後は実質的にベトナムの支配下におかれる。

さてここで、アメリカ軍撤退後丸二年間、独力でNLF・北軍の攻撃を支えてきた南政府軍がなぜ急速に崩れ去ったのかという要因に言及しておきたい。

両軍の兵力は別表（一五五ページ）のとおりで、どう見ても南側の方が優勢であった。陸軍兵力は約二倍、空軍五倍、海軍一〇倍である。これほど有利な状勢でありながら、二ヵ月足らずで全軍が崩壊した理由をどこに見い出すべきであろうか。

それは多分、無数に見つかるはずであるが、ひとつだけとり挙げるとすれば、南の首脳の無能さであろう。総攻撃が間近に迫っているにもかかわらず、その兆候も見い出せず、したがって有効な反撃を実施できず、部隊を掌握することもできなかったのである。

それにしても、南ベトナムという国家の消滅は衝撃的かつ悲惨な出来事であった。四方から首都を目指す北ベトナム軍、それから逃れるため家も財産も捨て南へ逃げる避難民、なんとか事態の打開をはかろうとする政府。そしてその状況は、テレビという媒体を通して世界中へ報道された。またそれは戦争に敗れるということが、どのようなことなのか、具体的に全世界の人々の前に描き出して見せたのであった。

一九七五年の三月初めから四月末までの二ヵ月間に生じた戦死者は、南ベトナム側二～二・五万名、NLF・北正規軍約九〇〇〇名、民間人約二万名であった。

戦争は幕を降ろす直前にも多くの犠牲者を要求したのである。

もっとも、北ベトナム軍は、南ベトナムを解放（または侵略）することによって膨大な量の近代的兵器を捕獲した。

このため、統一後のベトナムは東南アジア屈指の強力な軍事力を持つことになる。海軍を別にすれば、兵器の量では人口が二倍以上のわが国を上まわるほどの軍事力である。

北ベトナムの軍人の一部は「戦争は、時によっては敵軍からの捕獲品により自国の軍事力を大幅に増強させる」と考えたことであろう。事実、この時入手したアメリカ製の武器は、ベトナムのカンボジア進攻、また中国／ベトナム（中越）戦争のさいに大いに役立つのである。

枯葉剤作戦

一九六五年からアメリカ軍はベトナムの自然に対し、後々まで悪影響を残すことになる新しい戦術を実施する。

それは大量のダイオキシン系の除草、枯葉剤を航空機から散布し、解放戦線の兵士の自然の天蓋（てんがい）であるジャングルの木々を枯らしてしまおう、とするものであった。

この作戦は〝ランチ・ハンド〟と呼ばれ、南ベトナムの中部高原、サイゴン北西、メコン・デルタ南部地域について行なわれた。前述のごとくアンナン山脈とその山麓は、密集した広葉樹に覆われ、解放戦線にとっては絶好の隠れ場所、あるいは自然の防空壕であった。

小型の爆弾、いや、強力な大型ナパーム爆弾さえも、たっぷりと水気を含んだ深い緑に対してはその威力を大きく削がれた。

このためアメリカ軍は、ランチ・ハンド専門の部隊を編成し、一九六五年から五年間、彼らの呼ぶところの〝ジャングル・キャノピー〟を空中から破壊しようと試みる。

散布の総量は七〜九万トンと見積もられるが、当時これらの除草、枯葉剤（オレンジ剤、農薬二四五T）は人畜に無害といわれていた。しかし生物、植物がこの薬品を大量に浴びた場合、時間がたつにつれ大きな障害が現われはじめた。

たとえばその地域の植生の変化、動物の奇形の発生などである。

特に動物においては、遺伝子の破壊、発がん、催奇性（異常出産）の頻発が心配された。

この薬剤の影響は、まずベトナムの人々に現われたが、大量の薬を扱ったアメリカ空軍の兵士もまた被害者となった。

現在でも多くの人々が、太平洋をはさんで枯葉剤の後遺症に悩んでいるといわれる。

一九八三年一月、「戦争における除草剤、枯葉剤の人間および自然におよぼす長期的影響」を討議する国際シンポジウムがホー・チ・ミン市で開催された。

これはアメリカを含む二一ヵ国の科学者、医学者が参加した。

シンポジウムの結論、要約として、
○枯葉剤はベトナムの生物、植物に対して大量に使用され、土壌の劣化を招いた
○人間を含む生物に影響を与えたと思われるが、この解明にはより長期的な研究が必要である
というものであった。

ベトナム戦争では、直接人間を攻撃する化学兵器は使用されなかったが、大量の枯葉剤はある種の化学兵器と呼ぶこともできよう。

一九八三年のシンポジウムの結論は、かなり不透明なものであったが、その後研究が進むとともに、この作戦に用いられた薬剤の毒性がきわめて強いことが明らかとなる。

とくにダイオキシン系の農薬は、それ自体の効果が時間の経過によってあまり軽減しないため、生態系そのものを破壊する可能性が指摘された。

前述の二四五T農薬が大量に散布されたメコン・デルタ南端のカマウ岬周辺では、現在に

至るも樹木の成長がいちじるしく阻害されている。

また地域によっては、生物がほとんど存在しないところもある。

我が国においても、ダイオキシン（種類は分類方法にもよるが、数百に達する）の恐ろしさは連日のごとく報じられている。

科学者、生物学者によると、この物質こそ人類を滅ぼしかねない毒性を持つとのことである。

ダイオキシンの処理方法は今のところ、高温焼却以外に見つかっていない。

しかもその場合、適切な温度管理が必要とされ、それに失敗するといつまでも残留するといわれている。

一方、少なくとも七万トン以上の散布が行なわれてしまったベトナムの現在の状況はどうなっているのであろうか。

統一ベトナムとしては、国際的な機関、たとえば世界保健機関WHOなどに徹底的な調査を依頼し、その状態によってはアメリカに対策、補償を要求したいところである。

しかし現実としては、経済的不振にあえいでいるベトナムにとって、唯一の超大国であり、好況に湧いているアメリカとの間でこの枯葉剤をめぐる問題を持ち出すのは不利であり、それよりも自国に対する投資、あるいは借款を申し入れ、国家の経済回復を優先した方が得策と考えているようである。

したがって、ベトナム南部に大量に散布された薬剤の時間的経過に対する調査、研究は全く進んでいない。

日本はもちろん、世界的にダイオキシンの危険がようやく認識されはじめた今、我が国こそ率先してこれに取り組むべきではなかろうか。

実施にあたっては、これはたんに当時のアメリカの手段を糾弾するのではなく、〝人類共通の敵〟である物質の実態をあきらかにするための行動であるむね強調することが重要だが……。

ベトナム戦争終了から四半世紀が過ぎようとしている今、もしかすると、この枯葉剤の問題こそ世界の人々がもっとも注目すべき課題と言えるのかも知れないのである。

第五章　北爆

一　概要

一九六四年八月二、四日の二日間、トンキン湾の公海上を航行していた二隻のアメリカ駆逐艦が、北ベトナム海軍の魚雷艇四隻から連続して攻撃を受けた。

これがいわゆる『トンキン湾事件』である。

アメリカはこの事件に対する報復として、その直後から一九七三年一月まで断続的に、宣戦布告をしていない北ベトナム（ベトナム民主共和国）に対して爆撃を行なった。この約八年間にわたって続く爆撃を〝北爆〟と呼ぶ。

直接のきっかけはトンキン湾事件であったが、それ以前から南ベトナム民族解放戦線（NLF）を公然と支援している〝北〟をアメリカとしては機会を見て叩くつもりではあった。

一九六二年にアメリカの統合参謀本部は、〝もし北爆を実施する場合〟の目標をリストアップしていた事実がある。

アメリカが世界の世論からの非難を知りながら、北ベトナム爆撃を開始した目的は次のようなものであった。

(1) 北からNLFへの物資、人員の輸送を阻止すること
(2) 北ベトナムの工業地帯を叩き、軍需物資の生産を妨害すること
(3) 北ベトナムの政府と国民に打撃を与え、〝南〟への侵略の意志を消滅させること
(4) 中国、ソ連からの貯蔵物資を破壊すること
(5) 間接的には南ベトナムを精神的に支援すること

などで、このため面積一六万平方キロ、人口一七〇〇万人の北ベトナムは、八年間にわたり二〇〇万トンの爆弾の雨を浴び続けることになった。二〇〇万トンという量は第二次大戦中、アメリカとイギリス軍がヨーロッパのドイツ・イタリアに投下した量(一九九万六〇〇〇トン)と一致する。

それでは、北爆の過程を順を追って見ていくことにしよう。

トンキン湾事件後の八月五日、二隻のアメリカ航空母艦(コンステレーション、タイコンデロガ)から発進した艦上機が、北ベトナム南部の海軍基地を攻撃した。

第一波は六四機であったが、そのうちの二機が撃墜された。撃墜手段はいずれも従来型の対空火器によるものであり、戦死者、捕虜それぞれ一名がでている。北ベトナムには一機の迎撃戦闘機もなく、それどころかジェット機を運用できるような飛行場はハノイ国際空港(ジアラム)とその東北のカットビーのたった二ヵ所だけであった。

このため北爆が開始されると、ソ連、中国は迅速に大量の軍事援助を開始する。

それは、次の四つの形となって一九六四年中に表われた。

(1)　迎撃用ジェット戦闘機の供与と乗員の訓練（まずミグM:G17、19つづいて最新鋭のミグM:G21戦闘機）

(2)　戦闘機用の基地の建設とレーダーの貸与

(3)　対空機関砲、高射砲の大量供与

(4)　対空ミサイル（SAM：Surface to Air Missile）の供与

いずれの援助も膨大な量であった。これを数値的に調べてみると次のようになる。

(1)　ジェット戦闘機：当初のゼロから最多時には約二五〇機に。延べ四〇〇機を供与

(2)　飛行場：二ヵ所から一二ヵ所に増加。他に一三ヵ所の簡易離発着場を建設

(3)　対空火器：約七〇〇基から一〇倍に増強。他に多数がラオス、カンボジア、〝南〟領土内に送られる

(4)　対空ミサイル：合わせて七〇〇〇発以上を供与。一部は〝南〟でも使用される

すでに述べたように、北ベトナムの総面積はわずかに一六万平方キロであるから、対空火器の密度からいえば世界最高の防空能力を持つことになる。

さて、この防空陣に挑戦するアメリカ空、海、海兵隊の航空部隊（初期には南ベトナム空軍機も少数参加している）は、次の三本の柱から成り立っていた。

まずトンキン湾上を遊弋するアメリカ海軍の機動部隊の艦載機である。第七艦隊に属するこの部隊は、常に空母二～四隻を運用しており、その搭載機の合計は一五〇～三〇〇機に達

していた。

次に南ベトナムの航空基地に配備された空軍機で、これらは二七ヵ所の飛行場に約六〇〇機が存在した。

そして、最も強力な打撃力を持つ航空機がグアム、タイの基地の戦略爆撃機ボーイングB52で、これは一八〇機が準備されている。

もちろん、このすべてが〝北爆〟専用の航空機ではなく、必要に応じて南ベトナム領内の共産側勢力をも攻撃する。日本の報道機関の一部は、これを〝南爆〟と呼んだ。

一九六四年の北爆の規模は、決して大きくなかった。

北ベトナム防空網

北ベトナムの防空網は
(1)対空砲
(2)迎撃戦闘機
(3)対空ミサイル
から構成されていた。

陣地の数1158ヵ所 (1968年3月現在)
小·中口径対空砲(37、57mm)4802門
大型対空砲(85、100mm)993門
この他小口径対空砲(4連装12.7mm)3000門以上

対空火器の有効射程

12.7mm	高射機関銃	300〜1000m
37mm	〃	400〜2500m
57mm	高射砲	450〜5000m
85mm	〃	1500〜7000m
100mm	〃	1900〜8000m

MiG戦闘機の保有数(1972年10月)
- MiG 17　106機
- MiG 21　139機

他に少数のMiG 19(中国製のF 9)が存在していた。

対空ミサイルSAMガイドライン
SA 2型有効高度 1500〜24000 m
最大射程 44 km
最大速度 Mach 3
発射サイト数は最大時180ヵ所
(それぞれに少なくとも6基の発射台)

しかし、南ベトナム内で共産側の攻撃が始まると、すぐにそれに対する報復という名目で、アメリカ航空部隊は北を襲いはじめるのであった。

北ベトナムに対する爆撃が恒常化するのは一九六五年二月からであり、それは実に四六ヵ月間連続して（断片的な停止期間はあるものの）続けられる。

二　北爆の経過

一九六四年（昭和三九年）

トンキン湾事件の直後から、主として空母機による爆撃がはじまった。

目標となったのは、北ベトナム南部にある六つの海軍基地である。しかし、当時の北ベトナム海軍は十数隻の小艇を有するだけの規模であったので、攻撃は一週間で終了した。また戦争が終わるまで、北の艦艇によるアメリカ艦隊への反撃はわずかであった。

この他の六四年中の北爆は、北緯二〇度線以南の北ベトナムの軍事施設に対して散発的に行なわれた。これらの作戦は総合的に〝ピース・アロー〟と呼ばれ、アメリカ側は約四〇〇トンの爆弾を投下し、その代償としてプロペラ、ジェット攻撃機各一機を失っている。

この一連の攻撃で、北ベトナム海軍は戦力のほとんどを失い、再建は一九六八年以後のこととなる。

一九六五年（昭和四〇年）

れた。

二月に入ると、〝フレーミング・ダートⅠ、Ⅱ〟と呼ばれる北の輸送路破壊作戦が実施さ

これは短期間で終わり、三月から〝ローリング・サンダー〟という大北爆作戦が開始され、北ベトナム上空は一挙に激戦の場と化す。

四月四日に両軍初の空中戦があり、アメリカ軍はF105戦闘爆撃機二機を失った。そして六月には、初めてアメリカ軍機が北ベトナム軍機を撃墜した。

七月には軍事史上画期的な兵器が登場する。ソ連製の対空ミサイルSA2型ガイドラインである。このSAMは後の六年半の間に六〇〇〇発以上発射され、二〇〇機近いアメリカ軍機を撃墜する。

一方においてアメリカ軍は、北爆がこの後も長く続くと考え、一九六五年後半までに北ベトナム上空の監視計画を実施に移す。これはタイ、南ベトナムに設置された地上の大出力レーダーに加えて、

○空中警戒システム（通称ディスコ）

○海上警戒システム（通称レッドクラウン）

となっていた。ディスコはロッキードWV2空中警戒機、レッドクラウンはトンキン湾上の巡洋艦のレーダーによっている。

このため、北ベトナムの北部を除く全域が、レーダーによりカバーされることになった。この監視網の完成は一九六五年一二月である。したがって、一九六六年初めから〝北〟の上

空にいる総ての航空機はアメリカ軍の知るところとなる。

これによって、北の戦闘機の迎撃を知り、また爆撃針路の誘導を受けることが可能となった。

しかし、北ベトナムの上空の天候は――とくにモンスーン時期には――あまり良好とはいえず、アメリカ軍はレーダーのカバーがあってもいくつかの失策を犯している。

一九六五年の北爆出撃機数は二万六〇五〇波と前年の七〇倍を超え、それとともに投下弾量も五四倍となった。また、同年中に撃墜されたアメリカ軍機は九八機、北側の損失は五機であった。

一九六六年（昭和四一年）

この年の一～三月、北爆のスケールは大きくなかったが、四月に入ると拡大する。

四月二日、それまで〝南爆〟にしか出撃していなかった戦略爆撃機Ｂ52が初めて北爆に登場した。また、初期に使われたＢ52Ｄ型の爆弾搭載量は一七トン前後であったが、後期のＢ52Ｄ（改）、Ｆ型は二七トンの搭載が可能となった。当時の平均的な戦闘爆撃機（Ｆ105など）の搭載量は六トンであるから、一機のＢ52は三～五倍の威力を持つ計算となる。

Ｂ52の登場一ヵ月後、北防空軍はそれまでの主力戦闘機ＭｉＧ17、19に加えて最新鋭機ＭｉＧ21を実戦に投入した。

六月に入るとアメリカ軍は攻撃をエスカレートさせ、それまで控えていた北の港湾、市街

ソ連製のＭｉＧ21戦闘機——地対空ミサイルＳＡ２と共に、北側の防空戦力の中核として積極的に米空軍機を攻撃した。

地を襲う。目標となったのは主要港ハイフォンと首都ハノイであった。

九月には、七年七ヵ月におよぶ北爆期間中最大の攻撃が実施された。

参加機数は延べ一万二六七三機で、一日あたり四〇〇機が北ベトナム上空に出撃した。この中には非武装の偵察機、爆弾を積んでいない戦闘機、そして二〇トン以上の爆弾を搭載したB52などがふくまれている。

仮に一機平均三トンの爆弾を投下したとすると、〝北〟は一日に一二〇〇トン以上の爆弾の雨を浴びたことになる。〝北〟の爆撃による損害は明らかにされていないが、人的な被害を見てもこの一年間だけで一万人以上の死者が出ていると思われる。

また〝北〟の防空陣の戦闘技術も徐々に向上してはいるものの、まだ充分という評価にはほど遠く、延べ八万三五九〇機の来襲に対し二八四機（〇・三三パーセント）を撃墜したに過ぎない。しかし翌一九六七年になると、この率は急上昇し一・〇〇パーセントに達するのである。

一九六七年（昭和四二年）

この年から、Ｂ52が恒常的かつ大量に投入される。それまで主としてグアムを発進基地として長距離爆撃を行なっていたものが、タイ、南ベトナムの航空基地が整備されたことにより、短距離（二〇パーセントに短縮された）飛行が可能となり、爆弾搭載量が大幅に増加した。

この結果、六七年には出撃数は減少したものの爆弾投下量は逆に増しており、五〇万トンを超えている。

これに対してＭｉＧ21を主力とする北の迎撃戦闘機の活動は活発化し、積極的にアメリカ軍機を攻撃するまでになった。

一月早々、紅河上空でこの戦闘中最も激しい空中戦が行なわれた。四〇機のアメリカ空軍戦闘機と二〇機の北軍機が交戦し、北は七機を失ったがアメリカ側の損害はなかった。

また五月一九日にはアメリカ軍と北の合計四〇機が交戦し、アメリカ二機、北四機が失われた。

一九六七年春からは北爆に関するアメリカ軍のほとんどの制限が解除され、三月には発電所の、四月には飛行場の爆撃が許可されている。

このため、北ベトナム空軍としては戦闘機を地上に駐機させておくことによる破壊を避けようとして、積極策を採用せざるを得なくなった。

四月〜六月にかけて北ベトナム上空で空中戦のない日はまれであった。五月中に北は二七機の戦闘機を撃墜され、これは戦争中最大の損失となった。

この年の秋から翌年の冬にかけて北ベトナム上空の天候はきわめて悪く、北爆は規模の縮小を余儀なくされた。それにもかかわらず、六七年におけるアメリカ軍機の損失は三三三機という多数にのぼったが、このことからも同年前半の戦いの激しさがわかる。なお、〝北〟はこの年一二八七機を撃墜と発表した。

一九六八年（昭和四三年）

一月三一日から開始された共産側のテト攻勢は、・自由主義陣営に大きな衝撃を与えた。そして、それと同時に北爆の効果に関して疑問が出された。

またこの年からアメリカ国内の反戦運動が急激な高まりを見せ、北爆についても停止を求める声が出始めた。

一方、アメリカ、南、NLF、北による和平交渉開始の動きもあり、北爆のスケールはかなり縮小される。一九六八年は前年と比べて出撃数は約二〇パーセント減、投弾量も五〇パーセント減となった。

この理由としては前記の経過によるところもあるが、最も大きなものは南の地上の戦いの状況であった。三月から六月にかけて非武装地帯付近のケサン地区で大戦闘が始まり、B52爆撃機が大量に投入（延べ二七〇〇機）されたのである。この地区にアメリカ軍が投下した爆弾は一〇万トンを超え、同年中に北ベトナムに落とされた量のほぼ四割にあたる。

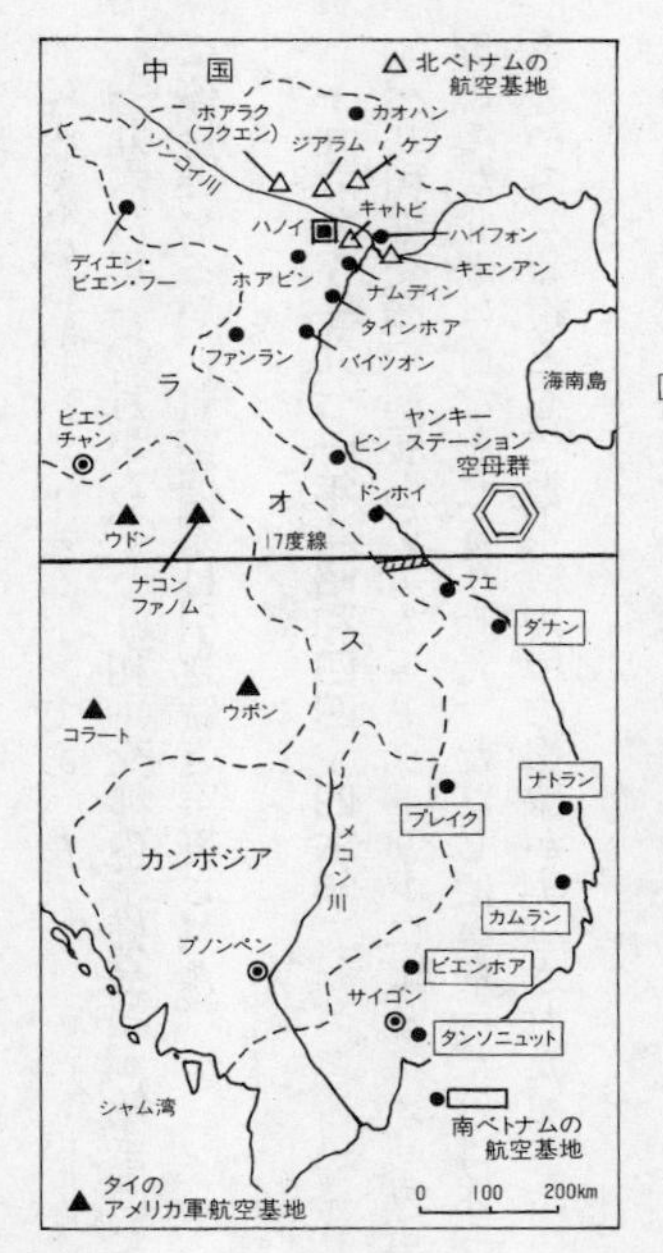

〝北爆〟関連の航空基地の位置

△：北ベトナム空軍の迎撃戦闘機基地
ケプ　キャトビ
フクエン　キエンアン
ジアラム

□：在ベトナムのアメリカ軍の主要航空基地
ダナン*　プレイク
ナトラン　カムラン*
ビエンホア　タンソニュット

▲：在タイのアメリカ軍の主要航空基地
ウボン　ウドン*
コラート*　タクリ*
ナコンファノム　ドンマン

北側の主要基地は、初期にはジアラム・キャトビ。中期以降はフクエン・ケプであった。
一方アメリカ航空部隊は
北爆用として＊印の基地を主に使用した。

六八年頃から、アメリカは損害が多い割には爆撃効果が挙がらない北爆より、直接敵軍を叩くことができ、損害もほとんどない〝南爆（南ベトナム領内の敵を爆撃する）〟に戦術を切り変えたのかも知れない。

またこの間、北ベトナムは対空陣を再強化し、とくに対空ミサイル群を充実させた。ある資料では、この年だけで北は二〇〇〇発以上のSAMを発射したといわれている。しかしアメリカ側も電波妨害技術でこれに対抗し、撃墜された航空機は一四三機（うちミサイルによるものは約二〇パーセント）であった。

一九六八年一〇月から、パリ和平交渉の予備会談が始まったこともあって、北爆は全面的に停止となるが、航空偵察は引き続き実施された。

一九六九～一九七一年（昭和四四～四六年）

パリ和平交渉の進展とグアム・ドクトリンによるアメリカ軍の撤退が決定し、この三年間大規模な北爆は行なわれなかった。ただし偵察飛行だけは休みなく続き、これが妨害されたときのみ、報復として数十機規模の爆撃が実施された。

一九七二年（昭和四七年：前半）

三月末、北ベトナム正規軍は非武装地帯を越えて大攻勢（イースター攻勢）を開始する。これに対してアメリカは、四月末から三年振りに本格的な北爆を再開した。これがいわゆる〝ラインバッカーI〟作戦である。

この作戦の参加機は一万五〇〇〇機以上におよび、六万トンの爆弾を投下、同時にハイフォン港など多くの港湾を機雷で封鎖した。とくに航空機による敷設機雷は五〇〇〇個におよんだ。

この封鎖戦術はきわめて効果的であり、ソ連、中国からの海上輸送路は使用不能となってしまった。

また五月一〇日には、北爆最後の大空中戦がハノイ上空で発生し、北は一〇機を失った。

一九七二年（昭和四七年：後半）最後の北爆

一九七二年一二月一八日からアメリカ海・空軍はその全力をあげて〝ラインバッカーⅡ〟作戦を発動する。これは行き詰まりを見せていた和平交渉に、北ベトナムを引きずり出す目的をもち、最大規模の北爆となった。

そして日数としてはわずか一一日間ではあるが、その間なんと二万三七〇トンの爆弾を投下したのである。

この爆撃について、ニクソン大統領とアメリカ軍首脳は爆撃の効果を上げるため、首都ハノイとベトナムでもっとも大きなハイフォン港を目標として掲げていた。まずB52が延べ七二九機出撃し一万五〇〇〇トンの爆弾を投下、これに続いて海・空軍の攻撃機が五〇〇〇トンを加えた。このため、それまでの爆撃で残っていたハノイ、ハイフォン地区の建物のほとんどが破壊された。

北側の死者は一三〇〇人（別の資料では三三〇〇人）、負傷者は四〇〇〇人を超えている。

もちろん北ベトナム防空陣の反撃もあり、B52が一五機、中・小型攻撃機が一一機撃墜された。これはアメリカ軍の公表値で、北ベトナムはB52を三四機、攻撃機四七機という戦果を発表している。

またこの作戦の一一日間に、北は約一〇〇〇発の対空ミサイルを発射した。そしてB52の撃墜はすべてこのSAMによるものである。一万メートルの高空を飛ぶB52に対しても、これはきわめて効果的な兵器であった。

もちろん、アメリカ空軍は各種の電子システムを動員してSAMの攻撃を妨害したが、それにもかかわらず一五機（出撃数の二・〇五パーセント）を失った。他に三機が基地にたどりついたものの、大きな損傷により使用不能となっていた。この事実を考えればSAMの威力は決して侮れるものではない。

しかし、短期間に降り注いだ二万トンを超える爆弾の雨は、北の対空、防空陣にも甚大な被害を与えた。それは、爆撃最後の二日間にアメリカ軍機の撃墜が記録されていない事実によって示されている。

一二月三〇日、北ベトナムは和平交渉再開に応じると発表し、それとともに北爆は停止された。年が変わると和平交渉は順調に進展し、一月二七日の調印を迎える。それとともに足かけ八年間にわたった北爆も終わりを告げるのである。

三　北爆の目標

前述のとおり、北爆の目的は北ベトナムによる〝南〟領土内の共産側勢力への支援を阻止することである。

したがって北爆の主な目標は、

(1)　交通路と交通機関

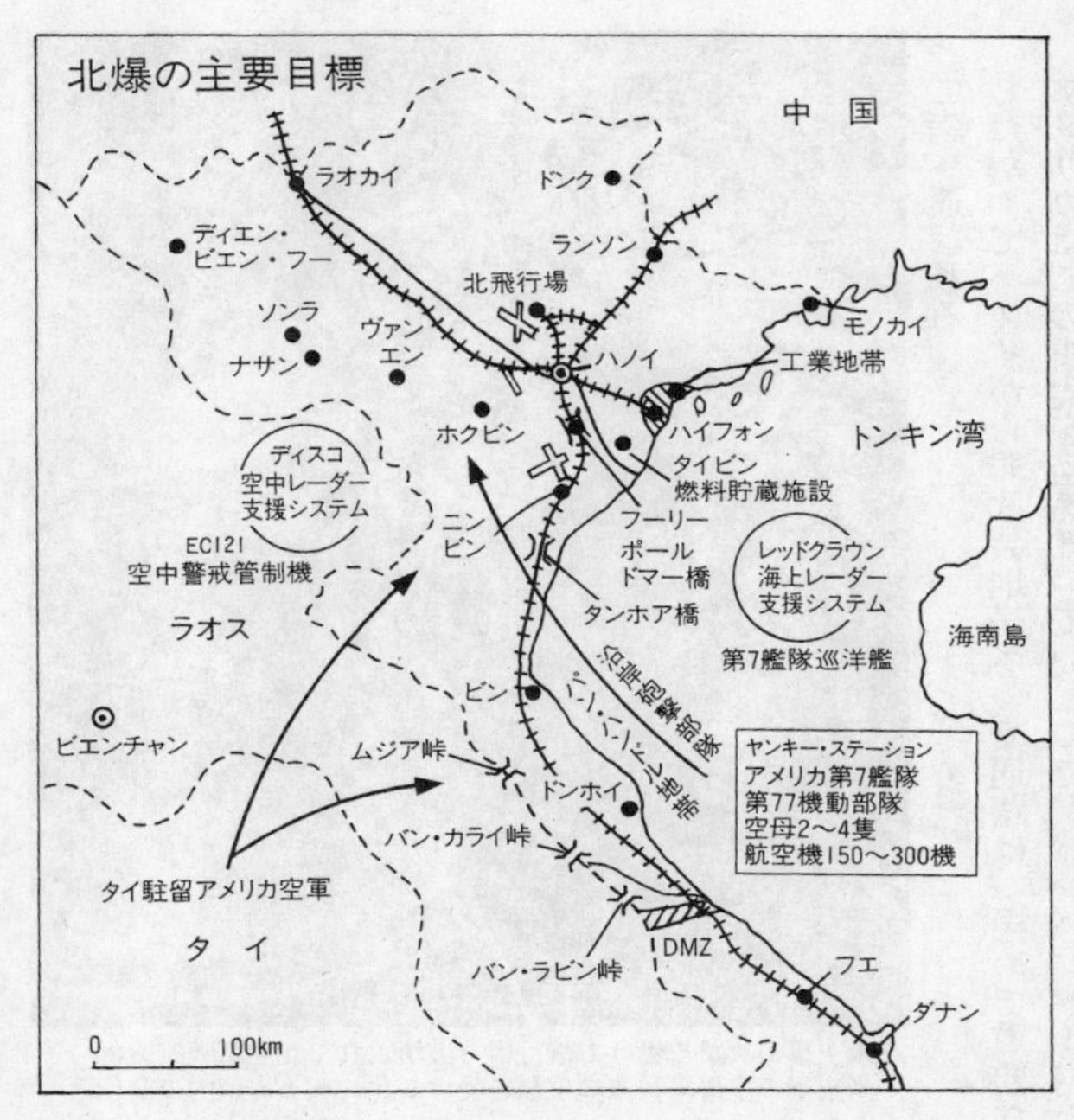

(2)　物資集積所

などであった。

一九六五年二月から始まった本格的な爆撃は、まずこれらに対して実施された。そして時間とともに次第に拡大していき、続いて、

(3)　軍事施設

(4)　生産施設

にも及ぶ。

最後の北爆となったラインバッカーII（一九七二年一二月から）では、目標の制限は完全になくなり、

(5)　ダム、発電所

(6)　港湾施設

(7)　市街地

などが加わる。

米空軍の攻撃を受けて飛行場で破壊された北空軍戦闘機（上）
米空軍の空母搭載機の攻撃を受ける北ベトナム国内の橋（下）

しかし、七年七ヵ月の長い期間、常に爆撃にさらされていたのは交通路である。

地形的に見ると、北ベトナムは北部がほぼ円形で、南部は幅七〇キロの細長い形をしている。アメリカ軍はこの形からフライパンと呼んでいた。とくに南部はフライパンの柄（パンハンドル・Pan Handle）と名付けられた。

北部の各所で生産された物資はハノイでまとめられ、海岸沿いの鉄道と道路によって南へ運ばれる。

したがってハノイから非武装地帯への交通路は、極めて重要な戦略目標であった。

アメリカはこの事実を当然知っていたので、パンハンドル内の鉄道、道路へ攻撃を集中した。

北から南の解放勢力への補給ルートは、
○ハノイ↓ビン↓DMZ↓南領内
○ハノイ↓ビン↓ラオス（ホー・チ・ミン・ルート）↓南領内
○ハノイ↓ハイフォン↓海上ルート↓カンボジア↓南領内
の三本から成り立っていた。このうち、主要なものはもちろん前二者である。

アメリカ海・空軍機は、ハノイからビンにかけてのルート遮断のため全力を投入した。中でもハノイ市中央のポール・ドマー橋（ロンビエン大鉄橋）、ビン北部のタンホア橋への攻撃は凄まじかった。また北側も破壊された橋の修理に大きな努力を払った。

これらの二つの橋は、どちらも鉄道、道路併用橋であったことからその重要さは特筆すべきもので、両軍による破壊と修復の戦いは、それだけでも一冊の本を構成するに足る。

ここではそのすべてに言及する余裕がないので、ハノイに近いポール・ドマー橋の状況のみを掲げておく。

一九六七年八月一一日　第一回攻撃・破壊
一〇月三日　修復完了
一〇月二五日　第二回攻撃・破壊
一一月二〇日　修復完了
一二月一四、一八日　第三回攻撃・破壊

一九六八年四月一四日　別な橋を構築
　四月三〇日　修復完了
　五月一一日　第四回攻撃・破壊
このように六七年から六八年の一年間だけを見ても、実に三回の破壊と修復の状況があった。
この三回の攻撃に投入されたアメリカ軍航空機は延べ七八〇機に達し、その中の六機が撃墜されている。また橋そのものだけでなく、周辺の対空陣地はアメリカ軍機の猛攻撃を受け、多くの死傷者を出した。
この橋をめぐる戦闘のひとつを見ても、戦争というものがいかに無駄なエネルギーを要求するかという事実がよくわかるのであった。

四　北爆についての制約

アメリカ軍首脳は、〝北爆〟の初期には中国、ソ連を刺激しないことを目的として厳しい制約を航空部隊に課していた。

例えば〝北〟の飛行場への攻撃は、そこに戦闘機が駐機していても許されなかった。

また発電所、燃料貯蔵施設、市街地も目標から外されていた。

制約はこれらのような具体的な目標を示したものだけではなく、敵機を攻撃する方法まで厳しく決められていた。

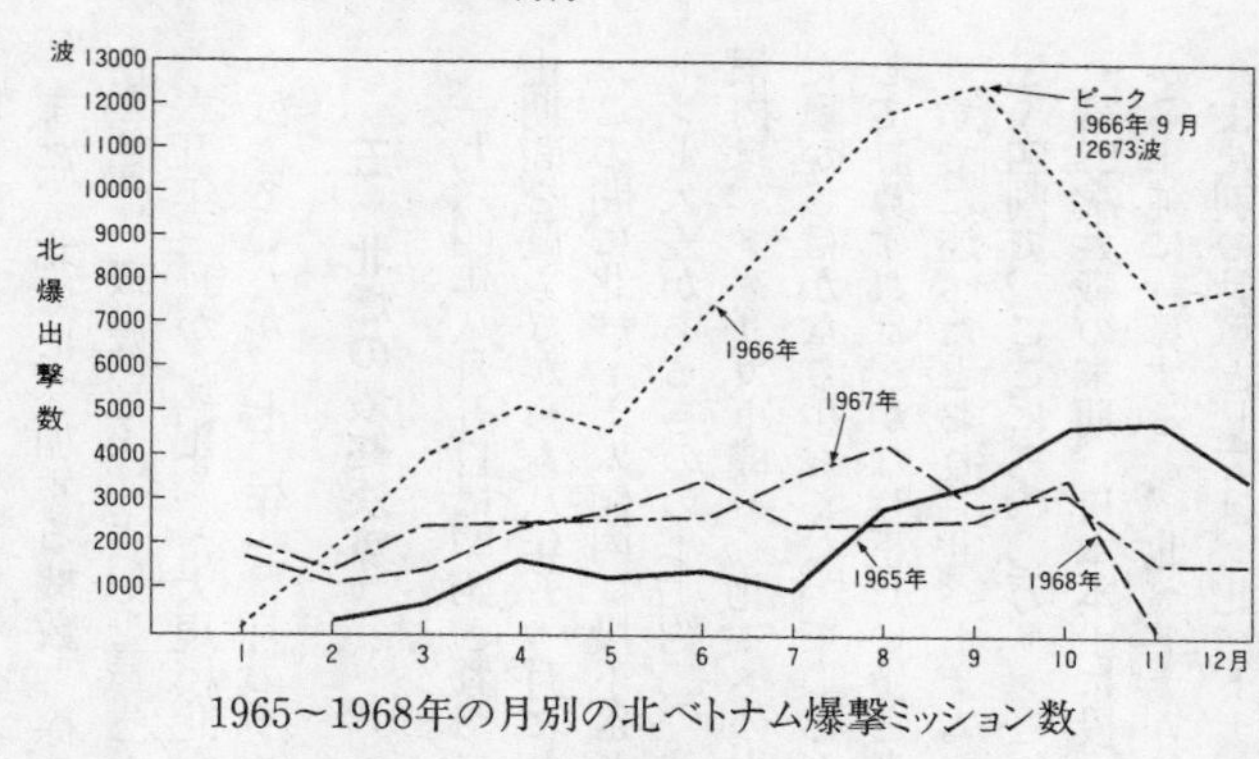

1965〜1968年の月別の北ベトナム爆撃ミッション数

そのためパイロットたちは、

「片手を縛られたまま、ボクシングの試合をするようなものだった」

と語っている。

もっとも、このような航空戦に関する制約は朝鮮戦争の時にも実施されていた。

北ベトナムには多くのソ連軍事顧問（約八〇〇〇人）がおり、主として対空火器の操作と電波兵器技術を教えていた。彼らが北爆により死亡すれば、国際的な問題となることは明白であった。

また、北ベトナムは地理的には中国と国境を接しており、そのうえ国境線が複雑に入り組んでいて、アメリカ軍機が中国領空を侵犯する恐れも充分にあった。

実際六五年四月には、アメリカ海軍機と中国機が交戦し、それぞれ二機、一機が墜落している。

しかし、このような目標、地域、戦闘方法などの制約も、〝南〟での戦闘が激化するにつれて次第に取り去られていく。

また、北爆に参加する機数も徐々に増えて行くことになるが、これはエスカレート（Escalate：段階的拡大）という言葉で一般に知られている。

六五年三月から始まった大規模北爆作戦ローリング・サンダーでは、まだいくつかの制約が残っていたが、七二年一二月のラインバッカーIIでは市街地への爆撃も許可されている。

五　北爆の最終決算

一九六四年八月五日に開始されたアメリカ軍による北ベトナム爆撃は、途中に十数回の休止期間を置きながらも八年五ヵ月にわたって続けられた。

この間に北ベトナム領内に投下された爆弾の量は――資料によって一五〇万から二五〇万トンと大差があるものの――約二〇〇万トンと推定される。この二〇〇万トンという数字の根拠は、アメリカ軍機の〝北〟への出撃数から算出したものであり、従来取り上げられていた量からはかなり少なくなっているが、正確な投弾量が発表されている一九六七年を基準にして計算すれば、かなり正しい値と考えられる。

すでに述べたとおり、北ベトナムの面積（一六万平方キロ）は、日本（三七万平方キロ）の三～四割で、ここに二〇〇万トンという膨大な量の爆弾が降り注いだ。

第二次大戦の末期、日本本土に投下された爆弾は、一六・四万トンである。これらの数値から単純に計算すると、北ベトナムは日本の二〇～二五倍の密度で爆弾を浴びている。

また別の計算としては、北ベトナムの人口一七〇〇万人で投弾総量の二〇〇万トンを割ると、国民一人あたり約一二〇キログラムの爆弾を受けたことになる。

そのうえアメリカ軍は、中国との軋轢を恐れて北ベトナム北部を爆撃していない。

したがって爆弾の密度は、中・南部ではこれ以上に高かったのである。

パリ和平交渉が妥結したあと、北ベトナム代表の一人が「わが国は独立以外のすべてを失った」と語ったのは確かに真実であろう。

北爆による具体的な損害は、北ベトナム政府の発表によると、

主要都市二六のうち完全破壊一三ヵ所　　損害一三ヵ所

市町一二一のうち完全破壊四五ヵ所　　損害三八ヵ所

村落二三二のうち完全破壊七二ヵ所　　損害八〇ヵ所

となっている。

（完全破壊とは、一時的にまったく人間が住めなくなる程度の損壊をいう）


さらに北政府の発表による被害状況は学校六六六ヵ所、病院一八一ヵ所、堤防・ダム五六九ヵ所などである。また死者は約五万人、負傷者は一四万人としている。

一方アメリカ側の発表によれば、北爆による北の死者は（軍人・民間人合わせて）約三・三万人とのことである。

この数字は投弾量に対して極めて少なく、その理由を充分に分析する必要が感じられる。二〇〇万トンの爆弾投下の代償として、アメリカ空軍、海軍および海兵隊航空部隊は一〇二五機を失っている。

この数字は、未帰還となった航空機の数を示している。他に帰還時、着陸に失敗したもの、また大損傷を受けて修理不能として廃棄されたものなどは、アメリカの算定方式によって含まれていない。それらを算入すれば、総損失数は一五〇〇機をはるかに上まわるはずである。

一方、北ベトナムは撃墜数を一九六九年末で三三二八機、七三年一月までに約四〇〇〇機としている。これを完全な撃墜数と見るならアメリカ軍発表の四倍となるが、損害を与えたものも含まれるとするなら誤差は二倍に減少する。

またアメリカ軍は五〇〇機以上の無人偵察機を北ベトナムに向け発進させた。北の撃墜数にはとうぜんこの無人機も含まれているものと思われるが、アメリカ軍は算入していない。

いずれにしても、北ベトナムはソ連、中国からの軍事援助を有効に活用し、世界最強のアメリカ海・空軍を相手に善戦したと評価してよいだろう。

ところで、アメリカの持つ全航空戦力（エアパワー）の約三五パーセントを投入した〝北爆〟の実質的な効果はどう判定されるべきであろうか。

北爆は一九七二年末でほぼ停止されたが、それから二年二ヵ月後、北ベトナム軍は大挙〝南〟へ侵攻し、NLFとともに完全に南ベトナムを占領した。

七三年初め〝北〟首脳をして『独立以外のすべてを失った』といわしめた北爆の効果も、

北爆による両軍の航空機の損失

	1964	1965	1966	1967	1968	1969	1970	1971	1972	1973	合計
北爆によるアメリカ軍機の損失	2	98	284	333	143	2	4	6	149	4	1025
うち空中戦による損失	0	4	9	25	10	0	0	1	27	0	76
MiG戦闘機撃墜数	0	5	23	73	14	0	1	0	73	2	191
対空火器による損失	2	94	275	308	133	2	4	5	122	4	949
アメリカ空軍機の空中戦による損失	0	3	5	21	7	0	0	1	23	0	60
MiG撃墜数	0	2	17	59	8	0	0	0	50	0	137
アメリカ海軍機の空中戦による損失1)	0	1	4	4	3	0	0	0	4	0	16
MiG撃墜数2)	0	3	6	14	6	0	1	0	23	1	54

注）1)、2)とも海兵隊航空部隊によるものが含まれる。またアメリカ軍機の損失機は固定翼機のみ。他に10機程度のヘリコプターが撃墜されている。

北ベトナム側はこれ以外にヘリコプター2機、輸送機2機をアメリカ軍機により、戦闘機7機、輸送機2機をアメリカ海軍艦艇からの対空ミサイルにより撃墜されている。

北爆の最終決算

	1964	1965	1966	1967	1968	1969	1970	1971	1972	1973	合計
総出撃波数	380	26050	83590	33160	25840	200	400	800	13200	600	184220
投下爆弾量(100トン)	40	1620	4686	5496	2361	33	78	114	2046	63	16537
航空機損失数	2	98	284	333	143	2	4	6	149	4	1025

注）波数という英語は〝Sortie〟である。これは延べ機数を示し、1ソーティは1機となる。

また各航空機の爆弾搭載量は目標までの距離、機種などによって異なるので、正確な数値は不明である。投下爆弾量については北ベトナムは約250万t、アメリカ軍は約200万tとしている。しかし正確な記録の残っているものは、そちらを使用している（この結果は約170万tとなる）。

また1987年の資料では、223万tという数値が記されている。

1969、70、71、73年の数値は推定である。

航空機の損失数はアメリカ軍発表の戦闘損失（Combat Loss）のみ。

北ベトナムの発表では無人偵察機をふくめて約4000機である。

南ベトナムの敗北を防ぐことはできなかったのである。

アメリカ軍の分析班は、激しい北爆が続いているかぎり北ベトナムにおける軍需物資生産量の七五パーセント、輸送力の八〇〜八五パーセントを破壊し続けられると考えていた。

しかし言い換えれば、生産量の二五パーセント、輸送力の一五〜二〇パーセントは、あれほどの爆撃によっても維持されていたということになる。太平洋戦争における日本の場合と異なって、陸続きで援助を惜しまない隣国が存在すれば、いかに激しい爆撃をもってしてもひとつの国を――完全には――崩壊させ得ないという教訓をアメリカはこの北爆によって学んだのではないだろうか。

なお、アメリカの推定する北ベトナムの爆撃による物質的損害は約九億ドルとなっている。

北爆・年表

1964年	
8月 2日	トンキン湾事件発生。アメリカ軍艦、北ベトナム魚雷艇に攻撃さる
5日	報復として北爆開始。アメリカ空母機が北海軍基地を攻撃
1965年	
2月	フレーミング・ダートⅠ、Ⅱ作戦 北緯20°線以南の限定北爆
3月 2日	大規模北爆ローリング・サンダー作戦開始。1968年11月まで37ヵ月間続く
4月 4日	初の空中戦、アメリカ軍機2機が撃墜される
9日	アメリカ空軍機、誤って中国空軍機と交戦
6月17日	アメリカ空軍機、北ベトナム戦闘機を初撃墜
7月24日	史上はじめて地対空ミサイル（SAM）が、実戦で発射される
25日	はじめて北緯20°線以北を爆撃
8月	アメリカ空中警戒ステーション・ディスコを設置
12月	アメリカ、北ベトナム全土をレーダーでカバー 北爆一時停止
1969年	
4～6月	北爆エスカレート
4月 2日	B52、初の北爆を実施
25日	新鋭機 MiG 21 登場
6月	はじめてハノイ、ハイフォン近郊を爆撃
12月	北ベトナムの戦闘機兵力70機に ハノイ市を本格的に爆撃
1967年	
1月 2日	北爆史上最大の空中戦。北ベトナム1日で7機を失う
3月10日	初の発電所爆撃
4月23日	アメリカ空軍はじめて〝北〟の飛行場を攻撃
5月19日	大空中戦、アメリカ軍2機、北軍4機を失う
	この月だけで北軍は27機を失う
11月	ハノイ市街、ハイフォン港の船舶を攻撃
1968年	
1～2月	天候不順、北爆の規模縮小
4月 1日	20°線以北の爆撃中止
5月23日	アメリカのSAM、艦上から発射されMiGを撃墜
11月 1日	北爆部分停止。1972年4月まで41ヵ月間。 この年、北は実に2200発のSAMを発射

1972年	
3月30日	北ベトナム陸軍DMZを越境、北爆再開さる
4月 4日	ラインバッカーI作戦、この年の10月22日まで続く
5月 8日	北港湾の機雷封鎖作戦開始
10日	最大の空中戦、北側1日で10機を失う
10月22日	ラインバッカーI終了
12月18日	最後の大規模北爆ラインバッカーII発動 B52大挙出撃、15機を失う
1973年	
1月12日	最後の空中戦あり
15日	北爆完全停止
28日	和平協定発効

第六章　数字から見たベトナム戦争

多くの人命を無益に消費する戦争を、数値という極めて無機質なものを指標として見ていくのは決して褒められることではない。

しかし数字は、結果的に物事をなによりも雄弁に語っている。場合によっては、当事者の言葉よりも性格に情報を伝える場合も稀ではない。

この章では多くの資料の中から、〝数字〟によってベトナム戦争を語らせてみよう。ただおことわりしておかねばならないのは、数量的なデータのほとんどをアメリカの資料からとらざるを得なかった点である。

完全に崩壊した南ベトナムの情報は入手できず、社会主義国は――最近多少の変化が見られはするが――データの公開には無関心である。とすれば、われわれがこの種の分析を行なおうとするとき、どうしてもアメリカの資料中心にならざるを得ない。

自国が戦場とならなかったアメリカは、第一次、第二次世界大戦、朝鮮、ベトナム、そして湾岸戦争についての膨大なデータを持ち、戦争を研究、分析する者にとっては巨大な図書館の役割を担っている。

旧ソ連をはじめとする共産主義国家でも情報の開示が徐々に進んではいるが、ベトナムという国が、実に一五年にわたった戦争の記録を一般に公開する日はいつくるのであろうか。

著者が先に行なった二度のベトナムの調査旅行において、同国発行のベトナム戦争に関する書物を購入することができたが、それらは二冊の写真集と五〇巻からなるベトナムの歴史書にすぎない。これ以外に同国は戦争についての書籍を、全く刊行していないようである。

(一) ベトナム戦争の期間

すでに述べたごとく、この宣戦布告なき戦争の終わりの日(一九七五年四月三〇日、南ベトナム政府の降伏の日)ははっきりしているが、勃発の日は確定できない。

一九六〇年末に南ベトナム民族解放戦線(NLF)が結成されているので、一般的には一九六一年初頭としているようである。

とすると戦争期間は、

一九六一年一月一日〜一九七五年四月三〇日(一四年と四ヵ月)

となる。しかし、ベトナムにおけるアメリカ軍人(軍事顧問)の最初の戦死者は、一九五九年七月八日に二名発生している。

またアメリカ軍の直接介入期間は、

海兵隊がダナンに上陸した一九六五年八月からすべての戦闘部隊が撤退した七三年八月までの八年間

また北ベトナム爆撃については、

一九六四年八月～一九七三年一月の八年五ヵ月（途中に何回かの停止期間をふくむ）

ということになる。

㈡　戦争の犠牲者数

この戦争による直接・間接の死者、負傷者の正確な数字は、今後とも永久に不明のままであろう。

ここでは一九七五年五月、ベトナム戦争終了直後、フォード米大統領が公表した数値を記す。

戦闘による直接の死者数は、

南ベトナム政府軍　二四万一〇〇〇名

同　民間人　四一万五〇〇〇名

アメリカ軍人、軍属、民間人　五万六五五五名

同盟軍（韓国、オーストラリアなど）　六〇〇〇名

北ベトナム、NLF軍兵士　一〇〇万名＋α

北民間人　三万三〇〇〇名

最終的な犠牲者の数

南ベトナム軍	18万5528名
南民間人	41万5000名
北・解放戦線軍	92万4000名
北民間人	3万3000名
アメリカ軍	5万7702名
韓国軍	4407名
オーストラリア軍	475名
タイ軍	350名
フィリピン軍	27名
ニュージーランド軍	26名
中華民国派遣団	11名
中国人民解放軍	1119名

注）いずれも事故による死者をふくむ。ただし、中国軍の数字のみそれを含んでいない。

したがって、合計数は少な目に見積もっても一六〇万名、全体としては二〇〇万名に近い。

負傷者はアメリカ人の三三万名をふくめて、四〇〇万名を超えているはずである。

この数字は、三年半にわたって続いた朝鮮戦争（一九五〇年〜一九五三年）とほぼ等しい。

なお別な数字としては、パリ会談終了直後（一九七三年二月末）、アメリカ国務省の調査班が次のようなデータを公表している。

一九六一年一月一日〜一九七三年一月二七日の戦死者

アメリカ軍　四万五九三三名（事故死者を除く）

南ベトナム軍　一八万三七三八名

北・解放戦線軍　九二万四四一四名

しかし、激戦が何年にもわたって続いた事実を考えると、一ケタまで出ているこの数字がどれだけ正しいかよくわからない。しかもこのデータでは、民間人の死傷者については何も触れていない。

なお最新の資料を別表に掲げる。これは一九八七年末にアメリカの統計機関により発表されたもので、信頼性は最も高いと思われる。

㈢　各国の戦費

失われた人命と同列に比較すべきものではないが、この戦争に注ぎ込まれた戦費もまた巨大である。結局、これらは各国の国民の労働の結果生産されたものであるから、当然記しておく必要があろう。

アメリカ国防総省の発表した資料によると、戦争の直接、間接の費用は、南・北ベトナムへの援助を含み、一五年間に、

アメリカ　一三九〇億ドル（別な資料では一五五〇億ドル）
中国　四四億ドル（別な資料では五一億ドル）
ソ連　九〇億ドル（別な資料では九七億ドル）

という額にのぼる。中国はこれ以外に、毎年七〇～八〇万トンの米を北ベトナムに供与していた。

またアメリカ人は、この戦争のために子供から老人まで一人当たり六三一ドル（一ドル一五〇円として約九万五〇〇〇円）を費やしたことになる。旧ソ連は、ベトナム戦争終結後も一九九〇年まで、毎年五～一〇億ドルをベトナムに援助していた。

一方、アメリカが南ベトナムに送った援助の年度（会計年度）別の金額は次ページ表のとおりである。ただし資料によって多少の違いが見られる。

アメリカが南ベトナムへ送った援助額

	総　額	軍事援助	経済援助
1965年	1.5	1.48	0.02
1966	58.1	58.07	0.0282
1967	201.3	201.25	0.0424
1968	265.5	265.45	0.0458
1969	288.0	287.95	0.0480
1970	230.5	230.47	0.0320
1971	147.2	147.17	0.0280
1972	90.8	90.78	0.0200
1973	60.0	60.19	0.0111
1974	10.0	15.02	不明
1975	—	—	—
合計	1351.6	1342.83	0.2754

単位：億ドル

アメリカ軍が撤退時に残した軍需品

小火器：M 16 自動小銃 79 万梃、各種ライフル 80 万梃、M 60 機関銃 5 万梃、M 19、M 29 迫撃砲 1 万 2000 門

重火器：105 mm 榴弾砲 1000 門、155 mm 榴弾砲 250 門、175 mm 自走榴弾砲 80 台

車　両：M 41 軽戦車 300 台、M 48 戦車 250 台、M 113 装甲兵員輸送車 1200 台、各種トラック 4 万 2000 台　他の車両 1 万 8000 台

航空機：F 5 ジェット戦闘機 73 機、A 37 軽攻撃機 36 機、UH 1 ヘリコプター 430 機、輸送機 80 機

艦　船：1000 トン級フリゲート艦 6 隻、河川用舟艇 220 隻、輸送艇など 700 隻

弾　薬：13〜15 万 t

総額はその時点で 50 億ドルと発表されたが、アメリカ議会はのちに 125 億ドル相当と見積もっている。

また一九七二年にアメリカ軍が南から撤退の際、同国政府軍に残してきた軍需品は別表のように大量にわたった。

四　南ベトナムにおける両軍の兵員数

南ベトナムにおける兵員数については、別表およびグラフで示している。

ベトナム戦争は一九六六年頃まで、南ベトナム政府軍と民族解放戦線軍の戦いであった。しかしその後、南ベトナム政府軍・アメリカ軍戦闘部隊対解放戦線・北ベトナム正規軍の戦いとなる。

とくに一九六八年春のケサン攻防戦などは、完全にアメリカ軍（海兵隊）一コ連隊対北正規軍二コ師団の戦闘であった。南ベトナム軍の約半数を占める民兵、地方軍は、装備のよくなった解放戦線軍および北正規軍には到底太刀打ちできず、一九七二年から急激に減少していく。

また解放戦線軍については、戦闘部隊、支援部隊、ゲリラの区別がはじめのうち明確ではなかった。しかし一九六八年頃から、支援部隊と戦闘軍の役割がはっきりしてきた。

解放戦線軍は、後に九コの正規編成師団（戦闘員三三〇〇〜三五〇〇名プラス同数の支援組織を持つ）を持つまでに成長した。

北ベトナムの師団は構成員約一万名であり、二五コ師団をそろえている。もちろん他に多くの独立連隊、旅団を持つ。師団のナンバーは三ケタが多く、そのうえ後ろにアルファベッ

南ベトナムにおける各国軍隊の兵員数

	南正規軍	南地方軍	アメリカ軍	韓国軍	オーストラリア軍	タイ軍	NLF・北正規軍
1961年	14万6000	9万7000	900				
1962			1万2300				
1963	↓	↓	1万6300				
1964	25万	26万4000	23万3300	200			11万*
1965	69万1500(合計)		18万4300	2万0620	1557		23万
1966	63万5000(合計)		48万5300	4万5570	4525	244	27.5万
1967	34万3000	30万	48万5600	4万7830	6818	2205	29.5万
1968	42万7000	39万3000	53万6100	5万	7661	6005	29.5万
1969	49万3000	40万4000	47万4400	4万8870	7672	1万1568	35万
1970	51万5000	45万3000	33万5800	4万8540	6763	1万1568	30〜40万
1971	51万6000	53万2000	30万1900	9月から撤退開始	8月から撤退開始		
1972	50〜60万人	年ごとに減少	2万4000				
1973			1250				
1974	↓	↓					
1975	57万2860	19万3000					37.5万〜45万

注）南側にはフィリピン、ニュージーランド軍合わせて約2500人あり。*NLF、北戦闘員のみ

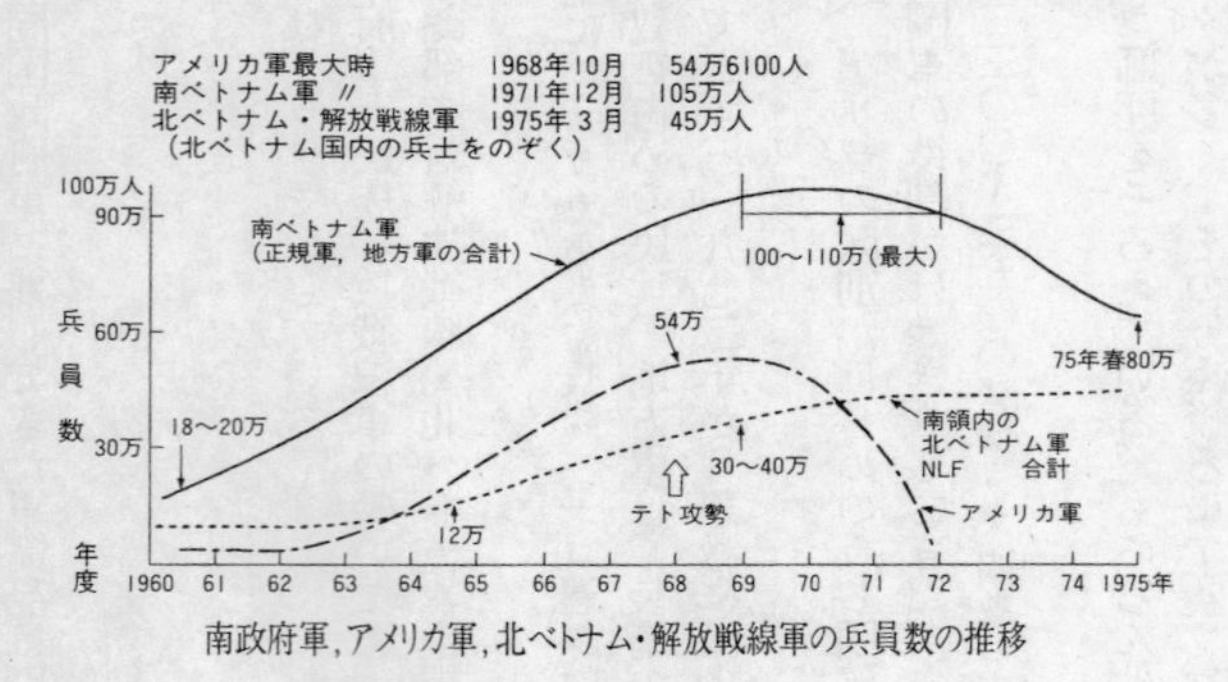

南政府軍，アメリカ軍，北ベトナム・解放戦線軍の兵員数の推移

トがつくので実態はきわめて掴みにくい。

原則としては、北ベトナム軍は次のような編成になっていたと考えられる。

正規軍六〇万名、民兵四〇万名。この正規軍を三分割し、南ベトナム領内で戦闘に従事するもの、ラオス、カンボジア領内で訓練、輸送、休息、再編成に当たるもの、北ベトナム国内に予備師団として（ただし対空戦闘に従事）それぞれ三分の一ずつの割合である。

北ベトナムの人口は二〇〇〇万人弱であるので、女性兵士を含んでも軍人の総数は一〇〇万名前後との見解に大きな誤差はないはずである。したがって、激戦が続いた一九六八年〜六九年に南ベトナム内にあった両軍の兵力は、

南政府軍	約五〇万	北正規軍	二〇万
アメリカ軍	五〇万	NLF戦闘員	一〇万
MAF	六万	同支援部隊	一〇万
〝南〟民兵	五〇万	ゲリラ部隊	一〇万
計	一五六万	計	五〇万

となる。これだけ大きな兵力差をもってしても、南とその同盟国陣営が勝利をおさめることができなかった理由は、充分に分析する価値があろう。

最大時五四万名を数えたアメリカ軍の内訳は、

一四パーセント（七・六万名）が歩兵

一六パーセント（八・六万名）が砲兵

八パーセント（四・三万名）が空軍兵一二パーセント（六・五万名）が輸送関係他は指揮・通信・医療・食糧関係であり、全体の四五パーセントが歩兵である北側と比べて、地上戦闘員の数は多くなかった。

㈤　アメリカの軍隊に関する三つの戦争の記録

第二次世界大戦、朝鮮戦争、ベトナム戦争についてのアメリカの軍隊の人的損害を掲げる。これによりベトナム戦争の規模を、きわめて明確に把握することができる。

これを見ると、動員数は朝鮮戦争を上まわっている。

なお五万七〇〇〇名の死者のうち、事故死者が一八パーセントである。また兵科による割合は陸軍六五、海兵隊二八、空軍四、海軍（沿岸警備隊をふくむ）三パーセントの比率となっている。さらに三〇万名を超す負傷者のうち、身体に障害の残ったものは一・二万名である。

㈥　軍隊の単位の呼び方と兵員数

本書の多くの箇所に、一般にはあまり聞き慣れない軍隊の規模を示す単位が使われている。

これらはたとえば『解放戦線は三コ師団でサイゴンを包囲した』、あるいは『アメリカ軍海

アメリカの過去三つの戦争の記録（1）

	第２次大戦	朝鮮戦争	ベトナム戦争
A 動員数	1611万	572万	874万
B 戦死者数	29万1600	3万3600	4万7300
C 事故死者数	11万3800	2万0600	1万0400
D 死者総数	40万5400	5万4200	5万7700
E 負傷者数	108万	15万7000	21万1000
B/A	1.8%	0.6%	2.4%
C/A	0.7%	0.36%	0.12%
B/E	27%	22.3%	22.4%

注）B/A動員数に対する戦死者の割合
C/A　〃　事故死者の割合
B/E損害に対する戦死者の割合

アメリカの過去三つの戦争の記録（2）（出典ワールド・アルマナック）

戦争/軍の種別	総動員数	損害数	戦死者数	事故死者	重傷者数	A 損害数/動員数	B 戦死者/損害数
第2次世界大戦	1611万	108万	29.16万	11.38万	67.08万	6.7%	27%
陸軍	1126万	88万	23.49万	8.34万	56.59万	7.8	27
海軍	418万	10万	3.70万	2.57万	3.78万	2.4	37
海兵隊	67万	9万	1.97万	0.48万	6.70万	13.4	22
朝鮮戦争	572万	15.7万	3.36万	2.06万	10.33万	2.7	21
陸軍	283万	11.5万	2.77万	0.94万	7.76万	4.1	24
海軍	118万	0.61万	0.05万	0.40万	0.16万	0.5	8
海兵隊	42万	2.9万	0.43万	0.13万	2.37万	6.9	15
空軍	129万	0.75万	0.12万	0.59万	0.04万	0.6	16
ベトナム戦争	874.4万	21.1万	4.73万	1.04万	15.33万	2.4	22
陸軍	436.8万	13.5万	3.09万	0.73万	9.68万	3.1	22
海軍	184.2万	0.67万	0.16万	0.09万	0.41万	0.4	24
海兵隊	79.4万	6.6万	1.31万	0.17万	5.14万	8.3	20
空軍	174.0万	0.25万	0.18万	0.06万	0.09万	0.1	72

各軍の平均的な兵員数

	分隊(班)	小隊	中隊	大隊	連隊	師団	
南政府軍	12	40	120	500	2000	9100	(1)
北ベトナム軍	10	33	100	350	2800	1万500	(2)
民族解放戦線	12	36	120	400	1200	3600	(3)
アメリカ軍	12	40	170	900	4000	1万6900	(4)
韓国軍	15	50	180	1200	6000	2万500	(5)

注) これらの兵員数は標準的なものである。作戦の状況により増強、削減が行なわれる。
(1) 1967年頃の状況
(2) 北ベトナム正規軍の充足師団
(3) NLFでは師団(一般的な軍の最大単位)のことを主力軍と呼んでいた。
(4) 完全充足の機械化歩兵師団
(5) ベトナムへ派遣された〝猛虎〟および〝白馬〟師団。一般の韓国の歩兵師団より10%増強されている。

兵隊一コ大隊が増強された』といった部分である。

軍事に精通している者であれば、これだけの表現で、作戦、戦闘の大きさがほぼ理解できる。しかし多くの読者にとっては、師団、連隊、大隊などの軍隊の単位だけでは、その規模がわかりにくいはずである。

そのため別表を掲げ、理解の参考としている。またこれを見れば、同じ師団(Division)という単位であっても、その規模(兵員数)が国によって大きく異なることがわかると思う。

例えば、韓国がベトナムに派遣した歩兵一コ師団は兵員数二万五〇〇名から構成されているが、解放戦線の一コ師団は三〇〇〇~四〇〇〇名から成り立っている。したがって同じ師団といっても、その戦力は五対一以上もある。

そのうえ解放戦線は、軍の最大単位である師団のことを〝主力軍〟と呼んでいた。ただし一九七〇年からは、主力軍に番号をつけて師団と呼ぶことになった。一方、ソ連、中国、アメリカなどでは、〃軍〃という単位はいくつかの師団が集まってひとつの作戦のためだけに構成されるものである。

このような各々の軍隊による単位の呼び方の喰い違いを避けるため、ＮＬＦについても主力軍という呼称は用いず、最初から〃師団〃に統一した。

また別表の各軍事単位の兵員数は、あくまで標準的な〃目安〃である。しかし、いずれの数字も二つ以上の資料によって確認したものであることを申し添えておく。

(七) ベトナム戦争におけるアメリカ軍の損失

一九六一年から一九六四年までは軍事顧問として、また六四年三月から七三年八月までは顧問軍として南ベトナムで戦ったアメリカ軍の損失は、次のように報告されている。

戦死者　四万七二五三名（含行方不明）
事故死者　一万四九九名
重症戦傷者　一五万三三一二名
軽症（要入院）者　一五万三三四一名
直接戦費　約一五〇〇億ドル
消費爆弾　七五五万トン、砲弾　一五四万トン
損失航空機　八五四六機
固定翼機　三六八九機（四三・二パーセント）

ヘリコプター　四八五七機（五六・八パーセント）

なお戦費一五〇〇億ドルは一九七〇年の我が国の国民総生産（額）に匹敵する巨費である。

(八)　アメリカ軍が推定した南・北軍の人的損失

アメリカ軍が完全に撤退を終えた時点（一九七三年八月）での推定数は次のとおりである。

一九六一年一月一日〜一九七三年八月三一日

南ベトナム軍戦死者　一五万八三〇〇名以上
同　　負傷者　四三万四四〇〇名〃
北・NLF軍戦死者　九七万六七〇〇名〃
同　捕虜　三万八〇〇名〃
同　負傷者　不明

（第二項の数値とはかなりの違いがある）

ベトナム戦争が終了した七五年四月三〇日までの数値として、フォード大統領は、

南ベトナム軍戦死者　二〇万名
北・NLF軍戦死者　一〇〇万名以上

と公表している。したがって、NLF・北ベトナム軍の七三年八月〜七五年五月の戦死者は二万〜三万名、一方南軍は四万〜五万名ということになる。

この数字をもとに戦死者の比率を推測すると、アメリカ軍撤退後の戦闘においては、それ

まで、

	A（アメリカ軍・南）	B（NLF・北軍）	比率B／A
六六年	一万六三〇〇名	五万七〇〇〇名	三・五〇
六七	二万三〇〇	八万七五〇〇	四・三一
六八	三万二〇〇〇	一九万一四〇〇	五・九八
六九	二万一五〇〇	一三万七一〇〇	六・三八
七〇	一万四二〇〇	九万五〇〇〇	六・六九
七一	一万三四〇〇	三万八〇〇〇	二・八四

という比率だったものが、南政府軍、北・NLFがほぼ同数になってしまっている。したがって、南政府軍単独ではもはや共産軍に対応できないことが明らかとなる。

また北・NLFは戦死者数に比して捕虜の数が極めて少なく、わずか三パーセントである。このことは解放戦線軍、北ベトナム軍の士気の高さを示しているのか、またアメリカ・南政府軍の敵を包囲する能力が低かったのか不明であるが、この両方が当たっているのかも知れない。

さらに一般的に言えば、ほとんどの地上戦闘において、アメリカ軍の死傷者の数が共産側の戦死者と一致する。つまりこの比率の原因が、アメリカ軍の豊富な近代兵器によるものと考えられる。

西側・共産側の戦死者の比率（著者作製）

	南政府軍	同戦死者	アメリカ軍	同戦死者	合計戦死者数A)	北・NLF軍	同戦死者B)	B/A
1961年	24万3000	平均約5000	900	11	不明	9万	1万2130	不明
1962	増加	増加	2万2300	31	〃	増加	2万1160	〃
1963	↓		1万6300	78	〃	↓	2万0580	〃
1964	51万4000	8500	2万3300	147	8650	11万	1万6290	1.88
1965	69万1500	1万1100	18万4300	1369	1万2470	23万	3万5440	2.84
1966	63万5000	1万1300	48万5300	5008	1万6300	27万5000	5万7000	3.50
1967	64万3000	1万900	48万5600	9419	2万0320	29万5000	8万7530	4.31
1968	82万	1万7500	53万6100	1万4546	3万2050	29万5000	19万1390	5.97
1969	89万7000	1万2480	47万4400	9040	2万1520	31万	13万7090	6.37
1970	96万8000	1万人前後	33万5800	4221	1万4000	30～40万人	減少	不明
1971	104万8000		33万4600	1381	1万1000	変わらず		〃
1972	減少	↓	2万4000	300	1万		↓	〃
1973		1万3780	1250	237	1万4000		4万5060	〃
1974	↓	3万1000	1250	207	3万1200		2万～3万	1.00
1975	76万2600	3万				↓	〃	0.06

注）1965～69年の記録はいちおう正確と考えられる。アメリカの介入とともにB/Aの値が大きくなっていく事実がわかる。米軍撤退後の正確な記録はない。矢印の欄は概数も不明。

第七章　戦争の勃発、結末の原因を探る

すでに述べたとおり、ベトナム戦争は足かけ一五年にわたって続いたが、この間の直接の死者は二五〇万人、近隣諸国(ラオス、カンボジア)、そして間接の死者を加えると四〇〇万人近くにのぼったと考えてよい。

しかも戦争終結後二〇年を経ると、統一された社会主義国ベトナムは、経済的理由から激しく戦ったアメリカ、韓国との国交回復を進め、投資の拡大を求めている。

今後さらに一〇〜二〇年もたてば、ベトナムは否応なく社会主義を放棄し、自由経済への道を進みはじめるはずである。

とすると、ベトナム戦争とは、そして消えてしまった四〇〇万人の生命とはなんだったのか、という疑問すら浮上するのであった。

しかしここでは、それには触れず、戦争勃発の原因と結末、つまり、

○南ベトナムという国家の消滅

○アメリカという超大国の敗北
○社会／共産主義側の勝利
の理由を探ってみたい。

いずれも、それぞれの項目ごとに本が執筆できるほどの数が挙げられるであろうが、ここでは当然ながら要因のみに絞らざるを得ない。

一　戦争勃発の原因

(1)南ベトナム政府の無能

たびたび記したごとく、インドシナ戦争後のゴ・ジン・ジェム政府首脳は自己の保身と利益のみを優先し、国家、国民の行く末、生活向上についてほとんど関心を持たなかった。

これが社会／共産主義者につけ入る隙（すき）を与え、反政府運動を拡大させた。

(2)カトリック教徒と仏教徒の対立

南ベトナムにおいては、
○資産階級、指導者層はカトリック教徒
○一般国民は仏教徒
の図式であった。

しかも、宗教として同じ形の韓国と異なっているのは、南のカトリック教徒中心の政府が、常に多数派である仏教徒を弾圧する姿勢をとり続けた点である。

解放戦線、北ベトナム軍との戦闘が激化していく事態となっても、ふたつの宗教間の対立は一向におさまる気配を見せなかった。

冷静に考えれば、原則として宗教を否定する共産主義に対して、協力して戦うべきであるにもかかわらず、それは実現しないままに終わる。言いかえれば、少数派であるカトリック教徒の指導者階級は、社会主義者と仏教徒の両方を敵として戦ったのであった。これもまた南政府の無能と言えるのかも知れない。

(3)北ベトナムの断固たる解放、統一／侵略の意志

当時の西側の全く知り得ないままであったが、戦争勃発の二年前（一九五九年九月）に、北ベトナム労働党は『第一五号決議』と呼ばれる、南の解放、統一計画を承認していた。

これは、武力を用いても目的を達成しようとするものであった。

ただし、北朝鮮が一九五〇年六月に実施したような全面侵攻の形をとらず、

○南の反政府勢力への援助

○北ベトナム軍の逐次投入

を続け、南の解放を目指していた。

このためには南に解放戦線を組織し、しばらくの間はイデオロギーと無関係の民族主義者とも手を結ぶといった方針をとっている。

しかも、労働党としては「南の社会主義化には関心がない」という点を強調した。ある意味で、北ベトナム労働党は真の目的を巧妙に隠し、その裏では着実に歩を進めたのである。現在の研究では、ベトナム戦争勃発の最大原因は、労働党の遠大な南解放、統一計画にあったとされている。しかもその背景には、朝鮮戦争（一九五〇〜五三年）を徹底的に学びとろうとした努力が見られるのである。

日本を含む西側世界の人々の大部分は、この〝野望〟をはっきりと見きわめられず、のちにそれに気づいたときには万事に手遅れであった。

二　南ベトナムの消滅とアメリカの敗北の原因

前項と一部が重複するが、この理由は数多く挙げることができる。

(1)南ベトナム政府、軍の無能

軍の上層部は権力争いに終始し、ゲリラ活動を続ける解放戦線、侵入してくる北ベトナム正規軍との戦いに全力を投入しようとしなかった。

そのうえ、仏教徒との対立を解消し、一致して共産勢力に対抗しようとする努力を怠った。

(2)アメリカの介入の失敗

北ベトナムが南解放の意志に燃えているのに対し、アメリカの南ベトナム援助、そして軍事介入の度合はいつも遅すぎた。

さらにこの戦争の情報操作の面で、北ベトナムに大きく水をあけられてしまった。

例えば、

○アメリカの主張

東南アジアにおける共産勢力の拡大阻止

○北ベトナムの主張

民族の独立と自由への希求

を比較したとき、後者には前者をはるかに上まわる説得力があった。

また、アメリカは一九六五年から本格的な軍事介入に踏み切ったが、その後も明確な指針を持たず、このため共産側、特に北ベトナムに充分な打撃を与えるに至らなかった。これは、

○北ベトナムのすべての港湾への機雷封鎖

○手段を選ばないホー・チ・ミン・ルートの遮断

というふたつの戦略に関しても曖昧さを残し、かつ徹底さを欠くことになる。

(3)旧東側陣営からの援助

戦争の激化にともなって、ソ連、中国からの北ベトナムへの援助は増加の一途を辿った。

これは武器、弾薬、大型兵器のみならず、食糧、建設資材の類にまで及んでいる。この流れを切断し得ないかぎり、戦争はいつまでも続き、アメリカの疲労は徐々にたまっていく。

米軍はインドシナ戦争の仏軍(写真)の敗北に学ばず、共産側戦力を侮った。

さらにそれは国内の反戦運動の高まりと、経済の弱体化を招く結果となった。

またアメリカ軍の首脳は、戦争の初めから終わりまで、共産側の戦力を軽視していた。

数年前にフランスの敗北に終わったインドシナ戦争を詳細に分析すれば、その戦力、補給能力はきわめて高い事実を把握できたはずである。これは、

○一九六八年のテト攻勢
○一九七二年のイースター攻勢
○一九七五年の最終攻勢

の状況を知れば容易に証明される。

さらに、戦争報道とそれに付随する宣伝活動に関して、アメリカは大きな失敗をおかす。

まず自軍のすべての情報を公開するという極めて民主的な姿勢は、一見理想的と見えたが、結局のところ、

『アメリカ、南ベトナム＝悪
解放戦線、北ベトナム＝善』

といった印象を全世界に与えたにすぎなかった。

これにより、日本を含む西側諸国にも反米運動が広がっていき、それは確実にベトナムで闘っているアメリカ軍の士気を低下させた。

一九六八年夏の時点において、アメリカは、

○陸軍　五五万名近い兵員
　四〇〇〇台を超す戦闘車両
　三〇〇〇機のヘリコプター
○海軍　大型航空母艦四隻、艦艇一一〇隻
　各種航空機　約一〇〇〇機
○空軍　大型爆撃機　三〇〇機
　戦闘爆撃機　一二〇〇機
　その他の航空機　六〇〇機
○海兵隊　現有戦力の三分の一
　航空機　四〇〇機

を、南ベトナムとタイ国および周辺海域に派遣して、解放戦線、南領内の北ベトナム軍、北ベトナム本国を攻撃したが、満足できるほどの成果は得られていない。

なお、南ベトナムを強力に支援し、また前述の大戦力を投入しながら、目的を達成できなかったアメリカの敗因については、ここに掲げた以外にもいくつも見られる。

この点については、超大国アメリカとその軍隊の敗北の理由を詳述した拙著、

『ベトナム戦争・アメリカはなぜ勝てなかったか』㈱WAC出版部 一九九九年を参照されたい。

第八章　ベトナムのその後

一　中国との軋轢

一九七五年四月三〇日、南ベトナム政府は侵攻してきた共産勢力に対し無条件降伏する。しかしこの降伏自体、きわめて曖昧なものであり、それが以後の混乱の遠因にもなった。まず降伏した相手が誰なのか。

北ベトナム政府

南ベトナム民族解放戦線

南ベトナム臨時革命政府

のいずれかのはずだが、この点については現在でも明確にされていない。

ただしその後三ヵ月のうちに、解放戦線も臨時革命政府も完全に消滅してしまい、北ベトナム政府／労働党がすべての実権を握るのであった。

もちろん解放戦線の幹部のうちの何人かは、新政府の中核に加わるが、のちに彼らの地位は名目だけのものであるという事実が洩れ伝わってくる。

当時の状況は混沌としていたが、ともかくかつての南ベトナム全土がベトナム労働党／共産党の支配下に置かれたことに間違いはない。

戦争終了二週間後の五月一五日、戦勝パレードが行なわれたが、これには解放戦線の構成員がその組織の旗を掲げて参加している。

そしてそれが、解放戦線にとって最後の姿となってしまった。

六月に入ると、労働党政府はすぐさま多くの『思想再教育キャンプ』を設置し、旧南の国民の強制収容に乗り出す。

なかでも南政府の軍人、地方自治体の職員、大企業で働いていた人々の大部分は、この運命から逃れられなかった。

彼らは家族とともに、再教育のキャンプに入れられ、激しい肉体労働と共産主義教育を受けさせせられたのであった。

統一政府は、これらの数を五万人と発表したが、国連はその後の一年間に五〇〜八〇万人という数字を掲げている。

この中には、かつて解放戦線のメンバーであった民族主義者も含まれていた。

一九七六年四月、総選挙が実施されたが、これは結局のところ労働党内部の人選を決めるだけのものにすぎなかった。

他の政党はごく一部の弱小団体を除いて、存在しなかったのだから……。

六月二四日、初の統一国会が開催されると同時に、新しい国家の名、

ベトナム社会主義共和国：Socialist Republic of Vietnam
が決定した。この名のとおり、ベトナム全土は社会主義によってひとつの国にまとまった。
これと共にイデオロギー的な締め付けが一段と厳しくなったが、それらは、

(1)　個人商店の廃止
(2)　新経済区の建設
(3)　全国民の政治集会への出席の義務付け

などである。

特にかつて南の経済を握っていた、中国系ベトナム人（華僑）への圧力は高まった。

さらに新生ベトナム政府は、隣りのラオス、カンボジアへの影響力を強めようと動き出す。

中国系ベトナム人（華僑）への圧迫、両国との急速な接近という事態は、否応なく北の大国の神経を痛く刺激した。

中国はベトナム戦争中こそ〝北〟を援助していたが、このような現実を目の当たりにしたとき、大きく態度を変えるのである。

まず華僑への弾圧、さらにラオスはともかくカンボジアに対する干渉を即刻中止するよう申し入れる。

カンボジアを支配しているポル・ポト派と中国は密接な関係にあり、この意味からもベトナムの動向を許すわけにはいかなかった。

しかし、新生ベトナムは旧ソ連の後盾（うしろだて）を頼りに、この方針を変えなかった。

それどころか、中国系ベトナム人および共産主義に同化できない人々の国外追放に乗り出した。

この結果、〝ボート・ピープル〟と呼ばれる大量の人々がベトナムを離れ、その数は数十万人に達したのである。

このうち、他国の漁民に襲われたり、海難によって犠牲となった人々は三〇万人以上にのぼるとされている。

ベトナムが中国系ベトナム人を追放した理由は、

(1) 歴史的にたびたび中国の侵略を受けており、潜在的な不安を持っていたこと
(2) 中国人が（旧南）ベトナムの経済の大半を握っていたこと
(3) 華僑の経済中心主義が共産主義と相容れなかったこと
(4) 将来、中国と戦争になった場合、中国系の人々の去就が不明であったこと

などである。

理由がいかなるものにしろ、ベトナム政府が二〇〇万人の自国民を迫害、追放したことは事実であった。

七月三日、これにより中国はそれまで二〇年にわたって続けてきた軍事、経済、技術援助を全面的に停止した。

中国のベトナム援助は、一九六〇年頃から食糧八〇〜一〇〇万トンを含んで一年当たり一・五億ドル（ベトナム戦争末期には三・五億ドル）相当という莫大なものであった。

ベトナム戦争中、北に送られた共産圏からの援助はソ連が約七割、中国が三割といわれていたが、現在の研究では両国が正確に半々ずつであったとされている。中国からの援助が停止されると、ソ連はその肩代わりを申し出て、四ヵ月後ベトナムとソビエトの間に友好協力条約が締結される。

それは、ベトナムにとってはこれまでと同様の援助が得られること、また中国に対する北からの強力な牽制が可能となるなどの大きな利点があった。一方、ソ連としても念願であった東南アジアに進出のための拠点を確保できること、南から中国を牽制できること、東南アジアにおける中国の勢力拡大を阻止できること、など充分に価値のあるものである。

このようにして一応の政治的安定が得られると、ベトナムは再び戦争を開始する。中国の支援を受けたポル・ポト軍によるカンボジア支配の可能性を取り除くため、二〇万以上の大軍をもって、大戦争を終えたばかりのこの国は隣国に侵入するのである。

二　ベトナム・カンボジア戦争

一九七八年一二月、完全装備のベトナム軍一二万名が、南部国境を越えてカンボジアへ侵攻した。

これ以後約一〇年にわたり、同軍は隣国に駐留し、ほぼ同じ社会／共産主義を信奉する人人（ポル・ポト派）と闘うことになる。

わずか三年半前、ようやく統一をなし遂げたばかりのベトナムが、なぜカンボジアに兵を進め、戦い続けることになったのであろうか。

この理由としては、

(1) カンボジアから中国の影響を排除すること。つまり具体的には原始共産制を敷くクメール・ルージュを壊滅させる。

(2) 同時にベトナム系カンボジア人の保護と権益を守ること

(3) 一部で懸案となっていた南部における国境線をめぐる問題を解決すること

であった。

侵攻したベトナム軍の兵力はその後増強され、一年後には全戦力の二〇パーセント、約二〇万名に達した。

これに約二万名の親ベトナム・カンボジア軍（ヘン・サムリン軍）が協力して、六万名のポル・ポト軍と闘うわけである。

ベトナム軍は前の戦争で捕獲した豊富なアメリカ製兵器を持ち、かつ実戦の経験も重ねているので、闘いの行方は容易に決定すると見られていた。

これは他国の情報部に加えて、ベトナム軍自身の見通しであった。

しかし――。

いったん戦闘が始まると、ベトナム軍はベトナム戦争におけるアメリカ軍と全く同じ困難に出合うのである。

カンボジアの濃密なジャングル、地図も満足に存在しない未開の地形、ゲリラと一般の村民の区別がつかないなどといった障害が次々と現われ、カンボジア戦争はまさに泥沼といった状況に陥っていく。

さらに八〇年代に入ると、ソン・サン派、シアヌーク派それぞれ一・五万名がポル・ポト派についたため、ますます戦局は不透明になってしまった。

個々の戦闘でベトナム軍は勝利をおさめるのだが、それらはいずれも全面的な勝利とは結びつかない。

それどころか一九八〇年代の初期には、ポル・ポト軍を追っていたベトナム軍の一部が国境を越え、タイ軍と交戦する事態さえ起こっている。

それでも時間と共にポル・ポト軍の兵力は減少していき、八五年には三万名となったが、なおもベトナム軍に対する抵抗は続く。

一〇〜二〇万名を駐留させていたので、ベトナム軍の戦費は一日当たり一〇〇万ドルに達し、それが本国の経済を圧迫していった。

このため、侵攻から一一年目の一九八九年一一月、ついにベトナム政府は目的を達成できないまま、カンボジアからの撤退を決定した。

一一年間の総決算として、

駐留延べ兵員数　一二〇万人

戦死者　五・五万人

負傷者　一〇万人

であった。（いずれもベトナム政府の発表）

これをベトナム戦争におけるアメリカ軍と比べると、それぞれ一三年、七八〇万人、五・七万人、一五万人である。

投入兵員数には大差があるものの、戦死者、負傷者数はほぼ同じであるから、カンボジアにおけるベトナム軍の犠牲の大きさがわかる。

もちろん、より多くのカンボジアの人々が、侵攻してきて居座ったベトナム軍との戦闘によって死亡した。

それにしても、

○ベトナム戦争に介入したアメリカ

○カンボジア戦争に介入したベトナム

は、全く同じ立場といえる。

ベトナムにとってのアメリカはまさに強大な国家ではあるが、その一方でカンボジアにとっての（統一）ベトナムも大国なのであった。

さらにその〝大国〟が全力を尽くしてもなお、一見弱体の〝敵〟を倒せなかったところもまた酷似しているのである。

アメリカはベトナム戦争によって国家経済を危うくし、ベトナムはカンボジア戦争によってこれまた経済の崩壊を招いてしまった。

すべての国の指導者は、このような歴史的事実をはっきりと認識すべきではあるまいか。

しばらくは原始共産制を堅持していたポル・ポト派は、結局国民の支持を失い、かつ多数の反対勢力の台頭もあって徐々に消滅していく。

そして一九九七年指導者ポル・ポトの死去にともない、完全にその姿を消したのであった。

三　中国・ベトナム戦争（中越戦争）

一九七九年二月一二日、二〇万以上の中国陸軍が四ヵ所で国境を突破し、ベトナム北部へ侵攻した。

中国軍の目的は〝ベトナムへの懲罰〟ということであった。これによってベトナムのカンボジアへの干渉と、ソ連への接近を喰い止めようとしたのである。

この戦争の詳細はまだわかっていないが、中国軍は北東部の町ランソンと北西部のラオカイ市の占領を狙っていた。

もちろん領土獲得の野心はなく、なるべくベトナム軍に打撃を与え、できればカンボジアに駐留している軍隊を引き揚げさせる一助になればよいと考えていた。

たび重なる警告と軍隊の移動により、中国の意図を察知していたベトナムは、一〇万人以上の精鋭を国境に配置していた。

一九七五年にベトナム戦争が終わってから、ベトナムにとっては二度目の戦いであり、前回のカンボジア進攻とは全く異なった本格的な戦争であった。

戦場一帯は鬱蒼とした森林地帯で、海抜一〇〇〇～一五〇〇メートル級の山並が連なる。したがって、戦いの様相は歩兵中心の山岳戦であった。しかし、戦域までの行程には何本かの幹線道路があり、ここでは規模は小さいものの機甲戦も行なわれた。

中国軍はベトナム軍の約二倍の兵員数であり、ランソンとラオカイの占領のため攻撃を繰り返した。しかし、あらかじめよく準備された多数の陣地と経験豊富な兵士、そして多くの近代兵器（かつて南ベトナム政府軍の保有していたアメリカ製兵器、とくに百数十台のM113装甲兵員輸送車）により、中国軍は大きな損害を被った。

戦闘は一ヵ月間続き、中国軍は最終的には目的の町を占領することができた。ただしベトナム側はこれらの町を放棄し、早目に戦略的な撤退を行なっていたので損害は少なかった。

占領後すぐに中国側は「懲罰の目的は果たされた」としてベトナム領から去っていった。

このさい、他のふたつの町ドンク、モノカイを含めた計四つの町並を大量の爆薬を使って完全に破壊している。

西側軍事専門家の推測によると、この戦争における両軍の損害は、

中国軍　死者一万～二万名
　負傷者三万～五万名
ベトナム軍　死者七〇〇〇～八〇〇〇名
　負傷者一万七〇〇〇名

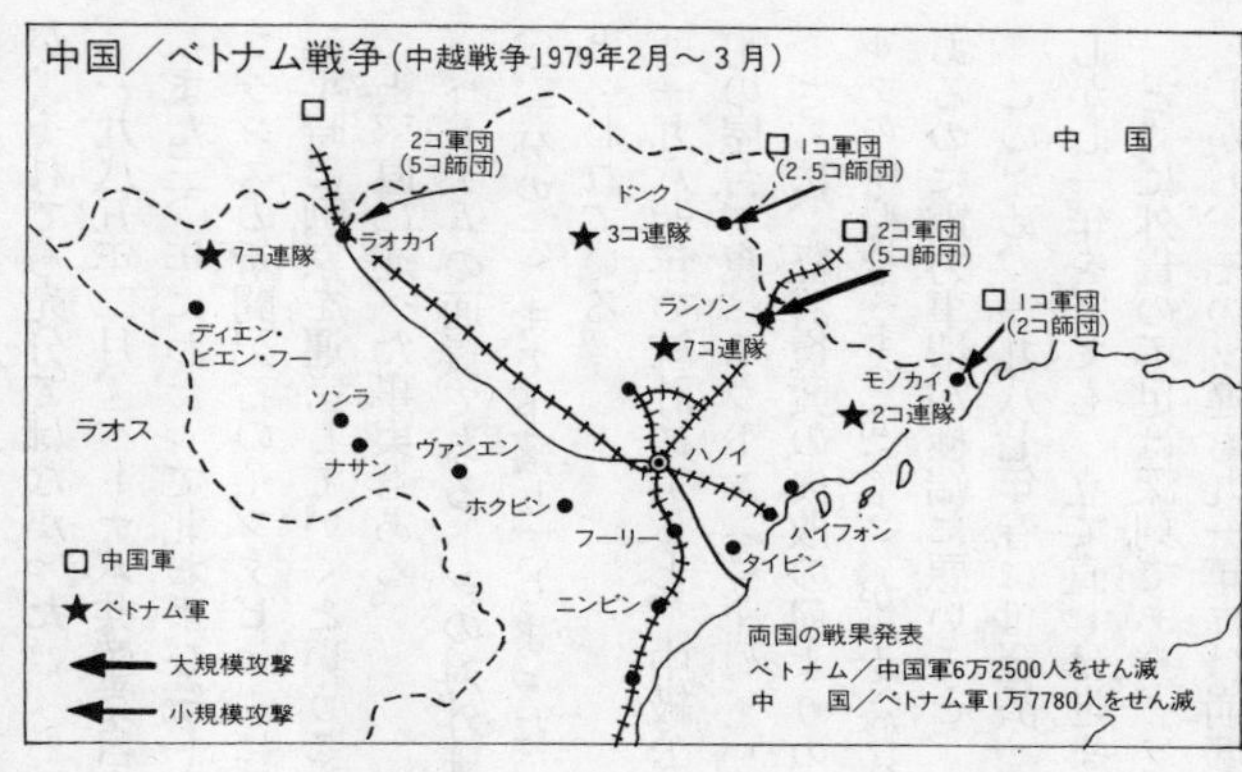

となっている。

しかしアメリカ国防省は一九八五年に数値を訂正し、両軍の戦死者はともに七〇〇〇名前後と発表した。

この戦争が、ベトナム軍の善戦によって中国軍の思惑どおりに進行しなかった状況は、戦後に中国首脳が軍備の近代化を声を大にして力説していることからもわかる。

中越戦争においてより多くの勝利を勝ちとったのは、間違いなくベトナムであった。

四　ベトナムの戦後経済の失敗

一九七五年のサイゴン陥落後、統一されたベトナム社会主義共和国が誕生した。

それから一〇年後の一九八五年になっても、この国の経済は回復するどころか沈滞の一途をたどった。

旧ソ連は一九七七年から毎年二〇〇万トン、一九七九年からは同四〇〇万トンの食糧援助を実施しているが、それでも充分ではなかった。

一九八五年二月、ベトナム共産党自身が自国の経済政策の失敗を公式に認めている。

また三〇年にわたって北および統一ベトナムの首相をつとめてきたファン・バン・ドンが、フランスの新聞記者のインタビューに答えて、

『平時に国家を運営していくということは、戦争を続けていく以上に難しい』

と率直に述べた事実もある。

ベトナムの通貨であるドンの対外価値は、戦争終了後の一〇年間に、実に九パーセント（一一分の一）まで下落してしまった。また年ごとのインフレ増加率は、二〇〇パーセントといわれている。

一九八七年の統計によると、中級公務員の月給は六〇〇〇～八〇〇〇ドンとされているが、町の屋台で食べるウドン（〝フー〟という）一杯が四〇〇ドン前後である。

さらに、経済復興の失敗の何よりの証拠は、鉄道網（例えばホー・チ・ミン市とメコン・デルタの中心地ミトの間など）が全く修復されていないこと、東南アジア有数の石炭産出国であるのに電力事情が極端に悪いこと、である。

このため、一九八七年春には経済・農業の専門家グエン・バン・リンが政権を担当する。しかし一年を経ても、立て直しは進まず、閣僚の中にはリンの退陣を促す声も出てくる。

とくに外貨の不足は深刻であり、ソ連の援助のみが頼りといった状況である。

しかし、そのソ連も九一年には崩壊し、ベトナムは一人立ちを迫られた。

このあと一九九二年からベトナム政府も中国にならって、ドイモイ／開放・刷新政策を取り入れはじめた。銀行、個人商店の営業を許可し、また旧西側諸国との貿易にも力を入れている。それでも社会主義特有の官僚主導、硬直性などが障害となり、経済は現在でも停滞を余儀なくされているのである。

一九九三年にはようやくかつての敵国であったアメリカとの通商条約が結ばれる寸前まで進みながら、その後は足止めとなって、正常化されたのは九五年七月である。

しかもこの条約の内容は、多分にかつて打ち負かしたはずのアメリカ有利となっている。さらにアメリカが要求した「ベトナム戦争で戦死したアメリカ人兵士の調査と遺骨の収集」にも、全面的に協力することになった。

ともかくベトナムはベトナム戦争後、中越戦争、カンボジア介入（戦闘と駐留）を十数年にわたり続けてきたので、国家の体力を消耗し切っていた。

さらに一九九一年以降、あらゆる面で頼っていたソ連邦が解体され、否応なく自力再生の道を辿るほか生き延びる方法はないという状況に追い込まれたのである。

このため中国との和解、仇敵であった韓国との国交回復を目指す。また日本、フランスをはじめ多くの国々からの投資を呼びかけた。これが効を奏し、とくに南部の経済発展は軌道に乗りはじめている。

しかし、その一方でいまだに官僚主義がはびこっている北部は、そのまま取り残されているのであった。

第九章　戦争に関わった主要な人物

ここでは、ベトナムおよびカンボジア、ラオスの戦争に関わった主な人物をまとめて紹介する。

これらの人物についてどの程度詳細に述べるべきか、またどれだけの人々を取り上げるべきか、著者も確信が持てない。しかし一応、本書では三〇人強に絞ってみた。

ベトナム人、カンボジア人の名前の表記については必ずしも正確な発音（表記）となっていないかも知れないが、英語表記を基準にして従来使われている読み方によって示す。

共産側の指導者は、いくつかの変名を持っている場合がある。これについては、できるだけ一般的に知られている名前を採用した。

南部ベトナムにはNguyen（グエン）とつく者が多く、何人ものグエンが両方の側に登場しているのも特徴である。

C・W・エイブラムズ将軍（一九一四年生）——アメリカ

Creigton Williams Abrams

一九六八～七二年、ベトナム駐留アメリカ軍の総司令官で、その後、陸軍参謀総長に就任。エイブラムズがベトナムに着任して間もなくテト攻勢が開始され、このときから彼はアメリカ軍の増強を訴え続けたが、議会はこれを却下し、逆に撤退計画を進めた。

彼がベトナムで指揮をとっていた間、「報道の自由は、時によっては味方の軍隊を不利に導く」と発言し、マスコミ界との間に論争を繰り広げた。

エイブラムズは、自軍の機動力を有効に使った戦術を推し進めたが、それは必ずしも成功したとは言えなかった。七二年からは、ベトナム戦争には直接関与していない。

なお、現在のアメリカ陸軍の主力戦車M1に彼の名前がつけられている。


バオ・ダイ皇帝（一九一一年生）——ベトナム

BAO DAI

ベトナム王朝最後の皇帝であり、またベトナムの歴史そのままに流された人でもあった。

一九二五～四五年にはある程度実権を握っていたが、一九四六年からはホー・チ・ミンの保護下にあった。その後フランス、アメリカの庇護のもとに暮らし、とくにフランスは彼を首班として、南ベトナムを〝コーチシナ共和国〟として独立させようと試みた。

しかし、これも結局母国には根付かず、五〇年代の終わりにベトナムを離れてフランスへ移住し、歴史の舞台から消えていった。

M・バンディー大統領補佐官（一九一九年生）――アメリカ

McGeorge Bundy

ケネディ、ジョンソン両大統領のもとで、国家安全局の特別補佐官を務めた。一九六〇〜六六年のアメリカの外交政策は、このバンディーの影響が大きい。ベトナム戦争の行方については楽観的であったが、その予想は六八年のテト攻勢により完全に打ち破られることになった。

その後、責任を問われる形で、中央から離れざるを得なくなった。

E・バンカー大使（一八九四年生）――アメリカ

Ellsworth Bunker

一九六七〜七三年の間、駐ベトナム・アメリカ大使であった。バンカーは後任のマーチンとともに、共産勢力の戦争遂行能力を低く評価し続け、これがアメリカの南ベトナムにおける戦争の見通しにマイナスであった、といわれている。

しかし、同時にバンカーは一九六八年秋からのアメリカ軍の順次撤退計画に関しては、南ベトナム政府との交渉に力を尽くした。

ズォン・バン・ミン大統領（一九一六年生）――ベトナム

Duong Van Minh

南ベトナム軍の中枢にあって、ゴ・ジン・ジェム打倒のクーデターでは表面に出なかったものの、確実に首謀者の一人であった。

その後、軍事政権の主要閣僚（国会議長）、駐タイ大使などを歴任したが若手の将軍たちからは敬遠され、しばらくは閑職におかれていた。

一九七五年の大攻勢が開始されて二ヵ月後、大統領に選ばれたが、すでにNLF・北軍はサイゴン近郊に迫っていた。そして就任後わずか四四時間で南ベトナムは降伏する運命にあった。

降伏調印は南ベトナムを代表して彼が行なったが、その後の消息は明らかでない。

D・エルスバーグ補佐官（一九三一年生）――アメリカ

Daniel Ellsberg

一九六四～六七年にかけて国防総省の補佐官として南ベトナムに駐在し、六七年には大使の特別顧問として活躍した。しかし、エルスバーグの名を一躍世界に知らしめたのは、彼が入手し曝露した国防総省の秘密報告書、いわゆる〝ペンタゴン・ペーパーズ〟である。

アメリカのベトナム政策に関するこの秘密報告書は、一九七四年六月一三日に発表された。

しかしそれ以前の七三年五月、エルスバーグは国家公務員法違反で罪に問われた。ペンタゴン・ペーパーズにはアメリカの東南アジア政策に関する事項が列挙され、その一部は明らかに国際法に違反していた。

現在でも彼はアメリカ政府の外交政策に多くの疑問を持ち続け、批判を行なっている。


G・R・フォード大統領（一九一三年生）——アメリカ

Gerald Rudolph Ford

一九七四年、辞任したニクソン大統領の後を継ぎアメリカ大統領に就任し、ベトナム政策についてはほぼニクソンの路線を推し進めた。

一九七五年の〝マヤゲス号〟事件では強硬策をとったが、これをカーターに攻撃され、次回の大統領選に敗れた。彼が大統領になった頃には、アメリカ国民のベトナムに対する関心はすでに薄れており、これといった決断をしないまま南ベトナムという国家の消えていく様（さま）を傍観しているほかなかった。


W・A・ハリマン特使（一八九一年生）——アメリカ

William Averell Harriman

第二次大戦当時から活躍しているアメリカの外交官。ベトナム戦争時には国防省の極東関係補佐官であった。

インドシナ戦争、ラオス紛争に関する停戦条約会議のアメリカ側代表。一九六八〜六九年のパリ会談でも特務大使を務めた。

ホー・チ・ミン大統領（一八九〇年生）――ベトナム

Ho Chi Minh

第二次大戦前の一九三〇年、フランス留学から戻り、インドシナに初めて共産党を設立。六九年に死去するまで、北ベトナムならびにこの地方の実質的、精神的指導者であった。小柄な体軀と温厚な人柄の中に、強靱な意志力を秘めた歴史的な人物と言える。

一九四一年にベトミンの代表、一九五四年には北ベトナム大統領に就任し、生涯その地位にあったが、あくまで質素な生活を続け、民衆の間では〝神〟に近い尊敬を集めた。

当時の南ベトナムのゴ政権の閣僚が、贅沢のかぎりを尽くし、また政府内部に経済的腐敗が蔓延していたのとはまさに対照的である。

L・B・ジョンソン大統領（一九〇八年生）――アメリカ

Lyndon Baines Johnson

一九六三年に暗殺されたケネディに代わり大統領に就任、六四年の選挙で再選された。就任後はベトナム戦争に関してはタカ派と見られ、いわゆるハト派をたびたび攻撃した。

しかし、南ベトナムの情勢は悪化の一途をたどり、後に反戦世論と軍部の板ばさみで悩み抜いた。その後、アメリカ軍の撤退を決断し、次期大統領選にも出馬しなかった。引退後は政治の舞台には全く登場せず、一九七三年に戦争の結末を見ないまま死去した。ジョンソンはベトナム戦争に関するアメリカの苦悩を一身に背負い、それが死期を早めたといえる。この意味では、彼もまた戦争の犠牲者の一人であった。

ボー・グエン・ザップ将軍（一九一二年生）――ベトナム

Vo Nguyen Giap

北ベトナムにおけるもっとも著名な軍人である。第二次大戦後すぐにベトミンの指揮官となり、一九五四年、ディエン・ビエン・フーの戦いでフランス軍を壊滅させた。その後、北ベトナム軍の国防相、総司令官に就任し、ベトナム戦争を指導してこの戦争を勝利に導いた。彼の戦略は、常に人民戦争理論にもとづくものであった。一九七六年以降は統一ベトナム政府の主要な閣僚の一人となり、のちに引退。

彼の軍事能力は西側評論家の間でも高く評価されていたが、最近の研究では勝利を得た場合でも人的損失が異常に多く、そのため見直しが行なわれている。

ロン・ノル将軍（一九一三年生）――カンボジア

Lon Nol

カンボジアにおける親米勢力のリーダー。クメール王国軍を率いて、北ベトナムに支援された共産勢力に対抗した。後にカンボジアにつくられたクメール共和国の首相兼国防大臣となる。
カンボジアではその後、共産主義者同士の内戦が始まり、クメール共和国は崩壊、ロン・ノルは一九七五年四月、アメリカを頼ってハワイに脱出する。

W・C・ウエストモーランド将軍（一九一四年生）——アメリカ
William Childs Westmoreland
第二次大戦、朝鮮戦争と華麗な戦歴を誇るアメリカ陸軍の将軍であり、一九六四〜六八年の南ベトナム駐留アメリカ軍の司令官であった。解放戦線の軍事力に関しては初期こそ低く見積もっていたが、その後評価を改め、大量のアメリカ軍が派遣された。
一九六九年から陸軍参謀総長に就任したが、体調を崩して七二年には退役した。
彼はヘリコプターを大量に使用する「サーチ・アンド・デストロイ」戦術を導入し、六〇年代の終わりの頃には大きな戦果を挙げた。

G・A・マーチン大使（一九一二年生）——アメリカ
Graham Anderson Martin
駐タイ大使などをつとめたあと、一九七三〜七五年、アメリカの最後の駐南ベトナム大使となった。彼は常に南ベトナムに対するアメリカの道義的責任を、自国民に訴え続けた。
しかし、一九七五年四月の共産側の大攻勢時に、彼は南ベトナム軍の戦闘能力を過大に評価するという誤りをおかした。

この誤った判断により、アメリカ人および南ベトナム政府首脳のサイゴン脱出計画が大幅に狂い、混乱と多くの犠牲者を出すことになった。

グエン・カオ・キ将軍（一九三〇年生）――ベトナム

Nguyen Cao Ky

南ベトナム上流階級出身で政府軍の上級指揮官。三三歳で空軍総司令官となった。熱烈な反共主義者であり、若手将校から強い支援を受けていた。アメリカは彼の軍事、政治手腕に大きな期待を寄せており、一九六五年には首相となる。

また六七～七一年の間は副大統領に就任した。

一九七五年四月、サイゴンの陥落直前に脱出し、現在アメリカに在住。

一時アメリカ国内のベトナム人マフィアの陰の実力者としてマスコミに追いかけられたが、本人は否定している。

カオ・キは勇敢な軍人であったが華美な生活を好み、国民の人望を集めるには至らなかった。

グエン・バン・チュー大統領（一九二三年生）――ベトナム

Nguyen Van Thieu

ゴ・ジン・ジェム政権が倒されたあと、アメリカの後押しで南の首脳の一人となる。一九六七、七一年の選挙で大統領に選ばれたが、実質的には南ベトナム最後の大統領であった。彼の在任中、アメリカは実質的な撤退計画をまとめ、チューの同意のないまま北側と和平交渉を進める。

チューは温厚な性格で、南ベトナムの複雑な階層をうまくとりまとめ、その政権は八年にわたって続いた。

一九七五年春、共産側の大攻勢にあたって、チャン・バン・フォンに職を譲り脱出、台湾に移住した。

引退先にアメリカを選ばず台湾に住んでいること自体、彼のアメリカに対する深い怨念が感じられるようである。

ファン・バン・ドン首相（一九〇六年生）――ベトナム

Phan Van Dong

ファン・バン・ドンは一九四一年よりベトミンに加わり解放活動で活躍、五五～七六年の間北ベトナム首相としてベトナム戦争を指導した。七六年七月、統一ベトナムの首相となる。

しかし、その後、ベトナム経済は沈滞し、一九八四年、責任をとる形で引退。

彼は一九八五年に「平時に国家を運営していくということは、戦争を続けていく以上に難しい」とフランスの新聞記者に語っている。

その言葉のとおり、彼の国家運営の手腕は戦時のみに発揮され、平和の訪れとともにその苦悩はかえって深まったようであった。

M・D・テーラー将軍／大使（一九〇一年生）――アメリカ

Maxwell Davenport Taylor

アメリカ陸軍軍人として順調に昇進し、第二次大戦、朝鮮戦争時にはアメリカ陸軍の枢要なポストにおり、のちに統合参謀本部議長。一九六四～六五年の駐ベトナム大使となる。その後、大統領特別補佐官、国防総省分析官を歴任。南ベトナム政府とアメリカのパイプ役をつとめた。

R・S・マクナマラ国防長官（一九一六年生）――アメリカ

Robert Strange McNamara

もとフォード自動車の重役であったが政界入りし、一九六一～六八年二月までの長期間にわたりアメリカの国防長官をつとめた。

ベトナム戦争の拡大期に、北爆などの重要な決定に参加した。

戦争についてはビジネスマン出身らしく、投入資金とその効果をコンピュータによって計算するコスト・パフォーマンス〝費用効果比〟論を展開した。しかし、一時もてはやされたこの理論も、辞任直後に発生したテト攻勢によって崩れ去った。

H・A・キッシンジャー博士（一九二三年生）――アメリカ

Henry Alfred Kissinger

一九六八年からアメリカ政府のアドバイザーとなり、外交政策の決定に大きな影響を与えた。翌六九年からパリ和平会談の代表の一人となり、七三年一月の休戦協定成立に尽力した。この功績によって、交渉相手のレ・ドク・トとともにノーベル平和賞受賞。

しかし、彼は決してハト派とはいえず、一時はアメリカ軍の早期・大量投入を進言し、南の情勢を一気に解決しようとしたこともあった。

現在でもキッシンジャーは、アメリカの外交政策に影響を与えている。

ゴ・ジン・ジェム大統領（一九〇一年生）――ベトナム

Ngo Dinh Diem

ジュネーブ協定後、アメリカの後押しで南ベトナム大統領となる。しかし、彼と彼の一族による支配は混乱と失政を招き、とくに共産勢力、仏教徒との衝突は激しかった。

このためアメリカは軍部と結び、ゴ政権の転覆をはかった。一九六三年のクーデターでジェムは弟とともに射殺された。

彼の一族はアメリカからの多数の援助を利用して贅沢な生活を続け、これが貧困にあえぐ国民の反感を増大させる結果となった。

しかし現代の歴史家の評価では、ジェムの政治能力は決して低くはなかったとされている。

チャン・バン・フォン大統領（一九〇三年生）——ベトナム

Tyan Van Houng

ベトミンに入り反仏運動に従事したが、後に南ベトナムの閣僚となる。一九六四〜六五年、首相、七一〜七五年、副大統領。永年にわたり軍部の長老的存在であったが、実権は持っていなかった。南ベトナム崩壊直前、大統領に任命され、わずか一週間だけ務めた。

ポル・ポト（一九二五年生）——カンボジア

Pol Pot

一九四〇年代にホー・チ・ミンのインドシナ共産党に入党、フランスに反抗する。一九六三年からカンボジアを拠点として活動、民主カンプチア（カンボジア・クロム）の首相となる。しかしこの後、ベトナムと対立し戦争が始まった。ベトナムの背後にソ連の影を見る中国はポル・ポトを支援した。

原始共産制を重要視するポル・ポトと彼の軍隊は、カンボジアの知識階級の抹殺をはかり、一九七〇年代の終わりまでに一〇〇万人以上の国民を殺したといわれている。

S・プーマ首相（一九〇一年生）――ラオス
Souvanna Phouma
ラオスの民族主義者であり、一九六二～七五年の間首相。その後、ラオス政府の相談役をつとめる。
首相に就任以来、隣国の南・北ベトナムの干渉を受け、その対策に苦慮した。

N・シアヌーク殿下（一九二二年生）――カンボジア
Norodom Sihanouk
一九四一～五五年の間カンボジア国王で、のちに首相となる。親米派のロン・ノルに追われて北京へ亡命したが、中国の支援を受けて一時帰国。ソ連の支持を得たベトナム系の共産主義者と対立し、再び北京に戻る。
シアヌークは一九七〇年前半までカンボジア国民に最も信頼された指導者であったが、左右両派の勢力の確執を解消することはできなかった。またその原因のひとつに、なにごとについても〝決断〟を下さないという彼の性格の弱さがあり、そしてこのことが後の〝カンボジアの悲劇〟を招く結果となった。

R・M・ニクソン大統領（一九一三年生）――アメリカ
Richard Mihous Nixon

D・アイゼンハワー大統領のもとで副大統領をつとめる。のち大統領に当選。一九六八年、カンボジア秘密爆撃を指示。一九六八年から経済の停滞により、アメリカ軍の撤退を主張する。ウォーターゲート事件のスキャンダルにより七四年八月、辞職。当時、アメリカにおいて最も評判の悪い大統領といわれたが、現在では彼の外交政策の正しさが証明され、再評価されつつある。

レ・ズアン第一書記（一九〇八年生）——ベトナム

Le Duan

インドシナ共産党の古くからのメンバーであり、北ベトナム誕生とともに閣僚となる。レ・ドク・トとともに一九六〇年に南に入り、解放戦線を組織した。のちに北に帰りベトナム労働党総書記に任命され、ベトナム戦争終了後もその地位に長くとどまった。彼はベトナム労働党の中で最もソ連寄りの人物であり、統一後のベトナムは彼の主張する路線を歩むことになった。

グエン・フー・ト（一九一〇年生）——ベトナム

Nguyen Huu Tho

南ベトナムにおいて民族主義の立場からゴ・ジン・ジェムに反対し、投獄された。その後NLFのリーダーの一人となる。

ベトナム戦争終結後、統一ベトナムの副大統領の地位についたが早期に引退した。彼は永く解放戦線の議長をつとめ人望を集めていたが、統一されたベトナムでは副大統領とはいえ名誉職の意味しか持たず、実権はほとんどなかった。同時に、彼以外の解放戦線の指導者たちはベトナム戦争終了後、北政府から疎んじられ、新生ベトナム政府の閣僚の中には一人として存在していない。

チュオン・ニュ・タン（生年不明）――ベトナム

Chuon Nhu Tan

パリ大学留学中にホー・チ・ミンと出合い、共産党に入党。帰国後、NLFの重要メンバー（中央委員、臨時革命政府法務大臣）となる。

ベトナム統一後、南部地域の完全支配を狙う北ベトナム労働党と決定的に対立。ボート・ピープルとして国外へ脱出し、現在パリ在住。

いくつかの著作により、ベトナム政府を激しく非難。また戦時下の解放戦線の状況を明らかにする詳細な手記を発表している。

W・G・バーチェット（一九一一年生）――オーストラリア

Wilfred G. Burchett

第二次大戦と同時にジャーナリストとなり、ドイツとの戦争に次いで中国の抗日戦を報道。

戦後、ベルリン問題でアメリカ政府と衝突。西欧人としては珍しくソ連へ亡命した。
その後朝鮮戦争、インドシナ戦争、ベトナム戦争を共産側から取材。とくにベトナム戦争では『ベトナム戦争の内幕』『一七度線の北』など衝撃的な著作を発表。しかし、それらは貴重な資料ながら徹底的なNLF、北ベトナムの賛美となっている。

D・ハルバスタム（一九三四年生）――アメリカ

David Halberstam

ニューヨーク・タイムズ紙の記者。六二〜六三年に特派員としてベトナムに滞在。早くから南ベトナム政府の腐敗を紙上で告発し、アメリカ政府と国民に衝撃を与えた。また南ベトナムの将来に関し、きわめて正確に予見している。彼はのちにワルシャワ特派員となったが、ポーランド政府を攻撃し、国外退去処分となっている。ベトナムの報道について一九六四年にピュリッツァー賞受賞。

参考資料

まずベトナム戦争の一五年間を、始めから終わりまで系統的にまとめた日本語の書籍はきわめて少ない、という事実を頭に入れておく必要がある。

〝ベトナム戦争〟という表題であっても、あるものはジャーナリストの体験記でしかなく、またあるものは写真集に過ぎない。

さらに国内で出版されたこの戦争に関するふたつの大冊、

「ベトナム戦争の記録」大月書店
「NAM/狂気の戦争の真実」同朋舎出版
も個々の状況の説明に重点がおかれ、分析としては不十分といえる。

したがって極端にいえば、「これを読めばベトナム戦争の概略と経過が一応理解できる」という日本の本は、ほとんど存在しないことになる。

他方、ベトナム戦争が続いている間に出版、刊行された書籍の内容は、圧倒的に南ベトナム・アメリカ／悪、解放戦線・北ベトナム／善の単純な図式となっている。

このアジアの一角で戦われた戦争に、我が国が間接的にせよ加わったことは事実であるから、その時点で冷静な分析が行なわれなかったのは無理からぬと言いながら、このあまりに単純な見方は残念である。

しかも面白いことに、日本のベトナム戦争に対する関心は、一九七二年にアメリカが南ベトナムから撤退すると――同国ではまだ激しい戦闘が続いているにも関わらず――急激に薄らいでしまうのである。

このため、この戦争についての出版物も一九七二年以降はほとんど刊行されず、再度注目を集めるのは一九七五年春の〝南〟の崩壊の時のみとなる。

一方、当事国であるアメリカに眼を向ければ、状況は全く別で、個人の戦闘体験にはじまり戦争の経過、分析論、はたまた師団別の戦闘記録まで数百種の出版物が存在する。

それらに加えて雑誌に掲載された論文、記事をふくめれば、その数は数千種にものぼろう。

そして今日、これらの出版物、論文、記事のタイトル（リスト）を入手する方法は簡単で、大手の洋書取次店に文献調査を依頼すればよい。

例えばコンピュータ文献検索サービス〝Book in Print〟を利用し、Vietnamの項を調べれば数百のタイトルが一瞬の間に打ち出される。

しかし、これらの出版物の全部を読むことなど、数年を費やしても不可能である。なかでも最もよくまとまった

VIETNAMESE CONFLICT 1961〜1975（ベトナムにおける紛争一九六一〜一九七五年）などは一八〇の項目からなり、そのひとつひとつが平均一五〇ページであるから、全文二万七〇〇〇ページ（！）となっている。

また、

VIETNAM HISTORY（ベトナムの歴史）は項目が九〇、それらの一項目が平均二二〇ページ、全文一万九八〇〇ページで、これでは大学の英語教育の専門家であっても簡単に読みこなせるものではない。

もしベトナム戦争についての英語の書籍を一冊だけ推薦するとすれば、著者は――大いに迷うが――、

"The VIETNAM WAR" Editor Ray Bond, A Salamander Book, Crown Publishers を挙げる。

この本は多くの図、写真とともに関連人物の紹介、年表などを豊富に揃えて読者の理解をはかっているからである。著者の「ベトナム戦争」も、この The VIETNAM WAR のデータの多くを参考にしている。

そしてこの The VIETNAM WAR の著者は、ベトナム戦争に関する最良の資料として前述の VIETNAM CONFLICT である、と記している。

また、この戦争の最も詳細な年表・日誌としては、

"The World Almanac of the Vietnam War" World Almanac 一九八五年

がある。これまた五〇〇ページを超す分厚い本で、内容は小さな活字でぎっしりと組まれたChronologyで埋めつくされている。

この本は日々の経過をたんたんと記しているだけだが、ベトナム戦争を研究しようとする者にとってはまことに貴重な資料といえる。しかしアメリカで執筆、出版されている書籍の常で、南・北ベトナム軍、解放戦線に関する記述は少ない。

さらに、ベトナムが発行したこの戦争に関する書物は皆無に近い。また、あってもベトナム語で書かれているので、日本人にとって手におえるものではない。

ベトナムに関する英語で書かれたベトナム政府発行の本は年鑑を兼ねたもので、"Vietnamese Studies" The Socialist Republic of Vietnamだけといってよいようである。

これはすでに五〇巻以上刊行されている。この中の何冊かは、ベトナム戦争に関するものである。

しかし文中の約半分は、アメリカで刊行された同名の本の内容をそのまま使っている。

また、ベトナム政府が編集したベトナム戦争写真集、

"Quan Doi Nhan Dan：Viet Nam 1964～1979"

は迫力のある写真が数多く載っているが、解説はベトナム語である。しかし、何枚かの作戦説明用の地図が記載されており、これは貴重な情報といえる。

さらに最近、ベトナムという国を紹介したカラー版が発行され、一部に祖国統一戦争の項

がある。その本は、

"Viet-Nam" Van Hoa Hanoi/Planeta Moscou

で、これは写真も美しく装幀も立派であるが、フランス語で書かれている。

その他、ベトナム政府は戦争に関する統計資料を含んだ〝通史〟の発行計画を一九八五年に発表しているが、まだ編集作業の段階と思われる。

さて、再び日本語の本に戻る。

一九九〇年の旧ソ連の崩壊と共に、社会／共産主義の呪縛から解き放たれ、ようやく我国にもイデオロギーとは関係のないベトナム戦争史が登場しはじめる。

つまり、いわゆる〝左派知識人〟ではない人々が、中立的な立場からこの戦争を見直し、ひとつの歴史として解説書を世に送り出せる時代がやってきたのである。

この意味から著者が強くすすめるのが、

「ドキュメント　ヴェトナム戦争全史」小倉貞男／岩波書店

である。

これはこれまでのベトナム関連のものとは大きく異なり、どちらの側にも立たず、冷静な目でアジアで起こった大戦争を捉えている。

ベトナム戦争が終わってからすでに四半世紀が過ぎ、人々の関心も薄れつつあるが、我が国としても大きく係わりあっただけに、この悲劇を少しでも多く後世に伝えるべきであろう。

あとがき

本書をお読みになっている方々と同様、著者は以前からインドシナ半島を舞台として行なわれた永く激しい戦争に関心を持ち続けてきた。

そして二度にわたるベトナムへの取材旅行に加えて、アメリカ、韓国、オーストラリアにも資料を集めるため足をのばしている。

振り返ってみれば、足かけ一五年にわたったベトナム戦争ほど、第二次大戦後の世界に大きな影響を与えた紛争はあるまい。

○古くはジンギス・ハーン、近代では日露戦争以来初めて有色人種が白人を打ち負かした戦争

○豊かな超大国アメリカが、貧しく小さな（北）ベトナムに敗れた戦争

○アジアにおける植民地支配の実質的な終焉

といった三つの事柄だけを見ても、ベトナム戦争は世界の歴史に残る出来事なのである。

当時二〇代のなかばであった著者は、〝北〟の大統領であった故ホー・チ・ミンの、

「自由と独立ほど尊いものはない」

という言葉に感動し、何度となく反戦／反米デモに参加した経験を持つ。

そしてこの頃の大部分の日本国民と同様に、

「解放戦線・北ベトナム＝善
南ベトナム・アメリカ＝悪」

の図式を信じていた。

しかしその後、自分なりにこの戦争を研究していくうちに、現実の世界情勢はそれほど単純ではないことに気づいていく。

民族の自決を高く掲げて戦っていた南ベトナム民族解放戦線も、結局のところ北ベトナム労働党の肝入りで――すべてがそれだけではないが――設立されていた。

また、南の独立への願望を単に支援しているだけとの声明を繰り返していた北労働党は、背後に南の解放／侵略の意図をうまく隠していた。

どちらも、善悪という基準ではなく、自分たちが正しいと信じている目的のため、手段を選ばなかっただけのことである。

いつの世にも、この滑稽さ、非情さが国際政治の本筋なのである。

当時も今も、すべて我々日本人はあまりに、良く言えば善良、お人好しであり、悪く言え

ば単純、愚かという他はない。

この状況は残念ながら現在も全く変わっておらず、多大の経済的犠牲を払って国連を支え、他国への援助を実施しているにもかかわらず、同じ理由で世界の国々から軽んじられている。

国連絶対視、平和希求といった言葉に示されるごとく、「理想と現実」を区別して行動することが出来ないまま、日を送っているのである。

これを冷徹に見分け、国家と国家の付き合い方、交渉といったものが真剣勝負であり、それを自覚しないかぎり〝誰にでも無制限に金を貸し出す、無能な銀行国家である日本〟との見方は一向に変わらない。

ベトナム戦争を学ぶとき必ず見えてくるのは、繰り返すが、

「国家間の関係は、現実を見すえた真剣勝負であり、時には狡猾な手段も必要である」

という教訓である。

現在の日本にとって、もっとも欠けているのは間違いなくこの点なのであった。

さらに歴史を繙く（ひもとく）のは、このような意味からも未来を切り拓くことに直結する。

さて、ここから少々私的な事情を記すことをお許しいただきたい。

著者は前述のごとく、ベトナム戦争に——表現こそ適切でないかも知れないが——深く魅せられ、十数年にわたって研究を続けてきた。

多くの雑誌にベトナム関連の記事を書き、二冊の単行本、三冊の写真集を出版してきた。

しかし本書の刊行をもって、永年にわたるこの戦争の研究にひとつの区切りをつけたいと考えている。

幸運にも多くの方々のご尽力により、この一九九九年という年に、

「ベトナム戦争」本書

「ベトナム戦争　アメリカはなぜ勝てなかったか」㈱WAC出版

と、これまでの研究の集大成を上梓できたことがその理由である。

とくに後者については、中国語版、英語版の出版計画が徐々に進みつつある。

考えてみれば、ベトナム戦争とは現在疑いもなく唯一の超大国となったアメリカの、これまた唯一の汚点とも言い得る。

国民がいわゆるタカ派とハト派に分裂し、さらにインドシナ半島につぎ込まれた膨大な戦費が、国家経済を根底から脅かした。

しかしそれから二〇数年、アメリカは見事に立ち直り、史上空前の好況のまっ只中にある。

このような分析に立つと、次の研究テーマとして

「ベトナム戦争以後のアメリカ合衆国」

も面白いかも知れない。

かえって太平洋戦争終結から半世紀以上を経ている日本の方が、その呪縛から抜け出せず、今もなお踠(もが)き苦しんでいるようにも思えるのである。

いつものことだが、あとがきが長くなりすぎた。

著者の作品の刊行にさいし、常に協力を惜しまぬ光人社編集部の各位に感謝しつつ、筆を置こう。

文庫版のあとがき

永く多くの方々に読み継がれてきた『わかりやすいベトナム戦争』が、このたびＮＦ文庫の仲間入りを果たすことになった。

一九六〇年から七五年まで続いたこの戦争は、当時の南北ベトナム（国）だけではなく、隣国のラオス、カンボジアまで巻き込み、合わせて四〇〇万人の犠牲者を出す悲劇であった。

さらに、アメリカ、中国など十数ヵ国の軍隊が参加し、朝鮮戦争に続く東西の代理戦争の様相を呈している。

もちろん、我が国に対する影響も大きく、まさに六〇年代を激動の時代へと追い込んだのであった。

戦争そのものは、前述のごとく一九七五年の春に幕を閉じたが、この戦争が後世に残した影響は、見方によっては第二次世界大戦のそれより大きかったかもしれない。

アジアにおける白人支配にピリオドが打たれると同時に、共産／社会主義の勢いが頂点に達した感さえある。

しかもその後の、世界大変革のきっかけともなっている。

さらに、三〇年以上の歳月が過ぎ去っていながら、この残滓(ざんし)らしきものは目の前にも存在する。

現在、アメリカ大統領選挙が迫っているが、共和党候補のJ・S・マケイン氏は、ベトナム戦争に深くかかわった経歴を持つ。

海軍の攻撃機A4スカイホークのパイロットとして参戦し、北ベトナムを爆撃中、対空砲火によって撃墜され、五年にわたる捕虜生活を強いられたのであった。

加えて、アメリカにおける〝団塊の世代〟のかなりの部分が、東南アジアの緑濃いジャングルでの戦闘を経験している。

したがって現代にあってもアメリカの人々の、この戦争に対する思い入れは、充分に深い。

一方、この状況と比較すると、我が国の場合、身近であった戦争の記憶は日々薄れつつある。

戦争を簡単に忘れ去る者は、再び戦火に見舞われる事実を、多くの歴史が我々に教えている。

この意味からも、本書はある意味で警告の役割を果たし得るはずなのである。

二〇〇八年七月

三野正洋

単行本　平成十一年十二月　光人社刊

NF文庫

わかりやすいベトナム戦争 新装版

二〇一九年十一月二十二日 第一刷発行

著 者 三野正洋

発行者 皆川豪志

発行所 株式会社 潮書房光人新社

〒100-8077 東京都千代田区大手町一-七-二

電話/〇三-六二八一-九八九一(代)

印刷・製本 凸版印刷株式会社

定価はカバーに表示してあります

乱丁・落丁のものはお取りかえ致します。本文は中性紙を使用

ISBN978-4-7698-3144-0 C0195

http://www.kojinsha.co.jp

NF文庫

刊行のことば

第二次世界大戦の戦火が熄(や)んで五〇年——その間、小社は夥しい数の戦争の記録を渉猟し、発掘し、常に公正なる立場を貫いて書誌とし、大方の絶讃を博して今日に及ぶが、その源は、散華された世代への熱き思い入れであり、同時に、その記録を誌して平和の礎とし、後世に伝えんとするにある。

小社の出版物は、戦記、伝記、文学、エッセイ、写真集、その他、すでに一、〇〇〇点を越え、加えて戦後五〇年になんなんとするを契機として、「光人社NF（ノンフィクション）文庫」を創刊して、読者諸賢の熱烈要望におこたえする次第である。人生のバイブルとして、心弱きときの活性の糧(かて)として、散華の世代からの感動の肉声に、あなたもぜひ、耳を傾けて下さい。

＊潮書房光人新社が贈る勇気と感動を伝える人生のバイブル＊

ＮＦ文庫

Ｕボート、西へ！

1914年から1918年までのわが対英哨戒

エルンスト・ハスハーゲン　並木均訳

艦船五五隻撃沈のスコアを誇る歴戦の艦長が、海底の息詰まる戦いを生なましく描く、第一次世界大戦ドイツ潜水艦戦記の白眉。

ロッキード戦闘機

〝双胴の悪魔〟からF104まで

鈴木五郎

スピードを最優先とし、米撃墜王の乗機となった一撃離脱のP38の全て。ロッキード社のたゆみない研究と開発の過程をたどる。

審査部戦闘隊

未完の兵器を駆使する空

渡辺洋二

航空審査部飛行実験部——日本陸軍の傑出した航空部門で敗戦までの六年間、多彩な活動と空地勤務者の知られざる貢献を綴る。

重巡十八隻

技術の極致に挑んだ艨艟たちの性能変遷と戦場の実相

古村啓蔵ほか

日本重巡のパイオニア・古鷹型、艦型美を誇る高雄型、連装四基を前部に集めた利根型……最高の技術を駆使した重巡群の実力。

気象は戦争にどのような影響を与えたか

熊谷　直

雨、霧、風などの気象現象を予測、巧みに利用した者が戦いに勝つ——気象が戦闘を制する情勢判断の重要性を指摘、分析する。

写真　太平洋戦争　全10巻　〈全巻完結〉

「丸」編集部編

日米の戦闘を綴る激動の写真昭和史——雑誌「丸」が四十数年にわたって収集した極秘フィルムで構築した太平洋戦争の全記録。

＊潮書房光人新社が贈る勇気と感動を伝える人生のバイブル＊

NF文庫

日本海軍ロジスティクスの戦い
高森直史
物資を最前線に供給する重要な役割を担った将兵たちの過酷なる戦い。知られざる兵站の全貌を給糧艦「間宮」の生涯と共に描く。

インパールで戦い抜いた日本兵
将口泰浩
あなたは、この人たちの声を、どのように聞きますか？　第二次大戦を生き延び、その舞台で新しい人生を歩んだ男たちの苦闘。

陸軍人事
その無策が日本を亡国の淵に追いつめた
藤井非三四
年功序列と学歴偏重によるエリート軍人たちの統率。日本が抱えた最大の組織・帝国陸軍の複雑怪奇な「人事」を解明する話題作。

戦場における34の意外な出来事
土井全二郎
日本人の「戦争体験」は、正確に語り継がれているのか――失われつつある戦争の記憶を丹念な取材によって再現する感動の34篇。

陸軍軽爆隊 整備兵戦記
飛行第七十五戦隊インドネシアの戦い
辻田　新
陸軍に徴集、昭和十七年の夏にジャワ島に派遣され、その後、チモール、セレベスと転戦し、終戦まで暮らした南方の戦場報告。

戦車対戦車
最強の陸戦兵器の分析とその戦いぶり
三野正洋
第一次世界大戦で出現し、第二次大戦の独ソ戦では攻撃力の頂点に達した戦車――各国戦車の優劣を比較、その能力を徹底分析。

潮書房光人新社が贈る勇気と感動を伝える人生のバイブル

NF文庫

ペリリュー島戦記
ジェームス・H・ハラス
猿渡青児訳

珊瑚礁の小島で海兵隊員が見た真実の恐怖

太平洋戦争中、最も混乱した上陸作戦と評されるペリリュー上陸と、その後の死闘を米軍兵士の目線で描いたノンフィクション。

父、坂井三郎
坂井スマート道子

「大空のサムライ」が娘に遺した生き方

生きるためには「負けない」ことだ――常在戦場をつらぬいた伝説のパイロットが実の娘にさずけた日本人の心とサムライの覚悟。

原爆で死んだ米兵秘史
森　重昭

ヒロシマ被爆捕虜12人の運命

広島を訪れたオバマ大統領が敬意を表した執念の調査研究。呉沖で撃墜された米軍機の搭乗員たちが遭遇した過酷な運命の記録。

恐るべき爆撃
大内建二

ゲルニカから東京大空襲まで

危険を承知で展開された爆撃行の事例や、これまで知られていなかった爆撃作戦の攻撃する側と被爆側の実態について紹介する。

空母「飛鷹」海戦記
志柿謙吉

「飛鷹」副長の見たマリアナ沖決戦

艦長は傷つき、航海長、飛行長は斃れ、乗員二五〇名は艦と運命を共にした。艦長補佐の士官が精鋭艦の死闘を描く海空戦秘話。

海軍フリート物語［激闘編］
雨倉孝之

連合艦隊ものしり軍制学

日本の技術力、工業力のすべてを傾注して建造され、時代のニーズによって変遷をかさねた戦時編成の連合艦隊の全容をつづる。

＊潮書房光人新社が贈る勇気と感動を伝える人生のバイブル＊

NF文庫

大空のサムライ　正・続
坂井三郎
出撃すること二百余回——みごと己れ自身に勝ち抜いた日本のエース・坂井が描き上げた零戦と空戦に青春を賭けた強者の記録。

紫電改の六機　若き撃墜王と列機の生涯
碇　義朗
本土防空の尖兵となって散った若者たちを描いたベストセラー。新鋭機を駆って戦い抜いた三四三空の六人の空の男たちの物語。

連合艦隊の栄光　太平洋海戦史
伊藤正徳
第一級ジャーナリストが晩年八年間の歳月を費やし、残り火の全てを燃焼させて執筆した白眉の〝伊藤戦史〟の掉尾を飾る感動作。

英霊の絶叫　玉砕島アンガウル戦記
舩坂　弘
全員決死隊となり、玉砕の覚悟をもって本島を死守せよ——周囲わずか四キロの島に展開された壮絶なる戦い。序・三島由紀夫。

『雪風ハ沈マズ』　強運駆逐艦 栄光の生涯
豊田　穣
直木賞作家が描く迫真の海戦記！　艦長と乗員が織りなす絶対の信頼と苦難に耐え抜いて勝ち続けた不沈艦の奇蹟の戦いを綴る。

沖縄　日米最後の戦闘
米国陸軍省編
外間正四郎訳
悲劇の戦場、90日間の戦いのすべて——米国陸軍省が内外の資料を網羅して築きあげた沖縄戦史の決定版。図版・写真多数収載。